이은하 세무사의
상속·증여 오늘부터 1일

이은하 세무사의 상속증여 오늘부터1일

초판 인쇄 2024년 3월 28일
초판 발행 2024년 4월 5일

지은이 이은하
펴낸이 유해룡
펴낸곳 (주)스마트북스
출판등록 2010년 3월 5일 | 제2021-000149호
주소 서울시 영등포구 영등포로 5길 19, 동아프라임밸리 1007호
편집전화 02)337-7800 | **영업전화** 02)337-7810 | **팩스** 02)337-7811
기획 김선 | **편집진행** 이승미 | **표지 및 본문 디자인** 김민주 | **삽화** 신똥(신동민) | **전산편집** 김경주

원고 투고 www.smartbooks21.com/about/publication
홈페이지 www.smartbooks21.com

ISBN 979-11-93674-10-9 13320

이은하
세무사의

상속
증여

오늘부터1일

이은하 지음

스마트북스

상속·증여 트렌드가
바뀌고 있다

상속·증여세 절세, 이제는 누구나 알아야 할 세테크

상속세와 증여세는 자산가들이 가장 궁금해하는 세금 중 하나다. 그러나 이제는 비단 자산가들에게만 국한되지 않는다. 상속세가 남의 일이라고 생각했던 이들도 더 이상 남의 일이 아니라고 느끼고 정보를 갈구한다. 그동안 자산의 가치가 많이 상승해서 상속세 대상이 될 사람들이 대폭 증가했기 때문이다.

이에 세금에 대한 사람들의 관심이 전반적으로 커지면서 '복잡한 세금까지 신경써야 되나?'라고 생각하던 사람들도 이젠 절세가 재테크의 첫걸음이라는 것을 알게 됐다.

세금을 크게 내 본 사람들은 재산을 축적하는 것 못지 않게, 세금을 절세하는 것이 중요하다는 걸 뼈저리게 느끼곤 한다. 그만큼 세금이 자산에 대한 의사결정을 할 때 중요한 요소가 되었다.

10년 증여 플랜을 세워야 하는 이유

예전엔 많은 사람들이 '내가 죽으면 알아서 가져가겠지'라고 생각하고, 재산을 자녀들에게 미리 증여하는 것에 크게 관심이 없었다. 게다가 증여 신고 없이 그냥 줘도 걸리지 않는 경우도 제법 많았다. 하지만 이제 국세청은 모르는 것이 없는 존재가 되어 버렸다. 전산이 발달하고 국가기관 간에 유기적인 정보교류를 함에 따라, 예전처럼 세금 없이 자녀한테 큰돈을 준다거나 집을 사주는 것이 거의 불가능해진 것이다. 때문에 사람들은 더욱더 세금에 관심을 갖게 됐고, 일부에서는 이미 절세를 위한 10년 증여 플랜을 준비하기 시작했다.

아이 주식계좌, 적금통장 터주기 전에 알아야 할 것들

이런 배경으로 인해 나중에 자녀들이 상속세 폭탄을 맞을까 봐 걱정하는 부모들은 일찍부터 증여에 관심을 갖기 시작했다. 나이가 많고 자산이 많은 부모뿐만이 아니다. 자산이 아직 많지 않은 젊은 부모들도 어린 자녀들에게 증여하는 것에 관심이 높다. 아이가 어렸을 때부터 소액이라도 유망한 주식을 사서 묻어둔다거나, 적금통장을 만들어 꾸준히 불입한다거나 하는 방식으로 일찍부터 증여를 서두른다. '우리 아이는 나보다 더 잘살게 해야지'라는 마음에서 나온 행동일 것이다. 더불어 사전증여의 절세효과를 아주 잘 알고 있기에 가능한 행동이다. 어린이날 자동차 장난감 선물 대신 아이 이름으로 애플 주식을 한 주 사준다는 이야기도 심심찮게 들린다. 상속·증여의 트렌드가 바뀌고 있음을 엿볼 수 있는 대목이다.

18년간 현장에서 많이 받은 질문으로 절세를 익힌다

18년 넘게 세무 컨설팅을 해오면서 고객들이 가장 궁금해하는 세금은 단연 상속·증여세이다. 연중 내내 질문이 들어오는 스테디셀러다.

상속·증여세 상담을 할 때 가장 많이 들어본 질문은 "남들은 어떻게 해요?"이다. 다른 집들은 어떻게 대처하고 있는지, 나만 모르고 뒤처져서 세금을 아끼지 못하는 것은 아닌지 걱정이 되어 하는 말일 것이다.

또한 "자녀에게 보낸 유학비도 증여세 내야 해요?", "배우자가 상속을 안 받아도 배우자상속공제를 받을 수 있나요?" 등 고객들의 질문은 대부분 중복된다. 그래서 이 책에서는 많은 사람들이 궁금해하는 내용을 주변에서 흔히 있는 사례로 만들어 이해하기 쉽게 쓰려고 노력했다.

세금을 잘 아는 데 필요한 자질은 번지수를 잘 찾는 것이다. 내가 궁금한 것이 어디에 해당하는지를 알면 반은 해결된 셈이다. 가령 "상속세가 없어도 상속세 신고를 하는 게 좋다던데요?"라고 했을 때, 이 내용은 상속재산 평가와 관련이 있다. 한편 "40대 세대주면 증여세 조사 덜 받는다던데요?"라는 질문은 자금출처 증여추정 배제기준과 관련이 있다.

세법 어디에 해당될까?

세금

그래서 이 책의 구성은 세법 내용과 실제 사례를 최대한 연결지어 인과관계를 이해할 수 있도록 하는 데 중점을 두었다.

상속세와 증여세는 세금 종합문제이다

상속세와 증여세는 종합문제에 가깝다. 상속이나 증여 하나만을 놓고 판단할 것이 아니라 모든 상황을 고려해서 의사결정을 해야 하기 때문이다. 가령 부동산을 상속받는다면, 사망일 당시의 상속세만 볼 것이 아니라 나중에 팔 때의 양도세까지 고려해야 한다. 증여할 물건을 고를 때도 증여세뿐만 아니라 증여받는 자녀의 사정을 고려할 필요가 있다. 괜히 작은 집 하나를 증여했다가 자녀가 나중에 청약을 받지 못하게 되어 오히려 원망을 살수도 있는 노릇이다.

상속세와 증여세는 하나의 정답이 있지 않다는 점도 알아둬야 한다. 개개인의 사정과 상황에 따라 답이 다르다. 그래서 이 책에 나오는 여러 가지 사례와 질문을 이해하고 내 상황에 맞는 것을 찾아가야 한다.

마지막으로 어려운 세법 해석에 항상 훌륭한 조언을 주시는 손광해 세무사님과 완성도 있게 정성껏 책을 만들어 주시는 스마트북스 대표님과 직원분들, 열심히 책을 쓸 수 있게 도와주신 부모님과 남편에게 감사드린다. 그리고 사랑하는 딸 지호와 조카 현준이가 항상 건강하고 행복하게 자라나기를 마음속 깊이 바란다.

2024년 3월, 세무사 이은하

확 바뀐 상속·증여 절세 트렌드 6가지

1. 늘어난 상속·증여세 컨설팅

부동산 세금의 중과가 완화되고, 복잡한 일부 규정이 단순하게 개정된데다 부동산 경기침체의 영향으로 부동산 세금에 대한 관심은 많이 줄어들었다. 다시 예전처럼 세금 컨설팅의 중심이 '상속세'와 '증여세'로 넘어왔다.

자산가치의 상승으로 상속세 대상이 크게 늘어남에 따라 많은 사람들이 상속세를 줄이기 위한 사전증여에 대해 궁금해한다. 2000년 이후 개정되지 않은 상속세 개정에 대한 기대감도 어느 때보다 높은 상태다.

2. 혼인 출산 장려를 위한
혼인·출산 증여재산공제 신설

2024년 가장 이슈가 된 세법개정은 혼인·출산 증여재산공제의

신설이다. 기존에는 자녀(손자녀 포함)에게 증여하면 성인은 5,000
만원, 미성년은 2,000만원밖에 공제가 없었다.

그런데 2024년부터는 자녀(손자녀 포함)가 혼인 또는 출산을 하
면 1억원을 추가로 증여세 없이 줄 수 있게 되었다. 이 공제는 혼
인신고일 전후 2년, 출산하고 2년 이내라는 기간 제한이 있으니,
기간을 잘 체크해서 놓치는 일이 없도록 해야 한다.

3. 늘어난 자녀와의 차용증 거래

초저금리 시대가 가고 금리가 꽤 높아졌다. 이에 따라 과거에는
높게 느껴졌던 세법상 특수관계자 간의 금리인 4.6%가 이제 은행
대출금리보다 오히려 낮아졌다.

이처럼 세법상 특수관계자 간의 금리에 대한 부담이 줄고 증여
세도 부담이 되자, 많은 사람들이 소득 있는 자녀에게는 차용증
을 쓰고 자금을 빌려주는 거래에 관심을 갖기 시작했다. 자녀에
게 증여하는 것만큼이나 자금대여에 대한 니즈도 커진 것이다.

4. 아파트, 자녀에게 증여는 줄고, 매매거래는 늘고

양도세 중과가 완화되면서 양도세 부담이 많이 줄었다. 양도세
부담이 클 때는 양도세를 내느니, 자녀에게 증여해서 증여세를
내는 것이 절세방법 중 하나였다.

하지만 이제는 양도세 때문에 증여할 이유는 없어졌다. 여기에

부동산 가격이 하락하면서, 자녀에게 시세보다 가격을 낮춰 직접 매매를 하는 거래가 증가했다. 시장에서 부동산 거래가 잘 이루어지지 않는 것도 자녀와의 직거래를 증가시키는 요인 중 하나다.

5. 꾸준히 증가하는 손주 증여·상속 문의

고령화 사회에 접어들면서 자녀뿐만 아니라 손주 증여 또는 상속에 대한 문의가 꾸준히 증가하고 있다.

손주에게는 세율이 할증되는 단점이 있지만, 증여의 경우 수증자를 분산시킬수록 총 증여세가 줄어드는 장점이 있다. 또한 자녀에게 10년 이내 증여한 재산이 있다면 합산과세되어 더 높은 세율이 적용되므로, 이런 경우 자녀가 아닌 손주에게 증여하는 것이 유리하다.

자녀에게 증여한 재산은 10년이 지나서 상속이 일어나야 상속재산에 합산되지 않는 반면, 손주는 5년만 지나도 상속재산에 합산되지 않아 조부모가 고령일수록 손주 증여를 선호한다.

최근에는 더 나아가 손주에게 상속을 하는 것에 대한 문의도 많다. 손주는 상속인이 아니어서 유언 등 법적 요건을 갖춰야 상속을 해줄 수 있고 상속공제에도 영향을 미치기 때문에, 사전에 전문가에게 컨설팅을 받는 것이 좋다.

6. 가족법인·1인법인에 대한 관심 증가

과거 법인 설립이 유행했던 이유의 중심에는 주택에 대한 세금 중과 회피가 있었다면, 지금은 달라졌다.

높은 세율을 적용받는 사람들이 종합소득세를 줄이기 위해, 그리고 증여세를 절세하면서 자녀에게 재산을 물려주려는 목적이 주를 이루고 있다. 특히 지역가입자의 높은 건강보험료를 줄이려는 니즈도 빠지지 않는다. 이런 절세 니즈들의 대안으로 가족법인이나 1인법인에 대한 문의가 크게 증가하고 있다.

한 푼 두 푼 모은 자산을 지키는 가장 똑똑한 방법,
누구나 알아야 할 상속·증여 절세의 모든 것

1 연중 내내 꾸준한 상속·증여 상담! 〈이은하 세무사의 현장 목소리〉

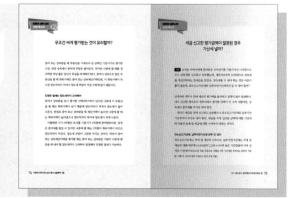

18년간 저자가 가장 많이 받은 질문은 상속·증여세 관련. 나와 내 이웃의 일처럼 구체적이고 펄떡이는 사례와 절세 노하우가 가득하다.

2 〈계산해보기〉와 〈한눈에 보기〉로 나도 이제 세테크 고수!

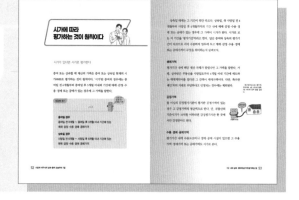

뜬구름 잡는 설명은 이제 그만!
'그래서 얼마 내는지' 알 수 있는 산식과 〈계산해보기〉로 내 상황에 맞춰 척척! 꼭 알아야 할 핵심 개념은 〈한눈에 보기〉로~

3 이 책을 꿰뚫는 10가지 절세팁을 〈이것만은 꼭 알아두자〉로 정리

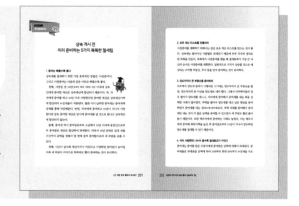

사전증여 10년 플랜부터 사망에 임박했을 때 주의할 점, 상속세가 없어도 상속세 신고를 해야 하는 이유까지, 알아두면 적금보다 나은 절세팁이 가득하다.

4 〈알뜰신잡 상속·증여 상식〉에는 알아두면 돈이 되는 정보가 가득!

유사매매사례가액 찾는 법, 미술품·저작권 상속가액 평가법 등 인터넷에는 정확히 나오지 않는, 알면 돈이 되는 신박한 정보를 수록했다.

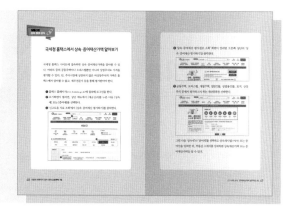

▶특별부록 1

진정한 절세를 위한 〈상속분쟁 없는 유언장〉

시간과 돈을 아껴 모두가 행복한 상속을 준비하는 것이 진정한 절세라고 할 수 있다. 그 첫걸음을 위해 장지희 변호사와 함께 민법이 정한 5가지 유언의 방식을 알아보고, 자주 하는 유언 관련 질문도 살펴본다.

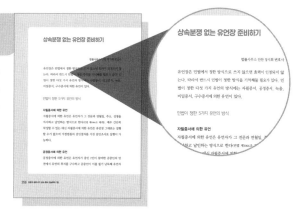

▶특별부록 2

〈가족법인·1인법인〉 만들면 절세될까?

가족법인·1인법인을 통해 상속·증여세뿐만 아니라 양도소득세·종합소득세·건강보험료를 줄이는 방법을 알아본다.

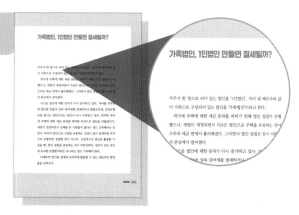

1장 │ 상속·증여세 공부가 왜 필요하지?

2장 │ 나의 상속·증여재산가액 평가하는 법

3장 | 이런 것도 증여세 내나요?
-아는 만큼 아끼는 증여세 절세법

4장 | 빛도 재산도 상속된다
-평범한 사람도 꼭 알아야 할 상속세 절세법

5장 | 이민 가면 상속세 안 낼까?
-비거주자의 상속·증여세 절세법

1

고액 자산가들은 미리 상속에 대비하지 않으면 어마어마한 상속세 부담으로 남은 가족들의 삶이 송두리째 바뀌기도 한다. 상속인 간의 분쟁은 덤이고 말이다. 그러다 보니 미리 증여를 생각하는 사람들도 많다. 그런데 이제 상속세와 증여세는 비단 고액 자산가들만의 문제는 아니다. 상속세와 증여세의 기본을 알아보자.

상속·증여세
공부가 왜 필요하지?

이제 상속·증여 공부는 필수다

사례 상속 대책 없었던 Y사장, 가족 삶 흔들리다

Y사장은 지방에서 수십 개의 슈퍼마켓을 운영하고 있었다. 그는 60대로 나이가 그리 많지 않고 건강했기에, 자녀들에게 재산을 어떻게 물려줄지 고민해본 적 없이 사업에만 몰두했다. 그런데 어느 날 갑자기 심장마비로 사망하고 말았다.

자녀들이 재산을 정리하고 상속세를 신고하려고 보니, 대부분이 영업권과 부동산으로 상속세를 낼 현금이 없었다. 그래서 부동산을 담보로 잡히고 상속세를 몇 년 동안 나누어 내는 연부연납 신청을 했다. 그런데 상속세를 절반도 채 내기 전에 시장상황이 돌변하고 말았다. 동네에 대형 프랜차이즈 편의점이 들어오면서 슈퍼마켓 사업이 직격탄을 맞아 영업권 가치가 바닥에 떨어졌다. 게다가 부동산 경기도 하락해서 가게를 급매로 내놓아도 쉽게 팔리지 않았다. 결국 자녀들은 아버지인 Y사장이 살아 있을 때는 떵떵거리며 잘살았지만, 불과 몇 년 만에 상속세 낼 돈이 없는 체납자 신세가 되어버리고 말았다.

헉! 이럴 수가

영업권 가치 하락

사전증여 플랜을 짜놓은 J씨

미리 10년 플랜
짜놓으니 걱정 뚝!

J씨는 젊었을 때부터 철두철미한 성격으로 숫자에 밝아 많은 재산을 축적했다. 아직 정정하지만 본인이 죽고 난 후 재산 때문에 자녀들 사이가 틀어지지는 않을지, 또 상속세가 너무 많이 나와 부담이 되지는 않을지 걱정이었다. J씨는 사전증여를 어떻게 하는 것이 좋을지 미리 전문가들과 상의하면서 매년 상황에 맞게 업데이트를 해나가고 있다. 그렇게 준비를 해놓아서 걱정 없이 취미생활을 하며 여유롭게 노후를 즐기고 있다.

위의 사례들은 모두 실제 일어난 일이고, 지금도 일어나고 있는 일이다. 또한 누구에게나 일어날 수 있는 그리 특별하지 않은 일이다.

죽음은 예고하고 찾아오지 않는다. 때문에 사전 준비 여부에 따라 위 사례처럼 완전히 다른 결과를 가져오기도 한다. 특히 고액 자산가들의 경우 미리 상속에 대비하지 않으면 생각보다 더 참혹한 결과를 맞을 수 있다. 상속인들 간의 재산 다툼은 물론이고 엄청난 상속세 부담으로 재산의 절반 이상이 사라져버릴 수도 있다.

고액 자산가만의 문제가 아니다

이제 상속세와 증여세는 비단 고액 자산가들만의 문제가 아니다. 상속세를 계산할 때는 상속공제를 해주는데 일반적으로 배우자가 있으면 최소 10억원, 배우자가 없다면 최소 5억원을 상속재산에서 공제받을 수 있다. 즉, 돌아가신 분에게 배우자가 없다면 재산이 5억원만 넘어도 상속세가 나온다는 이야기다.

KB부동산 월간통계에 따르면, 2024년 2월 서울 전체 아파트의 평균 매매가격은 11억 9,660만원에 달했고, 강남구는 14억원을 넘어섰다. 이제는 다른 재산 없이 서울에 아파트 한 채만 있어도 상속세를 내야 할 상황인 것이다.

서울 아파트 매매 가격 추이   출처: KB부동산 월간통계

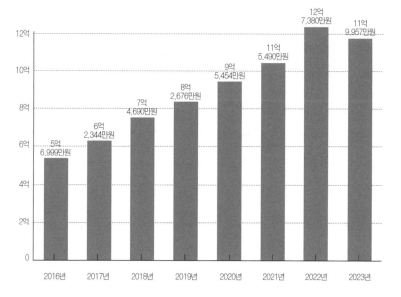

상속세 알았더라면 6,000만원 아꼈을 텐데

사례 시골 땅 2억원, 상속재산이 적다고 가만히 있다가

서울에 사는 50대 K씨의 아버지는 작년에 돌아가셨다. 남긴 재산은 고향인 경남 거창의 논 700평 정도와 노후에 쓰고 남은 현금

몇 천만원 정도였다. K씨는 남동생과 여동생 이렇게 세 명이서 똑같이 나누어 상속받기로 하고 현금도 삼등분, 땅도 230여 평씩 3분의 1로 나누어 상속등기를 하는 등 상속처리를 모두 마무리지었다. 시골 논이라고 해봐야 얼마 안 되니 당연히 상속세는 한 푼도 안 내도 되었다.

그런데 그 시골 땅값이 꽤 올랐다는 것을 최근에 알게 되었다. K씨는 스무 살 무렵 서울로 왔고, 홀로 되신 아버지도 20년 전에 장남인 K씨 집 근처로 옮겼기에 그동안의 고향 소식에 어두웠던 것이다.

시골 논 인근에 관공서 타운이 옮겨 오면서 평당 몇 만원이던 땅값이 몇 십만원으로 올라 있었다. K씨가 상속받은 논의 3분의 1 지분의 가치는 2억원이 넘어 있었다.

K씨로부터 이 사연을 듣고 너무 안타까웠다. K씨가 상속받은 논의 개별공시지가는 얼마 되지 않았다. 게다가 K씨는 상속세 신고를 하지 않아 이 농지를 팔려고 하면 취득가액이 상속 당시(K씨 아버지의 사망일) 개별공시지가로 적용되어 양도세가 많이 나왔기 때문이다.

계산을 해보니 현재 시가 2억 3,000만원으로 팔았을 때를 가정하니 양도세가 6,000만원이나 나왔다.

만약 K씨가 상속 당시 감정평가사에게 맡겨 시세에 가깝게 상속재산가액을 평가받았더라면, 나중에 팔 때 양도세를 크게 줄일 수 있었을 것이다.

"꼼꼼히 안 챙긴 바람에 괜한 세금을 6,000만원이나 내게 생겼네요! 세무사님을 만나서 먼저 상담을 받고 상속 처리를 했더라면 아낄 수 있었을 텐데요."

K씨는 너무 아쉬워했지만 이미 감정평가 기간도 지나버려서 어쩔 수 없는 노릇이었다.

"알아야 세금도 아낄 수가 있네요. 우리 아이들을 위해서는 상속·증여 준비를 잘해야겠어요. 합법적으로 나라에서 보장해주는 절세방법이라도 잘 활용해야죠."

세금은 항상 정해진 대로 내야 하는 것이라고 생각했던 K씨는 어떻게 하는지에 따라 세금이 큰 차이가 난다는 것을 몸소 경험했다. 이제 K씨는 두 딸을 위한 사전증여 플랜을 미리 준비하고 있다.

상속·증여세, 늦게 준비하면 절세 선택지가 없다

앞에서 살펴보았듯, 상속세와 증여세는 어떻게 계획하고 실행하느냐에 따라 얼마든지 달라질 수 있다. 또한 상속을 받을 때 상속세만 생각했다가는 K씨처럼 나중에 양도세 폭탄을 맞을 수도 있다. 겨우 2억원 정도의 농지를 상속받으면서 6,000만원이 넘는 양도세 폭탄을 맞을 수 있는 것이다.

따라서 어렵게 일군 재산을 자녀들에게 물려주면서 괜한 세금 폭탄을 맞지 않고 최대한 많이 물려주기 위해서는 미리 철저한 준비가 필요하다. 일찍부터 준비할수록 세금을 아낄 수 있고, 상속인들 사이의 분쟁도 막을 수 있다.

세금 전문가가 아니라도 내 재산을 지키기 위해서 이제는 상속세와 증여세에 대한 공부는 필수다. 상속세에 대한 준비는 늦게 시작하면 선택할 수 있는 방법이 거의 없다. 노년에 재산의 절반을 상속세로 내느니 이민을 가는 편이 낫겠다며 이민을 알아보는 사람들이 있을 정도다.

또한 상속세나 증여세를 내야 하는지도 모르고 무심코 행한 일 때문에 나중에 높은 세금에다 가산세까지 내게 된다면 낭패가 아닐 수 없다.

이제 상속세나 증여세는 언제 과세되며, 얼마나 내야 하는지, 현명하게 세금을 아끼면서 재산을 이전하는 전략은 무엇이 있을지 찬찬히 알아보자.

상속세와 증여세, 무엇이 다를까?

지난 18년 동안 4,000명이 넘는 고객들과 절세 상담을 해왔는데, 고객과 상담할 때 가장 많이 등장하는 것이 바로 상속세와 증여세에 대한 고민이다.

상속세와 증여세는 여러 종류의 세금 중에서도 자산가들의 관심이 가장 큰 세금이라고 할 수 있다. 애써서 어렵게 모은 재산을 '고스란히'는 아니더라도 '최대한 많이' 자녀들에게 물려주고 싶은 마음이 크기 때문이다. 그도 그럴 것이, 우리나라의 상속세와 증여세의 최고세율은 OECD 국가 중에서도 가장 높은 수준인 50%이다. 단순하게 계산하면 100억원대 자산가가 사망해 자녀가 상속을 받는다면 재산의 절반을 상속세로 내야 하고, 나머지 절반 정도만 자녀들이 물려받을 수 있는 것이다.

세금의 종류는 해당 자산이나 소득의 성격에 따라 구분된다. 부동산을 팔아서 양도차익이 생겼다면 양도세를 내야 하고, 직장에 다니면서 받은 월급에 대해서는 근로소득세를 내야 한다. 또 개인 사업을 하면서 번 소득에 대한 세금은 사업소득세가 된다. 그렇다면 상속·증여세는 어떤 세금일까? 먼저 다음의 예를 보자.

상속세와 증여세란?

질문1 A씨의 아버지는 최근 1억원을 A씨 명의의 계좌로 이체해줬다. 또 시가 4억원에 달하는 아파트도 A씨 명의로 이전했다. 여기에 대해서는 어떤 세금을 내야 할까?

질문2 B씨의 아버지는 얼마 전 돌아가셨다. 외동딸인 B씨는 아버지 명의의 예금 3억원과 아파트 5억원을 상속받았다. B씨는 어떤 세금을 내야 할까?

A씨처럼 현금이나 부동산과 같은 재산을 대가 없이 무상으로 받으면 내는 세금이 '증여세'이다. B씨처럼 아버지가 사망해 재산을 물려받게 된다면 그때는 '상속세'를 내야 한다.

상속세와 증여세는 모두 대가를 지불하지 않고 받게 된 재산에 대해서 내는 세금이다. 다만 재산을 주는 사람이 살아 있는지, 사망했는지에 따라 세금의 종류가 달라진다.

상속세와 증여세는 둘 다 아무런 대가 없이 무상으로 받은 재산에 대해서 내는 세금이다. 공짜로 재산을 얻었으니 세금을 내라는 것이다.

또한 상속세와 증여세의 세율도 같다. 상속 또는 증여재산에서 공제 등을 차감한 과세표준 구간에 따라 10%에서 50%의 세율이 적용된다.

한편 상속세와 증여세는 다음과 같은 중요한 차이가 있다.

재산을 주는 사람의 생사에 따라 구분된다

증여세는 재산을 주는 사람이 살아 있을 때 재산을 받은 경우에
내는 세금이다. 반면 상속세는 재산을 주는 사람의 사망으로 인해
재산을 받는 경우에 내는 세금이다. 상속세와 증여세의 구분은 재
산을 받는 시점에 재산을 주는 사람의 생사(生死)에 달려 있다.

누가 중심인지가 다르다

상속세와 증여세의 가장 큰 차이는 '누구를 중심으로 세금을 계산
하느냐'이다.

상속세는 사망한 분을 중심으로 그의 모든 재산을 합해서 계산
한다. 예를 들면 사망한 K씨의 상속재산이 20억원이라면, 상속
인이 몇 명인지에 관계없이 20억원 전체에 각종 상속공제를 차감
해 상속세를 구한 다음에, 상속인들 각자가 상속받은 재산에 따
라 비율대로 상속세를 나누어 내면 된다.

반면 증여세는 증여를 받은 사람(수증자)별로 세금을 계산해
각자 납세의무가 발생한다. 예를 들면 P씨가 세 명의 자녀에
게 각각 10억원씩 총 30억원을 증여했다면, 자녀들은 각자
증여받은 10억원에 대한 증여세를 계산해서 내면 된다.

따라서 상속세는 상속인이 여러 명이라고 세금이 줄어
드는 것이 아니지만 증여세는 수증자별로 세금을 내기 때
문에 여러 명이 쪼개서 받으면 전체 증여세가 줄어든다.

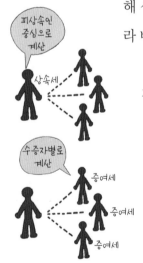

상속세는 연대납세의무가 있다

여기서 한 가지 추가로 알아둬야 할 점은 상속세에는 상속인들 간의 연대납세의무[●]가 있다는 것이다. 연대납세의무란 어느 한 명이 상속세를 내지 않았다면, 다른 상속인이 자신이 상속받은 재산 한도 내에서 대신 내줘야 할 의무가 있다는 것이다.

● 연대납세의무를 활용한 절세전략에 대해서는 275쪽에서 자세히 살펴보기로 한다.

질문 사망한 K씨의 상속재산이 20억원이고, 상속인으로 아내 인 L씨와 아들 한 명이 있다. 법정 상속지분대로 배우자인 L씨 가 60%인 12억원, 아들이 40%인 8억원을 상속받았다. 이때 상속 재산 20억원에 대한 상속세는 5,000만원으로 각자 상속받은 지분만큼 L씨가 3,000만원, 아들은 2,000만원의 상속세를 내야 한다. 그런데 만약 아들이 자기 몫의 상속세 2,000만원 을 내지 않는다면 어떻게 될까?

이 경우는 어머니인 L씨가 아들의 상속세 2,000만원에 대해 연대 납세의무가 있다. 즉, 아들이 상속세를 안 내면 어머니인 L씨가 내야 한다.

여기에 중요한 상속세 절세 포인트가 있다. 상속세는 자기가 받은 상속재산 한도 내에서는 다른 상속인의 것을 대신 내줘도 된다. 따라서 L씨가 자녀 몫의 상속세를 대신 내줘도 그 금액을 자녀에게 증여한 것으로 보지 않는다. 즉, 증여세 없이 자녀에게 재산을 줄 수 있는 셈이어서 절세전략으로 사용되기도 한다.

증여세는 연대납세의무가 없다

증여세는 증여를 받은 사람(수증자)별로 세금을 계산하기 때문에 수증자 별로 각자 납세의무가 발생한다.

질문 P씨가 세 명의 자녀에게 각각 10억원가량의 부동산을 증여했다. 그런데 막내가 증여세를 낼 돈이 없다. 이 경우 P씨가 대신 내줘도 될까?

자녀들은 각자 받은 10억원에 대한 증여세를 내면 된다. 그런데 증여세는 증여를 받은 사람별로 계산하여 각자 납세의무가 발생하며 상속세와 달리 연대납세의무가 없다. 때문에 다른 형제들이 막내의 증여세를 대신 내주는 것도 안 되며, P씨가 대신 내주는 것 역시 또 다른 증여로 본다. 단, 다음과 같은 경우는 예외다.

연대납세의무가 있는 예외적인 경우

❶ 수증자가 비거주자인 경우

❷ 수증자의 주소나 거소가 분명하지 않은 경우로 증여세에 대한 조세채권을 확보하기 곤란한 경우

❸ 수증자가 증여세를 납부할 능력이 없다고 인정되는 경우로 체납 처분을 해도 조세채권을 확보하기 곤란한 경우

증여세는 여러 명에게 쪼개어 줄수록 총액이 줄어든다

앞에서 살펴보았듯, 상속세는 상속인 몇 명이 나누어
갖는지 상관없다. 돌아가신 분의 재산을 모두 합해
누진세율이 적용되기 때문이다. 하지만 증여세는 여
러 명에게 금액을 쪼개서 나누어 주면, 수증자 한 명
당 누진세율이 낮아지기 때문에 한 명한테 몰아서 주는 것보다
총 세금이 줄어든다.

질문 W씨가 재산을 증여하려고 한다. 외동딸에게 2억원을 주는
것이 좋을까, 딸과 사위에게 각각 1억원씩 주는 것이 좋을까?

여러 명한테 쪼개어 줄수록 내야 할 증여세 총액이 줄어들기 때문
에, 자녀 한 명한테 2억원을 주는 것보다 자녀와 사위 또는 자녀와
며느리에게 각각 1억원씩 준다면 600만원의 세금을 아낄 수 있다.

수증자 수에 따른 증여세

구분	1명에게 주는 경우	2명에게 나누어 주는 경우	
수증자	자녀	자녀	사위 또는 며느리
증여재산가액	2억원	1억원	1억원
증여공제	5,000만원	5,000만원	1,000만원
과세표준	1억 5,000만원	5,000만원	9,000만원
증여세	2,000만원	500만원	900만원

vs.

공제항목도 다르다

상속세와 증여세는 공제받을 수 있는 항목도 다르다. 상속공제의 종류에는 일괄공제, 배우자상속공제, 금융재산 상속공제, 동거주택 상속공제 등이 있다.

이에 비해 증여공제는 증여자와 수증자의 관계에 따라 배우자라면 6억원, 자녀 5,000만원(미성년 자녀는 2,000만원), 사위나 며느리 등 기타친족은 1,000만원이 공제된다. 또한 2024년 1월 1일 이후 증여분부터는 요건을 충족하는 경우 혼인 및 출산 증여공제 1억원을 받을 수 있다. 이 밖에도 증여세의 계산은 10년 이내 동일인 (직계존속의 배우자 포함)한테 증여받은 재산만 합산하면 되는 등 비교적 간단하지만 상속세를 계산하는 것은 꽤나 복잡한 편이다.

상속세와 증여세의 공제항목

증여공제	상속공제(대표적)
• 증여자와 수증자의 관계에 따라 — 배우자 6억원 — 직계존비속 5,000만원(미성년 2,000만원) — 기타친족 1,000만원 • 혼인·출산 증여공제 — 1억원(통합 공제한도)	— 일괄공제 — 배우자상속공제 — 금융재산 상속공제 — 동거주택 상속공제

이제 상속·증여 공부는 필수다

사례 재산 물려주는 방식이 서로 다른 P씨와 L씨

오랜 친구 사이인 60대 초반의 P씨와 L씨의 재산 규모는 20억원 정도로 비슷하지만, 자녀들에게 재산을 물려주는 방식에서는 생각이 정반대다. P씨는 재산을 쭉 가지고 있다가 본인이 죽고 나면 가져가라는 식인 반면, L씨는 지금부터라도 자녀들에게 미리 증여하면서 재산을 서서히 줄여나갈 생각이다. 이 경우, 세금이라는 관점에서 보면 누가 더 유리한 선택을 한 것일까?

P씨는 살아 있을 때는 재산을 증여하지 않고 죽은 뒤에 모두 물려주게 된다. 이때 상속인들은 이에 대한 상속세를 내야 한다. 한편 L씨의 경우에는 생전에 증여할 때마다 자녀들이 증여받은 금액에 따른 증여세를 내야 하고, L씨 사망 시점에는 남은 재산에 대한 상속세를 내야 한다.

그렇다면 P씨처럼 증여 없이 상속으로 한꺼번에 물려주는 것이 유리할까? 아니면 L씨처럼 사전증여를 해서 미리 재산을 넘겨놓는 것이 유리할까?

높은 누진세율을 피하는 것이 유리하다!

가장 효과적인 방법은 사전증여다

상속세를 절세하기 위한 가장 효과적인 방법은 사전증여이며, 사전증여의 시기는 빠를수록 좋다. 사망일 전 10년(상속인 외의 자는 5년) 이내에 상속인에게 증여한 재산은 상속재산에 합산되기 때문이다. 즉, 자녀에게 증여를 하고 10년 이내에 사망한다면 이미 증여한 재산도 상속재산가액에 합산되어 누진세율이 적용된다.

위의 사례에서 L씨가 10억원을 증여하고 10년 이내에 사망했다면, 이미 가족에게 증여한 재산 10억원도 상속재산에 합산되어 20억원에 대한 상속세가 과세된다. 물론 증여받았을 때 낸 증여세는 상속세에서 차감해주기 때문에 세금을 두 번 내는 것은 아니다. 상속재산에 증여재산을 합하면 더 높은 누진세율이 적용되므로 세율 증가분만큼에 대한 상속세를 내야 하는 것이다.

오르는 재산일수록 사전증여 시기를 앞당겨라

증여하고 나서 재산가치가 많이 올랐다면 추후 상속재산에 합산되더라도 사전증여하는 것이 유리하다.

질문 만약 L씨가 자녀에게 증여할 때 아파트가 2억원이었는데, L씨가 8년 뒤 사망했고 아파트 가격은 사망일 시점 5억원으로 올랐다고 하자. 이 경우 상속재산에 합산되는 증여재산은 얼마일까?

이런 경우 이 아파트는 기존 증여액인 2억원으로 상속재산에 합산된다. 증여 뒤에 오른 금액인 3억원에 대해서는 상속세를 내지 않아도 되는 셈이다.

따라서 증여하고 10년 이내에 상속이 일어났다고 해서 사전증여의 효과가 없는 것은 아니다. 즉 증여하고 나서 재산이 상승한 금액만큼은 절세효과가 있다.

정리하면, 상속세 절세효과를 최대한 보려면 사망일 10년 전(상속인 외의 자는 5년)에 미리 증여하는 것이 유리하다. 또한 증여하고 10년 이내에 사망해 상속재산에 합산된다고 해서 사전증여가 아주 의미가 없는 것은 아니다. 증여일부터 사망일까지 재산이 오른 만큼에 대해서는 상속세를 내지 않아도 되기 때문이다.

10년 단위로 나누어 증여하라

증여세는 동일인에게 증여일로부터 10년 이내에 증여받은 재산이 있으면 합산해서 누진세율을 적용한다. 따라서 10년 단위로 나누어 증여하는 것이 증여세를 줄일 수 있는 방법이다.

10년 단위로
증여계획을
세우는 게
가장 유리합니다

질문 10억원을 한 번에 증여하지 않고, 1년에 1억원씩 10년 동안 열 번에 걸쳐서 증여하면 매번 10% 세율로 증여세를 낼 수 있을까?

그렇지 않다. 동일인한테 증여일로부터 10년 이내 증여받은 재산이 있다면 모두 합산해서 누진세율이 적용된다. 10년 이내 증여받은 재산을 합하면 금액이 커지니 세율도 올라가는 것이다. 따라서 위 질문에서 자녀는 1억원 증여받을 때마다 각각 10%가 적용되는 것이 아니라 합산한 과세표준 구간에 따라 10~30%의 누진세율이 적용된다. 여기서 '동일인'이란 부모님이나 조부모님과 같이 직계존속이면 그 배우자까지도 포함한 개념이라는 점을 주의하자.

아버지   어머니

할아버지   할머니

질문 O씨는 9년 전에 아버지한테 1억 5,000만원(증여공제액 5,000만원을 제해 10% 세율)을 증여받았고, 이번에 어머니로부터 1억원을 증여받았다. 이번에 O씨에게 적용되는 증여세율은 얼마일까?

O씨의 경우 10년 이내에 아버지에게 증여받은 재산 1억 5,000만원과 어머니에게 증여받은 1억원이 합산되어 증여액이 2억 5,000만원이 된다. 10년 이내 동일인한테 증여받은 재산이 있으면 합산되는데 직계존속은 그 배우자까지도 동일인으로 보기 때문에 아버지와 어머니가 증여한 재산은 합산된다. 따라서 이번에 증여받은 1억원에 대해서 적용되는 증여세율은 20%이다.

상속·증여세 세율

과세표준	세율	누진공제액
1억원 이하	10%	-
1억원 초과~5억원 이하	20%	1,000만원
5억원 초과~10억원 이하	30%	6,000만원
10억원 초과~30억원 이하	40%	1억 6,000만원
30억원 초과	50%	4억 6,000만원

증여세 플랜이 필요한 이유

질문 만약 O씨가 20%의 증여세율이 아닌 10%의 증여세율을 적용받아 1,000만원을 아끼려면 어떻게 해야 할까?

어머니한테 받을 1억원을 1년 뒤로 미뤄서 받아야 한다. 10년 이내에 증여받은 재산은 모두 합산해 누진세율을 적용하기 때문이다. 즉, 9년 전 O씨의 아버지가 1억 5,000만원을 증여하고 나서 10년이 지난 후에 다시 증여받아야 10% 세율 구간을 적용받을 수 있다.

여기에 증여공제까지 고려한다면, 10년에 한 번씩 1억 5,000만원을 증여받으면 5,000만원을 공제하고 과세표준 1억원에 대해서 가장 낮은 세율인 10%로 증여받을 수 있다. 어머니의 증여를 1년 뒤로 미룬다면 5,000만원을 더 늘려도 10%의 세율로 증여받을 수 있는 것이다.

만약 성인 자녀에게 5,000만원씩 10년마다 증여하면 증여세를 내지 않아도 된다. 성인 자녀의 증여공제액은 10년에 5,000만원이기 때문이다. 이것이 바로 증여세를 절세하려면 일찍부터 장기적인 증여 계획을 세우고 실행해야 하는 이유다.

2

CHAPTER

나의 증여재산이나 상속재산은 얼마나 될까? 증여세 또는 상속세로 얼마를 내야 할지는 증여받거나 상속받을 재산이 얼마인지 평가하는 단계부터 시작된다. 기초가 탄탄한 절세법은 재산을 평가하고 올바른 세금 납부방법을 아는 것부터 시작된다는 것을 기억하자.

나의 상속·증여재산가액 평가하는 법

상속·증여세 한눈에 보기

적금보다 효과적인 세테크

부자일수록 세금 공부를 열심히 한다. 재산이 많으니 절세법을 익혀 수백, 수천, 심지어 수억원이 넘는 세금을 아끼기도 한다. 그런데 안타깝게도 많은 사람들이 스스로 '나는 자산이 많지 않다'고 생각해 세금 공부를 소홀히 한다. 때문에 수십만원에서 수백, 심지어 수천만원의 세금을 더 부담하는 경우가 발생한다. 앞에서 소개한 시골의 2억원짜리 땅을 상속받고 가만히 있다가 나중에 양도세 6,000만원의 부담을 지게 된 K씨처럼 말이다.

상속·증여세도 마찬가지다. 아는 만큼 절세할 수 있다. 천리길도 첫걸음부터, 먼저 상속·증여재산가액을 평가하는 법부터 납부 방법까지 전 과정을 한눈에 빠르게 살펴보자.

상속·증여세 절세를 위한 첫걸음 떼기

상속·증여재산가액 평가하기

상속세와 증여세 절세는 내가 상속하거나 증여할 재산이 무엇이고, 얼마나 되는지 평가하는 일부터 시작한다. 예금, 주식, 부동산 등 자산의 종류에 따라 평가하는 방법이 다르다. 현재 거래되는 가격인 시가가 원칙이지만, 시골 땅 같은 경우는 거래가 많지 않기에 시가가 아닌 다른 평가방법이 사용되기도 한다. 절세의 첫걸음은 올바르고 꼼꼼한 자산내역 파악 및 평가부터 시작된다는 것을 명심하자.*

*48쪽부터 상세히 설명한다.

공제 등을 빼고 과세표준 구하기

과세표준이란 세금을 부과하는 기준이 되는 금액을 말한다. 예를 들어 내가 연봉을 7,000만원 받는다고, 세무당국이 이 연봉 전체에 대해서 세금을 부과하는 것은 아니다. 연말정산을 해본 직장인이라면 알겠지만, 기본적으로 근로소득 공제를 해주고 부양가족, 연금보험불입액 등 각종 공제를 해준다. 이런 공제를 제한 것이 바로 과세표준이 된다.

나와 내 옆자리 동료의 연봉이 같더라도, 동료가 부양가족이 세 명이나 되는 등 각종 공제를 많이 받으면 세후 수입이 다르듯, 같은 금액을 상속 또는 증여받더라도 공제를 많이 받으면 과세표준이 낮아져서 세금을 적게 낼 수 있다. 즉, 상속세와 증여세의 절세 방법 중 하나는 공제를 꼼꼼히 잘 챙겨 받는 것이다.*

*증여세 공제는 112쪽부터 상속세 공제는 263쪽부터 상세히 설명한다.

과세표준을 낮추는 게 절세의 핵심!

증여세는 증여받은 재산가액에 10년 이내 동일인한테 증여받은 재산이 있다면 이 금액을 합산한다. 이때, 증여하면서 증여 물건에 담보되어 있는 부채를 같이 넘기는 조건의 부담부증여를 한다면 해당 채무부담액은 증여재산가액에서 차감해준다. 또한 증여세를 신고·납부하기 위해 증여재산을 평가하는 데 들어간 감정평가수수료가 있다면 차감해준다. 그리고 증여자와 수증자의 관계에 따른 증여재산공제액을 차감하면 과세표준이 된다.

상속세는 상속받은 재산가액에서 사망일로부터 10년 이내 상속인에게 증여한 재산과 5년 이내 상속인 외의 자에게 증여한 재산을 합한 금액에 상속공제금액을 차감해 과세표준을 구한다. 이때, 피상속인의 사망일까지 발생한 공과금과 세금, 피상속인이 생전에 진 채무, 그리고 장례비는 차감된다. 상속세를 신고·납부하기 위해 상속재산을 평가하는 데 드는 감정평가수수료가 있다면 이 역시 차감해준다.

> ✦ **증여세 과세표준** = 증여재산가액 − 과세가액 불산입재산
> 등 − 채무부담액 + 10년 이내 증여재산가산액 − 증여
> 재산공제액 − 감정평가수수료

> ✦ **상속세 과세표준** = 상속재산가액 − 비과세 및 과세가액
> 불산입재산 − 공과금, 장례비, 채무 + 합산대상 사전
> 증여재산가액 − 상속재산공제액 − 감정평가수수료

상속·증여세 구하기

이제 과세표준에 세율을 곱하면 내가 내야 할 상속세와 증여세를 알 수 있다. 상속세와 증여세 세율*은 같다.

* 상속세와 증여세 세율에 대해서는 40쪽 표를 참조하면 된다.

따라서 A라는 사람이 1억원을 증여받았을 때와 1억원을 상속받았을 때, 실제 내는 상속세와 증여세 금액이 다른 것은 결국 상속세와 증여세 공제액 등이 다르기 때문이다.

공제액을 잘 챙기는 절세로 과세표준을 낮추는 것이 얼마나 중요한지 알게 되는 대목이다.

> ✦ **증여세 산출세액** = 증여세 과세표준 × 세율
> **상속세 산출세액** = 상속세 과세표준 × 세율

총 납부세액 구하기

산출세액에서 신고세액공제를 차감하면 납부세액이 된다. 상속세나 증여세 신고기한까지 신고하면 산출세액의 3%를 공제해준다. 즉, 과세표준에 세율을 적용해 나온 산출세액이 1,000만원이라면 3%인 30만원을 공제받을 수 있다.

> ✦ **증여세 납부세액** = 증여세 산출세액 − 세액공제
> **상속세 납부세액** = 상속세 산출세액 − 세액공제

국세청 홈택스에서 상속·증여재산가액 알아보기

국세청 홈택스 사이트에 접속하면 상속·증여재산가액을 알아볼 수 있다. 아파트 등의 공동주택이나 오피스텔뿐만 아니라 상장주식도 가격을 평가할 수 있다. 단, 주식시장에 상장되지 않은 비상장주식의 가액은 홈택스에서 알아볼 수 없고, 세무전문가 등을 통해 평가받아야 한다.

❶ 홈택스 홈페이지(www.hometax.go.kr)에 접속해 로그인을 한다.

❷ 초기화면이 열리면, 상단 메뉴에서 [세금신고]를 누른 다음 [상속세] 또는 [증여세]를 선택한다.

❸ '신고도움 자료 조회'에서 [상속·증여재산 평가하기]를 클릭한다.

❹ '상속·증여재산 평가정보 조회' 화면이 열리면 오른쪽 상단의 '상속·증여재산 평가하기'를 클릭한다.

❺ 공동주택, 오피스텔, 개별주택, 일반건물, 상업용건물, 토지, 상장주식 중에서 평가하고자 하는 재산종류를 선택한다.

그런 다음 '상속세'나 '증여세'를 선택하고 상속개시일(사망일) 또는 증여일을 입력한 뒤, 부동산 소재지를 입력하면 상속재산가액 또는 증여재산가액을 알 수 있다.

재산 종류에 따라 평가방법이 다르다

절세는 재산내역 파악·평가부터 시작된다

나의 상속세나 증여세는 얼마나 나올까? 상속·증여세 절세는 재산 평가부터 시작된다. 얼마를 받았는지 알아야 세금이 어느 정도 나올지 계산할 수 있기 때문이다.

따라서 상속세나 증여세를 상담할 때는 상속받은 재산, 또는 증여하려는 재산의 내역을 파악하고 평가하는 일을 가장 먼저 한다. 상속이나 증여는 대가 없이 재산을 무상으로 받는 것이다 보니, 현금을 제외하고는 이 재산을 얼마로 봐야 할지에 대한 평가가 필요하다.

만약 세법에서 정하는 재산의 평가기준이 없다면 어떻게 될까? 세금을 내야 하는 사람 입장에서는 상속받거나 증여받은 재산 금액을 유리한 방향으로 조정할 수 있을 것이다. 세법에서는 이를 방지하기 위해서 상속이나 증여를 받을 때 재산을 이렇게 평가해서 신고하라는 지침을 정해두고 있다.

현금, 주식, 아파트 등 종류에 따라 다르다

상속세와 증여세에서는 '재산의 종류가 무엇이냐'에 따라 재산을 평가하는 방법이 다르다. 현금을 증여 또는 상속받았다면 평가의 문제가 발생하지 않는다. 현금 5,000만원을 증여받았다면 그대로 5,000만원이다. 그렇다면 상장주식이나 부동산은 어떨까?

질문 M씨는 2020년 8월 17일에 상장주식인 S전자 주식 2천 주를 32세 딸에게 증여했다. 증여한 금액은 어떻게 계산할까?

상장주식은 증여일 앞뒤로 2개월의 종가*평균을 증여재산가액으로 한다. M씨가 8월 17일에 주식을 증여했으므로, 증여재산가액은 증여일인 8월 17일의 2개월 전부터 2개월 후까지 종가의 평균액이다. 즉, 6월 18일부터 10월 16일까지의 종가를 평균한 금액이 한 주당 가액이고, 여기에 2천 주를 곱하면 증여재산가액이 나온다.

* 종가란 해당일 주식시장이 마감될 때 마지막으로 체결된 가격이다.

질문 P씨는 본인 명의의 32평 아파트를 아들 앞으로 명의 이전해줄 생각이다. 아파트의 증여재산가액은 어떻게 구할까?

아파트, 토지 등 부동산의 경우 시가로 평가하는 것이 원칙이다. 그런데 시가를 찾기 어렵다면 어떻게 평가할까? 다음부터 이 부분을 집중적으로 들여다보자.

시가에 따라 평가하는 것이 원칙이다

시가가 있다면 시가로 평가한다

증여 또는 상속할 때 재산의 가액은 증여 또는 상속일 현재의 시가(時價)로 평가하는 것이 원칙이다. '시가'란 증여의 경우에는 증여일 전 6개월부터 증여일 후 3개월 이내의 기간에 매매·감정·수용·경매 또는 공매가 있는 경우에 그 가액을 말한다.

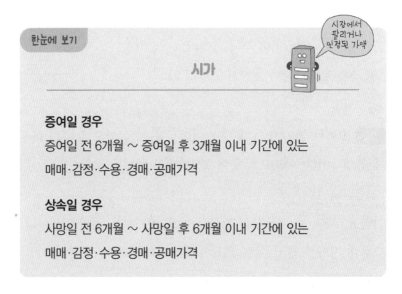

한눈에 보기

시가

시장에서 팔리거나 인정된 가액

증여일 경우

증여일 전 6개월 ~ 증여일 후 3개월 이내 기간에 있는
매매·감정·수용·경매·공매가격

상속일 경우

사망일 전 6개월 ~ 사망일 후 6개월 이내 기간에 있는
매매·감정·수용·경매·공매가격

상속일 때에는 그 기간이 약간 다르다. 상속일, 즉 사망일 전 6개월부터 사망일 후 6개월까지의 기간 내에 매매·감정·수용·경매 또는 공매가 있는 경우에 그 가액이 시가가 된다. 시가로 보는 이 기간을 '평가기간'이라고 한다. 일단 증여와 상속의 평가기간이 다르므로 각각 구분하여 염두에 두고 매매·감정·수용·경매 또는 공매가격이 무엇을 의미하는지 살펴보자.

매매가액

평가기간 내에 해당 재산 자체가 팔렸다면 그 가액을 말한다. 가령, 상속받은 부동산을 사망일로부터 6개월 이내 기간에 매도하는 매매계약서를 썼다면 그 금액이 매매가액이다. 다만, 특수관계인°과의 거래로 부당하다고 인정되는 경우에는 제외된다.

° 특수관계인이란 배우자, 직계비속, 4촌 이내의 혈족, 3촌 이내의 인척 등을 말한다.

감정가액

둘 이상의 감정평가기관이 평가한 감정가액이 있는 경우 그 감정가액의 평균액으로 한다. 단, 부동산의 기준시가가 10억원 이하라면 감정평가기관 한 곳에서만 감정받아도 된다.

수용·경매·공매가액

평가기간 내에 수용(보상)이나 경매·공매 사실이 있으면 그 수용가액·경매가액 또는 공매가액도 시가로 본다.

시가가 없다면 유사매매사례가액으로

유사매매사례가액이 뭐지?

실제 상속·증여 상담을 해보면 시가가 없는 경우가 부지기수다. 현금이나 상장주식을 증여 또는 상속하면 시가를 구하기 쉽지만 부동산은 그렇지 않다. 가령 아파트를 증여할 때 해당 아파트의 매매가격이나 감정평가를 받은 가액, 경매가액 등이 있어야 하는데 없는 경우가 대부분이다.

그래서 딱 그 증여 또는 상속재산이 아니어도 범위를 넓혀 평가기간 내에 유사한 재산의 매매·감정·수용·공매가액이 있다면 그 가액을 시가로 본다. 이를 '유사매매사례가액'이라고 한다.

재산 종류에 따라 유사매매사례가액이 다르다

그렇다면 어디까지를 증여 또는 상속한 재산과 유사한 재산으로 볼까? 유사한 재산의 기준은 공동주택인 아파트와 그 외의 재산으로 나누어 알아둬야 한다.

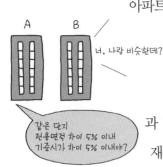

아파트는 동일한 단지 내에 있으며, 전용면적의 차이가 5% 이내이고, 기준시가(공동주택가격)의 차이가 5% 이내인 경우를 유사한 재산으로 본다.

아파트 외의 재산이라면 평가기간 내에 해당 재산과 면적·위치·용도·종목 및 기준시가가 동일하거나 유사한 재산의 매매사례가액이 있다면 해당 가액을 시가로 볼 수 있다.

하지만 아파트 외의 재산은 현실적으로 유사한 가액을 찾기 어려운 경우가 대부분이다. 이럴 때는 뒤에서 살펴볼 보충적 평가방법을 주로 사용한다.

매매계약일 등이 평가기간 내에 있으면 시가 인정

앞에서 상속이라면 평가기준일 전후 6개월, 증여라면 평가기준일 전 6개월과 평가기준일 후 3개월 안의 매매·감정·수용·공매가액을 시가로 본다고 했다. 그렇다면 이 평가기간 내에 어떤 날이 포함되어 있어야 시가로 인정될까?

흔히 잔금일이라고 생각하기 쉽지만 매매라면 매매계약일, 감정평가라면 가격산정 기준일과 감정가액평가서 작성일, 보상·경매·공매가액이 결정된 날이 포함되어야 한다. 즉, 아파트의 증여일 전 6개월 또는 후 3개월까지의 기간 동안 유사한 아파트가 매매계약 되었다면 그 가액이 시가로 볼 수 있는 유사매매사례가액이다.

매매
계약일

감정가액
평가서작성일

보상·경매·
공매가액
결정일

평가기간
내에
있어야
시가로
인정!

평가심의위원회 거쳐 시가로 인정되는 경우

마지막으로 예외적으로 평가기간 외 기간이라도 평가심의위원회의 심의를 거쳐 시가로 인정될 수도 있다. 이때도 마찬가지로 기간의 제한이 있는데 증여와 상속이 약간 다르다.

증여는 앞으로는 증여일 전 2년 이내의 기간, 뒤로는 증여세 과세표준 신고기한부터 6개월까지다. 상속은 사망일 전 2년 이내의 기간 또는 상속세 과세표준 신고기한으로부터 9개월까지의 기간이다. 이 기간 중에 매매·감정·수용·공매가격이 있는 경우로 가격 변동의 특별한 사정이 없다고 인정되는 때에는 평가심의위원회의 심의를 거쳐 해당 매매 등의 가액을 시가로 볼 수 있다.

한눈에 보기

상속·증여재산의 시가 평가방법

---

❶ 상속 또는 증여일로부터 평가기간을 확인한다.
  · 상속: 사망일 전·후 6개월
  · 증여: 증여일 전 6개월부터 증여일 후 3개월
❷ 해당 평가 기간에 해당 재산의 매매·감정·수용·경매 또는 공매 가격이 있는지 확인한다.
❸ 해당 재산의 매매가액 등이 없다면 유사매매사례가액이 있는지 확인한다.
❹ 평가기간 외 기간에, 평가심의위원회의 심의를 거쳐 시가로 인정받을 수 있는 매매·감정·수용·경매 또는 공매 가격이 있는지 확인한다.
  ㉠ 평가기준일 전 2년 이내
  ㉡ 평가기간 경과 후 법정결정기한*까지

· 상속세: 상속세 과세표준 신고기한부터 9개월
  증여세: 증여세 과세표준 신고기한부터 6개월

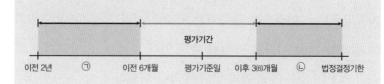

이전 2년   ㉠   이전 6개월   평가기준일   이후 3(6)개월   ㉡   법정결정기한

실거래가 공개시스템에서 유사매매사례가액 찾기

국토교통부 실거래가 공개시스템에서는 2006년 1월부터 주택(아파트, 연립·다세대, 단독·다가구), 오피스텔, 토지, 상업·업무용 부동산, 분양권·입주권(2007년 6월 29일 이후 체결)의 실거래가 정보를 제공한다.

이 사이트에서 증여나 상속받을 부동산의 실거래가나 유사매매사례가액을 찾아볼 수 있다. 다음의 순서를 참고해 살펴보자.

❶ 먼저 국토교통부 실거래가 공개시스템(http://rt.molit.go.kr/) 홈페이지에 접속한다.

❷ 화면 상단의 메뉴 바에서 상속·증여를 위해 찾아볼 부동산의 종류를 선택한다. 여기서는 [아파트]를 선택해보도록 한다.

❸ 아파트의 실거래가를 찾아볼 수 있는 화면이 열린다. 화면 왼쪽에서 '기준연도'를 선택한 다음, 실거래가를 찾아볼 아파트의 주소지를 시도, 시군구, 읍면동, 단지명 순으로 선택하고 〈검색〉 단추를 누른다.

❹ 이와 같이 해당 주소지 근처에서 유사한 부동산의 실거래가들을 찾아보면 된다. 그 후 조회된 정보 중에서 유사매매사례가액에 해당되는 가액을 찾는다. 아파트의 경우 동일한 단지에 있으며, 전용면적의 차이가 5% 이내이고, 기준시가(공동주택가격)의 차이가 5% 이내인 아파트의 실거래를 찾으면 된다.

실거래가 중에서 조건이 맞는 것을 찾자

유사매매사례가액 신고,
세무서에서 연락 온 이유

사례 B씨는 아들에게 아파트를 증여하려고 202×년 7월 5일에 증여등기를 했다. 3개월 전 같은 단지에 면적이 3% 차이 나는 아파트 계약 건이 있길래, 그 가격을 유사매매가액으로 7월 30일에 증여세 신고를 했다. 그런데 10개월 후 세무서에서 연락이 왔다. 7월 4일에 같은 단지, 같은 평수에 기준시가도 같은 아파트가 신고금액보다 더 높은 가액으로 계약되었으니 증여세를 추가로 내라고 했다. 어떻게 된 일일까?

신고일에 조회되지 않는 계약 건도 있다

유사매매사례가액은 실거래가 공개시스템에서 찾는다. 주택 매매거래 신고는 계약일로부터 30일 이내에 하면 되는데, 위 사례처럼 계약은 체결되었지만 바로 실거래가 신고를 하지 않아서 조회했을 때 나오지 않는 경우가 간혹 있다. 신고일에 조회되지 않았을 뿐, 이미 체결된 계약이 있기 때문에 이는 시가로 인정된다. 따라서 증여대상과 기준시가도 동일하고, 증여일자와 계약일자도 하루밖에 차이가 안 나는 유사매매사례가액이 우선 적용되어 해당 시가로 증여세를 내야 한다.

증여세 신고 후, 비슷한 아파트가
더 비싸게 거래됐을 때

사례 O씨는 202×년 3월 10일에 아파트를 자녀 명의로 증여등기(부동산은 증여등기접수일이 증여일)를 해줬다. 얼마로 신고를 해야 할지 고민하다 국세청 홈택스에서 유사매매사례가액을 찾아보았다. O씨가 증여한 아파트와 공동주택가격이 같지는 않지만, 차이가 5% 이내인 아파트로 2월 20일에 계약된 건이 있었다. O씨는 이 가격으로 3월 15일에 증여세를 신고했다. 그런데 신고하고 난 후 증여한 아파트와 공동주택가격이 같은 아파트가 3월 16일에 5,000만원이나 더 비싼 금액으로 매매계약된 것을 알게 되었다. 이런 경우 증여세를 더 내야 하는 걸까?

신고 후 유사매매사례는 시가로 인정하지 않는다

법정 신고기한 내에 신고했다면, 신고일 후에 생긴 매매사례는 시가로 보지 않는다. 내가 신고하고 나서 더 유사한 재산의 매매사례가 생겼더라도 그 가액을 시가로 보아 추가로 상속세나 증여세를 과세하지는 않는다. 따라서 시가가 있는 아파트의 경우, 현재 아파트 가격이 상승세에 있다면 하루라도 빨리 증여세 신고를 하는 것이 절세하는 방법이다.

유사매매사례가액조차 없을 땐

앞에서 살펴본 시가에 해당되는 매매나 감정가액 등이 없다면, 세법상으로 정해진 보충적 평가방법에 의해서 평가가 이루어진다. 보충적 평가방법은 재산의 종류별로 다르게 규정하고 있다. 여기서는 상속 또는 증여재산 평가에서 가장 많이 다루는 재산인 부동산을 중심으로 살펴보자. 토지, 건물, 오피스텔 및 상업용 건물, 단독주택, 아파트 등 종류에 따른 보충적 평가방법은 다음과 같다.

공시가격을 보충적 평가방법으로 쓴다

- **토지** : '부동산 가격공시에 관한 법률'에 따른 개별공시지가로 한다.
- **건물** : 건물의 신축가격, 구조, 용도, 위치, 신축연도 등을 고려하여 매년 1회 이상 국세청장이 산정·고시하는 가액으로 한다.
- **오피스텔 및 상업용 건물** : 수도권(서울·경기·인천), 5대 광역시, 세종특별자치시에 소재하는 오피스텔 및 3,000㎡ 또는 100호 이

상인 상업용 건물의 기준시가는 매년 1회 국세청장이 고시한 가액으로 한다.

- **주택** : 단독주택은 시장, 군수, 구청장이 결정·공시한 개별단독주택공시가격, 아파트는 국토교통부장관이 산정해 공시한 공동주택공시가격으로 한다.
- **수익형 부동산** : 상가건물같이 임대수입이 발생하는 수익형 부동산은 기준시가와 임대료 환산가액을 비교해 둘 중 큰 가액으로 평가된다. 임대료 환산가액이란 1년간의 임대료를 12% 이율로 나눈 가격을 임대보증금과 합한 금액이다.

> ✫ **임대료 환산가액** = (1년간의 임대료 ÷ 12%) + 임대보증금

부동산 가격 공시 제도

구분		평가 및 공시 기관
토지 (5월 말)		·표준지 공시지가: 국토교통부 장관 ·개별공시지가: 지자체장
주택	공동주택 (4월 말)	·공동주택가격(토지 포함): 국토교통부 장관
	개별주택 (4월 말)	·표준주택가격(토지 포함): 국토교통부 장관 ·개별주택가격(토지 포함): 지자체장
비주거용 건물	상업용 건물 오피스텔 (12월 말)	·수도권, 광역시, 세종시 소재 오피스텔과 연면적 3,000㎡ 또는 100호 이상 상업용 건물 가격(토지 포함): 국세청장
	고시되지 않은 건물 (12월 말)	·건물 기준시가 계산방법 고시(토지는 개별공시지가 활용): 국세청장

'부동산 공시가격 알리미'에서 기준시가 알아보기

국토교통부는 매해 정기적으로 부동산 가격을 조사해서 공시가격을 발표한다. 토지의 공시가격은 개별공시지가, 아파트는 공동주택공시가격, 단독주택은 개별단독주택 공시가격이라고 하는데, 세무당국은 이것을 과세 기준으로 삼는다. 보통 '기준시가'라고 통용해서 쓴다. '부동산 공시가격 알리미' 사이트에 들어가면 증여나 상속받을 재산의 공시가격을 확인할 수 있다. 다음의 순서를 참고해 알아보자.

❶ 먼저 국토교통부의 '부동산 공시가격 알리미(www.realtyprice.kr)' 사이트에 접속한다. 아파트 등의 공동주택공시가격뿐만 아니라 빌라, 연립, 단독주택, 토지의 표준 및 개별공시가격을 알 수 있다. 여기서는 맨 앞의 '공동주택공시가격'을 클릭해보자.

❷ '공동주택공시가격 열람' 화면이 열리면 시/도, 시/군/구를 선택한 다음 도로명, 단지명, 동호수를 선택하고 〈열람하기〉를 누른다.

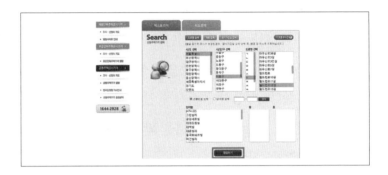

❸ 그러면 아래 화면에 다음과 같이 기준일별 공시가격이 나타난다. 다만, 2005년 이전 공동주택의 기준시가는 국세청 홈택스(www.hometax.go.kr)의 기준시가 조회 화면에서 찾을 수 있다.

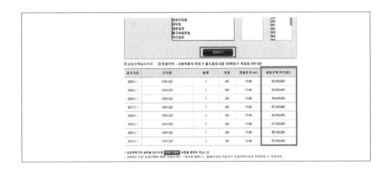

증여받은 아파트,
공동주택공시가격으로 신고해도 될까?

질문 L씨는 2020년 1월 5일에 A단지에 있는 공동주택공시가격 6억원의 35평 아파트를 자녀에게 증여했다. 이 아파트의 증여가액은 얼마로 하여 증여세를 신고해야 할까?

국토교통부는 매해 정기적으로 부동산 가격을 조사해서 공시가격을 발표한다. 토지의 공시가격은 개별공시지가, 아파트는 공동주택공시가격, 단독주택은 개별단독주택 공시가격이라고 하는데 세무당국이 과세 기준으로 삼는 가격이다. 아파트의 공동주택공시가격은 실거래가의 70% 정도로 본다.

유사매매사례가액이 있다면 그 가액만 인정
만약 L씨가 증여세를 신고할 때, 공동주택공시가격인 6억원을 증여가액으로 잡아 세금을 산정한다면 증여세를 덜 낼 수 있을 것이다. 아파트의 공동주택공시가격은 시가의 70% 정도이니까 말이다.

하지만 세무당국이 그렇게 호락호락할 리가 없다. 아파트는 평가기간에 유사매매사례가액이 있으면 그 가액으로 신고해야 한다.

따라서 L씨는 자신의 아파트와 비슷한 유사매매사례가액이 있는지를 먼저 확인해야 한다. 증여일이 2020년 1월 5일이므로 평가기간은 증여일 6개월 전인 2019년 7월 6일부터 증여일 3개월 후인 2020년 4월 4일까지다.

이 기간 중에 같은 A단지의 전용면적 33.25평 이상 36.9평 이하(전용면적 차이 5%)이며, 공동주택가격이 5억 7,000만원 이상에서 6억 3,000만원 이내의 범위(기준시가 차이 5%)에 있는 아파트가 팔린 사례가 있다면 그 가격을 증여재산가액으로 신고하면 된다.

유사매매사례가액, 내 맘대로 골라도 되나요?

질문 평가기간 동안 유사한 재산에 해당하는 아파트가 팔린 사례가 여러 건이라면, 그중에 어떤 가액을 써야 할까? 내가 마음에 드는 것으로 골라 써도 될까?

그렇지 않다. 세법에서는 평가대상 아파트와 공동주택가격의 차이가 가장 작은 아파트의 매매사례가액을 쓰도록 하고 있다. 공동주택가격이 같은 매매사례가액이 여러 건 있다면 어떻게 해야 할까? 그때는 증여일 또는 사망일 전후로 가장 가까운 날의 매매사례가액으로 해야 한다.

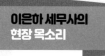

꼬마빌딩이나 나대지,
기준시가로 신고해도 될까?

사례 K씨는 서울 마포구에 꼬마빌딩을 보유하고 있는 자산가이다. 이 꼬마빌딩의 시가는 약 50억원 가까이 되지만, 기준시가는 거의 절반 가격인 26억원 남짓이다. K씨는 이 외에도 다른 재산이 많다. K씨는 상속세를 아끼기 위해서는 미리 증여해야 좋다는 이야기를 듣고, 올해 이 꼬마빌딩을 딸에게 증여했다. 인근에 K씨 빌딩과 비슷한 조건의 빌딩이 없어 기준시가 26억원으로 증여세를 신고하고, 딸이 가지고 있던 현금으로 증여세 납부까지 끝냈다. 그런데 신고기한이 5개월 지난 뒤 세무서에서 감정평가받은 가액인 40억원으로 증여세를 재신고하라는 안내문을 받고는 가슴이 철렁 내려앉았다.

상속·증여세 납부 후 신고기한이 지났으면 끝?

세무서에서 우편물을 받으면 대부분의 사람들은 긴장하기 마련이다. '무엇이 잘못됐지? 얼마나 더 내야 하는 거지?' 하는 생각에 숨이 턱 막힌다. 세금 문제로 얽히는 것은 그 자체로 복잡하고 번거롭기 때문이다.

상속세나 증여세는 납세자가 신고기한 이내에 신고하면, 관할 세무서에서 신고가 맞게 되었는지 조사한 후 결정통지문을 보내주는 것으로 종결된다. 관할 세무서는 조사과정에서 납세자가 신고한 상속 또는 증여재산가액의 평가가 적정한지 점검한다.

시가가 없는 부동산은 보충적 평가방법인 기준시가로 상속세 또는 증여세를 신고하는 경우가 많다. 그런데 기준시가와 시가의 차이가 크다 보니 실제 부동산의 가치에 비해 상속세나 증여세가 훨씬 작게 과세되었다. 정부는 이런 문제점을 보완하기 위해 2019년 2월 상속세 및 증여세법 시행령을 개정했다.

평가심의위원회에 회부될 수 있다

신고기한이 지났어도 증여세는 신고기한부터 6개월, 상속세는 신고기한으로부터 9개월까지의 기간에 매매가액이나 감정가액 등이 있으면 평가심의위원회의 심의를 거쳐 시가로 인정될 수 있다. 즉, 과세관청이 신고기한으로부터 6개월(상속 9개월) 이내에 부동산 감정평가를 받아서 그 가액을 시가로 해서 세금을 다시 부과할 수 있게 되었다. 다시 말해 예전에는 증여 또는 상속 신고기한이 지난 후에는 과세관청에서 감정평가를 받아도 소용이 없었지만, 이제는(2019년 2월 12일 이후 상속·증여분) 감정평가를 받을 수 있는 유효기간이 최소 6개월(상속은 9개월)은 더 늘어난 셈이다.

국세청은 2020년부터 상속·증여 부동산 중 비거주용 부동산과 나대지에 대해 감정을 받아서, 심의위원회에서 시가로 인정되면 해당 감정가액으로 증여 또는 상속가액을 평가한다는 방침이므로 주의해야 한다.

실제로 국세청은 2020년부터 2022년까지 비주거용 부동산 등(나대지,

부동산과다보유법인이 보유한 부동산 포함)을 대상으로 535건의 감정평가를 받았다. 그리고 평가심의위원회 심의를 거쳐 납세자가 신고한 가격보다 약 73.5% 높은 감정평가액으로 상속세나 증여세를 부과했다.

감정평가 대상 산정 기준이 모호하다는 지적이 계속되자, 국세청은 2023년 9월 「상속세 및 증여세법 사무처리 규정」에 감정평가 대상을 발표했다. 추정시가와 보충적 평가액의 차이가 10억원 이상인 경우, 또는 추정시가와 보충적 평가액 차이의 비율이 10% 이상인 경우 지방국세청장 또는 세무서장이 정할 수 있도록 했다.

하지만 위 사무처리 규정으로도 감정평가 대상이 여전히 명확하지 않기에, 납세자 입장에서는 어떤 가액으로 신고해야 할지 예측이 어려워 혼란스러운 상태다.

비주거용 부동산 감정평가 현황　　　　　　　　　　　출처 :홍성국 더불어민주당 의원

구분	건수	평가대상 가치	납세자 신고액
2020년	113건	1조 2,959억원	7,710억원
2021년	248건	2조 5,394억원	1조 4,600억원
2022년	174건	1조 9,325억원	1조 961억원
합계	535건	5조 7,678억원	3조 3,271억원

참고 상속세 및 증여세법 사무처리 규정 제72조 [감정평가 대상 및 절차]

② 지방국세청장 또는 세무서장은 다음 각 호의 사항을 고려하여 비주거용부동산 감정평가 대상을 선정할 수 있으며, 이 경우 대상 선정을 위해 5개 이상의 감정평가법인에 의뢰하여 추정시가(최고값과 최소값을 제외한 가액의 평균값)를 산정할 수 있다.

1. 추정시가와 법 제61조부터 제66조까지 방법에 의해 평가한 가액(이하 '보충적 평가액'이라 한다)의 차이가 10억원 이상인 경우

2. 추정시가와 보충적 평가액 차이의 비율이 10% 이상[(추정시가-보충적 평가액)/추정시가]인 경우

현실에선 어떤 평가방법을 가장 많이 쓸까?

상속세나 증여세를 내기 위해 자산을 평가할 때, 현장에선 어떤 방법이 가장 많이 쓰일까?

아파트는 시가, 토지·건물·단독주택은 기준시가
아파트는 대부분 평가기간 내에 유사한 매매사례가액인 시가가 있기 때문에 이 가액으로 신고해야 한다. 따라서 아파트를 증여(또는 상속)할 때는 거의 시가에 대해 세금을 낸다고 보면 된다.

하지만 유사한 재산을 찾기 어려운 토지나 건물, 단독주택은 시가가 없어 보충적 평가방법인 기준시가로 평가되는 경우가 대부분이다. 기준시가는 일반적으로 시가보다 낮다. 기준시가가 시가의 절반에 불과한 토지들도 많다. 그러다 보니 시가보다 낮은 금액에 대해 증여세(또는 상속세)를 낼 수 있다.

단, 앞서 설명했듯이 2019년 세법 개정으로 비주거용 건물과 나대지에 대해서는 납세자가 기준시가로 신고했더라도, 과세관청이 법정결정기한 내에 감정평가를 받아 평가심의위원회의 심의를 거쳐 시가로 재결정할 수 있으니 주의해야 한다.

아파트는 시가!

단독주택·건물은 기준시가
또는 감정평가액!

감정평가 업무처리 절차   출처: 국세청 감정평가 실시 안내문

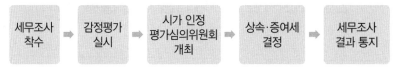

주택은 기준시가로 신고해도 안전할까?

비주거용 건물이 아닌 주택은 평가기간 내에 시가가 없는 경우, 보충적 평가방법인 기준시가로 신고해도 과세관청에서 감정평가액으로 세금을 추징당할 걱정을 안 해도 될까?

2022년 8월에 나온 조세심판례(조심2022서2720(2022.08.22)를 간단히 살펴보자.

A씨는 겸용주택을 아버지한테 증여받으면서 평가기간 내에 시가로 볼 수 있는 금액이 없어 기준시가로 신고했다.

그런데 세무서에서 증여세 세무조사를 하면서 해당 부동산에 대한 감정평가를 받아 평가심의위원회를 거쳐 감정평가액으로 증여세를 추가로 과세했다.

A씨는 조세불복 절차를 통해 국세청 보도자료(2020.1.31)에 감정평가의 평가대상을 '비주거용 부동산 및 지목의 종류가 대지 등으로 지상에 건축물이 없는 토지인 나대지'로 한다고 했기 때문에, 주택과 상가가 같이 있는 겸용주택은 감정평가 대상이 아니라고 주장했다.

하지만 조세심판원에서는 국세청 보도자료에 비주거용 부동산과 나대지 외의 부동산에 대해 감정평가 대상에서 제외한다는 명시적인 규정이

없으므로, 겸용주택을 감정평가해 과세한 것에 대해 잘못이 없다고 판단했다. 결국, 현재 나와 있는 심판례에 따르면, 감정평가 대상을 비주거용 부동산과 나대지만으로 한정하지 않았다.

실제로 상담을 하다 보면, 아파트가 아닌 부동산을 증여 또는 상속받은 경우, 기준시가로 신고할지, 감정평가를 받아야 할지에 대해 고민하는 사례가 대다수이다.

명확한 기준이 없다 보니 확답을 주기 어려운 것이 안타까운 현실이다. 그나마 유일하게 희망적인 부분은 평가방법의 차이로 인해 증여세 또는 상속세가 추가 과세될 경우, 해당 증여세 또는 상속세만 추가로 내면 되고, 거기에 따른 가산세가 없다는 점이다.

무조건 싸게 평가받는 것이 유리할까?

증여 또는 상속받을 때 부동산을 시세보다 싼 금액인 기준시가로 평가받으면, 당장 상속세나 증여세 부담은 줄어든다. 하지만 나중에 팔 때를 생각하면 마냥 좋은 일인지 득실을 따져봐야 한다. 증여나 상속으로 받은 부동산을 팔 때 취득가액은 증여 또는 상속재산가액인데, 이 취득가액이 작으면 양도차익이 커져서 양도세 부담이 커질 수밖에 없기 때문이다.

진정한 절세는 양도세까지 고려해야

증여나 상속받을 당시 평가한 가액(취득가액)이 낮으면 나중에 이 부동산을 팔 때는 취득가액이 낮기 때문에 양도차익이 커져서 양도세가 많이 나온다. 반대로 증여 또는 상속받을 때 재산가액이 높으면 나중에 팔 때는 취득가액이 높아졌으니 양도차익이 작아져 양도세가 적게 나온다.

이를테면 시가 5억원인 토지를 기준시가 2억원에 증여받았다면, 당장은 증여세를 줄일 수 있지만 나중에 팔 때는 2억원이 취득가액이 되므로 양도차익이 커진다. 양도세 부담이 그만큼 커지는 것이다. 따라서 증여 또는 상속재산가액을 평가할 때는 증여 또는 상속받은 사람이 나중에 팔았을 때 내야 할 양도세까지 고려하여 결정해야 진정한 절세가 가능하다.

세금 신고한 평가금액이 잘못된 경우
가산세 낼까?

사례 K씨는 아버지에게 물려받은 꼬마상가를 기준시가인 15억원으로 보고 상속세를 신고하고 납부했는데, 세무서로부터 30억원으로 상속세를 재신고하라는 안내문을 받았다. 상속세를 더 내야 하는 것도 마음이 좋지 않은데, 과소신고가산세와 납부지연가산세까지 둘 다 내야 할까?

납세자와 세무서 간에 재산의 평가액을 둘러싸고 분쟁이 많이 발생한다. 내가 신고한 액수보다 세무서에서 평가한 금액이 더 크게 나왔다면, 상속세나 증여세를 추가로 내야 한다.

게다가 세금을 작게 신고하고 납부했으니 과소신고가산세와 납부지연가산세까지 추가로 내야 한다. 세금을 작게 신고한 금액에 대한 가산세와 아울러 늦게 낸 세금에 대한 이자까지 내라는 것이다.

과소신고가산세, 납부지연가산세 모두 안 낸다

과소신고가산세는 작게 낸 세금의 10%이고, 납부지연가산세는 작게 낸 세금에 대해 하루에 10,000분의 2.2(연 8.03%)씩 늦은 기간만큼의 이자 성격의 가산세이다(2021년 세법 개정으로 시행일 이후 가산세를 부과하는 분부터 적용됨. 시행 전 기간에 대한 부과분은 종전 규정 적용).

하지만 증여상속재산 평가방법에 있어 납세자와 과세관청의 견해 차이로 세금을 작게 낸 경우에는 과소신고가산세와 납부지연가산세가 모두 면제된다.

종전에는 과소신고가산세만 면제했지만 세법 개정으로 2021년 1월 1일부터는 평가심의위원회의 심의를 거쳐서 재산 평가액이 달라진 경우에는 납부지연가산세도 면제해준다. 따라서 K씨의 경우 평가심의위원회의 심의로 인해 평가액이 달라진 것이라면 가산세는 없다.

과세표준 및 세금 구하는 법

앞에서 내가 상속받거나 증여받을 재산이 얼마인지, 상속재산가액이나 증여재산가액을 평가하는 방법을 알아보았다. 이제 상속세나 증여세를 구하는 방법을 알아보자. 상속세나 증여세는 상속재산가액이나 증여재산가액에서 각종 공제를 빼고 과세표준을 구한 다음 세율을 곱해 구하면 된다.

상속·증여세는 과세표준 구하는 법이 다르다

내가 낼 세금이 얼마 정도인지 알려면 과세표준 구하는 방법을 알아야 한다. 과세표준이란, 세금을 부과하는 기준이 되는 금액을 말한다. 같은 금액을 상속받거나 증여받더라도 공제를 많이 받으면 과세표준이 낮아져서 세금을 적게 낼 수 있다. 증여세의 과세표준을 구하는 방법은 110쪽, 상속세의 과세표준을 구하는 방법은 250쪽에서부터 상세히 알아본다.

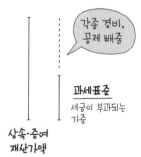

상속세와 증여세의 세율은 동일하다

상속·증여세율은
누진세율이
적용된다.

상속세 및 증여세율은 과세표준에 따라 10%부터 50%까지 누진세율이 적용된다. 과세표준이 높아질수록 세율은 올라간다.

누진세율이 적용될 때 세금을 간편하게 계산하려면, 해당 과세표준에 적용되는 세율을 곱한 후에 누진공제액을 차감하면 된다.

질문 과세표준이 8억원일 때 증여세는 얼마일까?

상속·증여세율은 1억원까지는 10%, 1억원에서 5억원 사이인 4억원에 대해서는 20%, 나머지 3억원에 대해서는 30%의 세율이 적용된다. 그런데 이렇게 계산하면 번거롭기 때문에 과세표준에 해당되는 세율을 곱한 후에 이미 계산된 누진공제액을 차감해 세금을 구하면 훨씬 간단해진다.

> ✦ **상속·증여세** = 과세표준 × 세율 − 누진공제액

즉, 과세표준이 8억원이면 그에 해당되는 세율인 30%를 곱하고, 해당 구간의 누진공제액인 6,000만원을 **빼주면** 상속·증여세를 구할 수 있다.

> **계산해보기**
>
> 8억원 × 30% − 6,000만원 = 1억 8,000만원
> 과세표준   세율   누진공제액

상속·증여세 세율

과세표준	세율	누진공제액
1억원 이하	10%	–
1억원 초과 ~ 5억원 이하	20%	1,000만원
5억원 초과 ~ 10억원 이하	30%	6,000만원
10억원 초과 ~ 30억원 이하	40%	1억 6,000만원
30억원 초과	50%	4억 6,000만원

손자녀에게 상속·증여는 할증된다

자녀가 아닌 손주에게 곧바로 상속 또는 증여하는 경우는 할증세율이 적용되어 기본세율에 30%만큼을 가산한다.

질문 할아버지 A씨가 손자인 C에게 1억원을 증여한다면 손자는 얼마의 세금을 내야 할까?

손자 C가 내야 할 증여세는 1억원에 대한 세율 10%가 아니라, 여기에 30%가 할증된 금액이다. 즉, 1억원에 10%를 곱한 1,000만원에 30%를 더한 1,300만원이다.*

* 계산 편의상 증여공제 및 신고세액공제는 반영하지 않았다.

계산해보기

$$\underset{\text{과세표준}}{1억원} \times \underset{\text{할증 세율}}{10\%(1 + 30\%)} = 1,300만원$$

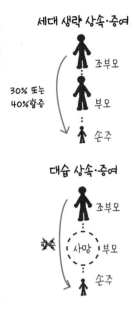

세대 생략 상속·증여

조부모

30% 또는
40%할증

부모

손주

대습 상속·증여

조부모

(사망) 부모

손주

또 미성년(만 19세 미만)인 손자녀에게 20억원이 넘는 금액을 증여하거나 상속하면, 할증세율은 이보다 높은 40%이다.

다만 자녀가 먼저 사망하여 손자녀에게 증여 또는 상속하는 대습상속인 경우에는 할증이 되지 않는다.

손자녀에게 증여 또는 상속할 때 할증을 하는 이유는 자녀가 있는데도 불구하고 건너뛰어서 바로 손자녀에게 증여 또는 상속을 함으로써 두 번 내야 할 것을 한 번만 내기 때문이다. 그런데 자녀가 이미 사망하고 없어서 손자녀에게 증여 또는 대습상속을 하는 것은 여기에 해당되지 않으니 할증하지 않고 일반세율이 적용된다.

신고세액공제 3%까지 챙기자

상속세나 증여세를 신고기한까지 신고하면 산출세액의 3%를 공제해준다. 예를 들어 과세표준에 세율을 적용해 나온 산출세액이 1,000만원이라면 3%인 30만원을 공제받을 수 있다. 증여세 또는 상속세에서 적용되는 세액공제는 각각 3장과 4장에서 살펴보기로 한다.

작다고 무시말고 챙기자

제때 신고 안하면 가산세까지 내야 된대

누가, 언제까지, 어디에 신고해야 할까?

언제까지 신고하고 납부해야 할까?

상속세

사망일이 속하는 달의 말일로부터 6개월 이내에 신고·납부해야 한다. 단, 돌아가신 분이 비거주자이거나 상속인 전원이 비거주자인 경우 9개월 이내에 신고·납부하면 된다.

질문 아버지가 8월 19일에 사망하셨다. 상속세는 언제까지 신고·납부해야 할까?

아버지가 8월 19일에 사망했으므로, 그 달의 말일인 8월 말일로부터 6개월 이내인 다음 해 2월 말까지 하면 된다.

증여세

증여일이 속하는 달의 말일로부터 3개월 이내에 신고·납부해야 한다.

질문 2월 1일 아버지로부터 현금 1억원을 증여받았다. 증여세는 언제까지 신고·납부해야 할까?

아버지로부터 2월 1일에 증여를 받았으므로, 그 달의 말일로부터 3개월 이내인 5월 말까지 하면 된다.

누가 세금을 내야 할까?

상속세

상속인 또는 수유자는 상속재산 중 각자가 받았거나 받을 재산의 비율에 따라 상속세를 납부해야 한다. 여기서 수유자란 상속인은 아니지만 유언에 의해 상속을 받게 된 사람을 말한다.

상속인 또는 수유자는 각자가 받았거나 받을 재산을 한도로 상속세를 연대해 납부할 의무가 있다. 연대납세의무란 A, B 두 명의 상속인이 있을 때 A가 자신이 받은 상속재산에 대한 상속세를 납부하지 않았다면, B가 자신이 받은 상속재산의 범위 내에서 A의 상속세까지 대신 납부할 의무가 있다는 것이다.

국세청 입장에서는 상속세를 과세할 수 있는 선택의 폭이 넓어지니 세수 확보가 쉬운 반면, 상속받은 사람의 입장에서는 상속인 중 상속세를 내지 않고 버티는 사람이 있다면 그가 내야 할 세금까지 뒤집어쓰게 되는 다소 억울할 수 있는 제도다.*

• 연대납세의무를 활용한 유용한 절세전략이 숨어 있으니 275쪽에서 살펴보도록 한다.

증여세

증여세는 증여를 받은 사람(수증자)이 내야 한다. 따라서 증여자가 증여세를 대신 내준다면 그 금액 역시 증여한 것으로 보아 추가로 증여세를 과세한다. 가령 아버지에게 부동산을 증여받은 딸이 증여세 3,000만원을 내야 하는데 현금이 없어서 아버지가 대신 납부해줬다고 하자. 이런 경우 3,000만원도 증여한 것으로 보아 증여세가 추가로 과세된다.

증여세 연대납세의무가 있는 예외적 경우

증여세에서도 다음 세 가지 경우에는 연대납세의무가 적용된다. 즉 증여자가 수증자의 증여세를 내줘도 된다.

말풍선: 수증자가 비거주자면 연대납세의무 있다.

❶ 수증자가 비거주자인 경우˚

❷ 수증자의 주소나 거소가 분명하지 않은 경우로서 증여세에 대한 조세채권˚˚을 확보하기 곤란할 경우

❸ 수증자가 증여세를 납부할 능력이 없다고 인정되는 경우로서 체납처분을 하여도 조세채권을 확보하기 곤란한 경우

˚수증자가 비거주자인 경우 연대납세의무를 활용할 수 있는 절세전략이 있다. 이에 대해서는 319쪽에서 자세히 살펴보기로 한다.

˚˚조세채권이란 세금을 징수하는 권리를 말한다.

어디에 신고해야 할까?

상속세는 돌아가신 분의 주소지 관할 세무서에 신고하면 된다. 반면 증여세는 증여를 받은 사람의 주소지 관할 세무서에 신고한다. 단, 증여를 받은 사람이 비거주자인 경우에는 증여자의 주소지 관할 세무서에 신고해도 된다.

질문 S씨는 현재 서울에 살고 있는데, 전남 구례에 사는 아버지가 돌아가셔서 전답과 시골집을 상속받았다. 상속세는 누가 어디에 신고해야 할까?

상속세는 상속을 받은 사람이 돌아가신 분의 주소지 관할 세무서에 신고해야 하므로, 상속인인 S씨가 돌아가신 아버지의 주소지 관할 세무서인 순천 세무서에 신고하면 된다.

질문 서울의 마포와 용산에 각각 아파트를 가지고 있는 2주택자인 S씨가 경기도 성남 판교에 살고 있는 딸에게 그중 한 채를 증여하려고 한다. 증여세는 누가, 어디에 신고해야 할까?

증여세는 증여받은 사람인 수증자의 주소지에 신고해야 한다. 서울의 아파트를 증여받은 딸이 자신의 거주지인 경기도 성남 세무서에 신고하면 된다. 다만, 증여받은 수증자가 국내에 살지 않는 비거주자라면 증여자의 주소지 관할 세무서에 신고한다.

세금이 부담된다면 분납과 연부연납 할 수 있다

납부세액 1,000만원 넘으면 분납 가능하다

상속세와 증여세는 신고기한까지 신고뿐만 아니라 납부
도 완료하는 것이 원칙이다. 그런데 납부세액이 1,000만
원을 넘으면 두 번에 걸쳐 분납할 수 있으며, 다음의 금액을
납부기한이 지난 후 2개월까지 납부할 수 있다.

지금 낼 현금이
없는데...

> • 납부세액이 2,000만원 이하: 1,000만원을 초과하는 금액
> • 납부세액이 2,000만원 초과: 그 세액의 50% 이하의 금액

[사례] 예금에 묶여 있어 당장 세금 낼 현금이 없다면

최근 아버지로부터 작은 빌라를 증여받은 O씨에게 증여세가
1,800만원이 나왔다. 수중에 현금이 1,000만원밖에 없어서 예금
통장을 깨야 하나 고민 중이다. 50일 후면 만기가 되는 통장인데
말이다. 어떻게 해야 할까?

O씨는 납부세액이 1,000만원이 넘기 때문에 두 번에 걸쳐서 분납할 수 있다. 증여세 1,800만원 중에서 1,000만원은 증여세 신고 및 납부기한인 증여일이 속한 달의 마지막 날부터 3개월 이내에 내고, 나머지 800만원은 그 후 2개월까지 두 번에 걸쳐 나누어 내면 된다.

연부연납이 뭐지?

• 2022년 1월 1일 이후 상속이 개시(피상속인 사망)된 분부터 10년이 적용된다. 2021년 12월 31일 이전 사망 시 종전 규정인 5년이 적용된다.

상속세나 증여세 납부세액이 2,000만원을 초과하는 경우에는 관할 세무서장에게 연부연납을 신청할 수 있다.

연부연납이란 세금을 일정 기간(상속은 10년*, 가업 상속은 20년, 증여는 5년) 이내에 신청한 기간 동안 나누어 낼 수 있는 제도다. 그냥은 안 되고 유가증권이나 부동산 등을 담보로 제공하고, 상속세 또는 증여세 신고기한까지 관할세무서에 신청해서 허가를 받아야 한다. 이때 각 회분의 분할납부 세액이 1,000만원을 초과하도록 연부연납 기간을 정해야 한다. 몇 년에 걸쳐서 내는 만큼 늦게 내는 세금에는 이자가 붙는다. 납부기한을 지나서 분납하는 세액에 대해서는 연 2.9%의 연부연납 가산금**이 추가된다.

담보 주는 대신
10년 동안
나눠 낼게

국세청

ok, 근데 이자 붙어

•• 연부연납 가산금의 이율은 시중은행의 1년 만기 정기예금 평균수신금리를 고려하여 기획재정부령이 정하는 이자율로 계속 변동된다. 2023년 3월 20일 종전 1.2%에서 2.9%로 인상되었다. 2024년 3월 중부터는 3.5%로 인상될 예정이다.

사례 **세금 8,000만원 어떻게 나누어 내면 될까?**

P씨는 2021년 7월 아버지한테 5억원 상당의 부동산을 증여받고 8,000만원의 증여세를 내야 하는데 현금이 부족하다. 두 번에 나

누어 분납한다 해도 절반인 4,000만원을 2개월가량 늦게 낼 수 있는 것에 불과해서 여의치가 않다. 걱정하던 중에 부동산 등을 담보로 제공하면 5년 동안 나누어 낼 수 있다는 이야기를 듣고 연부연납을 신청해서 관할 세무서장으로부터 허가를 받았다. P씨는 세금을 어떻게 나누어 내면 될까?

상속세액이나 증여세액이 2,000만원을 초과하는 경우에는 일시에 거액의 세금을 내야 하는 부담을 덜기 위해 몇 년에 걸쳐 나누어 내는 연부연납을 신청할 수 있다. 단, 연부연납을 신청하려면 납부할 세액의 120%에 상당하는 담보를 제공해야 한다.

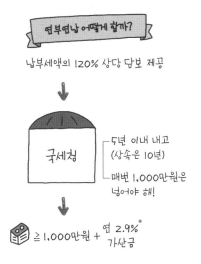

연부연납을 신청해도 일단 납부기한에 맞춰 6분의 1의 증여세를 내고, 나머지 금액을 연부연납 허가일 1년 후부터 5년의 기간에 걸쳐 나누어 낼 수 있다. 즉, 본세를 6분의 1로 나누어 여섯 번에 걸쳐 내면 된다. 단, 한번에 내는 분할세액이 최소 1,000만원은 넘도록 기간을 정해야 한다. 가령 내야 할 세금이 3,000만원이면 적어도 1회당 1,000만원은 내야 하므로 5년이 아닌 2년에 걸쳐 3회로 나누어 낼 수 있다.

P씨는 납부해야 할 금액이 8,000만원이기 때문에 5년에 걸쳐 낼 수 있다. 처음 내는 증여세는 기한에 맞게 내므로 가산금이 따로 없지만, 나머지 본세에 대해서는 기한을 연장해주는 만

• 2023년 3월 20일 이후 가산금 이율
• 2024년 3월 중 3.5%로 인상 예정

• 현재 시행규칙 공포일 미
확정

큼 이자 성격의 가산금을 추가로 내야 한다. 2021년 3월 중순 이후 적용되는 연부연납 가산금 이자율은 연 1.2%, 2023년 3월 20일 이후는 연 2.9%이다. 세법 개정으로 2024년 3월 중* 이후는 연 3.5%이다.

즉, P씨는 증여세 신고기한인 2021년 10월 31일까지 약 1,330만원을 낸 뒤 1년 후인 2022년 10월 31일까지 1차 분납세액을 내면 된다. 이때는 가산금 80만원이 합산된 약 1,413만원을 낸다. 나머지 2차에서 5차까지도 각각 남은 증여세에 대한 가산금을 합산해 내면 된다.

P씨가 증여세 8,000만원에 대해 연부연납 신청 시 세금

구분	신고기한 납부	1차	2차	3차	4차	5차
납부기한	2021년 10월 31일	2022년 10월 31일	2023년 10월 31일	2024년 10월 31일	2025년 10월 31일	2026년 10월 31일
본세	13,333,333원	13,333,333원	13,333,333원	13,333,333원	13,333,333원	13,333,333원
가산금 (가산금 이자율)	–	800,000원 (1.2%)	1,546,667원 (2.9%)	1,400,000원 (3.5%)	933,333원 (3.5%)	466,667원 (3.5%)
합계	13,333,333원	14,133,333원	14,880,000원	14,733,333원	14,266,666원	13,800,000원

연부연납은 가산금이 붙는다

세금

너무 부담된다

부동산으로도
세금 낼 수 있다

사례 수억원 상속받았는데, 세금 낼 현금 없는 Y씨

얼마 전 돌아가신 Y씨의 아버님은 재산의 대부분을 부동산으로 가지고 계셨다. 서울시 마포구 성산동의 30억원짜리 꼬마빌딩과 상암동의 40평대 아파트, 경기도 양평의 대지 150평 전원주택, 경북 상주의 230평 대지를 상속받았는데 막상 상속세를 내려고 보니 상속세를 낼 현금이 없다. 좋은 방법이 없을까?

이런 사례는 실제로 자주 볼 수 있다. 우리나라 자산가들의 자산은 유독 부동산에 쏠림 현상이 심하기 때문이다. 세법에서는 이런 경우에 상속받은 부동산 등으로 상속세를 납부할 수 있도록 하는 물납제도를 두고 있다.

물납제도는 다른 나라에서도 그 예를 찾아볼 수 있다. 유명한 화가 피카소는 수만 점의 그림을 남길 정도로 다작 작가로도 유명한데, 1973년 피카소가 사망하면서 그의 자녀들이 수많은 작품을 상속받았다. 하지만 엄청난 상속세를 낼 현금이 없어서 상속세를 내기 위해서는 그림을 팔 수밖에 없는 상황이었다. 이에 피카소의 작품이 해외로 유출될 것을 우려한 프랑스 정부는 세법을 정비해 미술품으로 세금을 물납할 수 있도록 했다. 이들이 기증한 작품을 기반으로 해 1985년 파리 마레지구의 17세기 저택에 피카소미술관이 개관한 바 있다.

그럼, 우리나라 물납제도의 요건은 어떤지 알아보자. 참고로 우리나라도 세법 개정으로 2023년 1월 1일부터는 미술품으로 상속세 물납이 가능하다.

누구나 물납을 신청할 수 있을까?

물납으로 받은 주식이 상장폐지가 되어버렸다거나 물납으로 받은 부동산이 쓸모도 없고 팔리지도 않아서 현금화할 수 없으면 과세관청은 세수를 확보할 수 없게 된다. 따라서 물납을 무분별하게 허용하지 않고 엄격한 요건을 두고 있다. 납세자는 요건을 갖추어 신청한 뒤 세무서의 허가를 받아야 물납을 할 수 있다. 물납을 신청할 수 있는 요건은 다음과 같다. 참고로 현재 물납은 상속세에만 허용되고 증여세에는 허용되지 않는다.

물납의 요건

❶ 상속세 납부세액이 2,000만원을 초과하는 경우에 물납 신청이 가능하다.

❷ 상속재산 중 부동산과 유가증권의 가액이 상속재산가액의 50%를 초과해야 물납 신청을 할 수 있다.

❸ 상속받은 금융재산*보다 상속세 납부세액이 더 커야 한다.

* 금융재산이란 금융회사 등이 취급하는 예금·적금·부금·계금·출자금·특정금전신탁·보험금·공제금 및 어음을 말한다.

얼마까지 물납을 신청할 수 있을까?

과세관청은 상속인이 상속세를 납부할 수 있는 현금성 자산을 상속받았는데도 물납을 하는 것은 허용하지 않는다. 그래서 물납할 수 있는 상속세액의 범위를 다음과 같이 한정하고 있다.

다음의 금액 둘 중 작은 금액에 한해서만 물납을 신청할 수 있다.

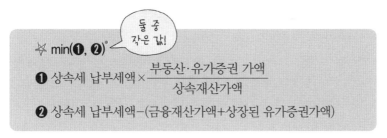

☆ min(❶, ❷)* ← 둘 중 작은 값!

❶ 상속세 납부세액 × $\dfrac{\text{부동산·유가증권 가액}}{\text{상속재산가액}}$

❷ 상속세 납부세액 − (금융재산가액 + 상장된 유가증권가액)

* min은 원래 '최저의, 최소한의'라는 뜻이다. min(❶, ❷)라고 하면 ❶과 ❷ 중에서 작은 값을 선택한다는 것이다.

위 산식의 의미를 살펴보면, 상속재산가액 중 부동산이나 유가증권 비중만큼의 납부세액에 대해 물납을 허용해주겠다는 것이다. 그런데 상속받은 재산 중에 금융재산이나 상장된 유가증권이 있다면 이 재산은 현금화해 세금을 낼 수 있으므로 상속세에서 이 금액만큼은 제외한 나머지를 한도로 한다는 의미다.

물납할 수 있는 상속재산은 국내에 소재하는 부동산과 국채·공채·주권 및 내국법인이 발행한 채권 또는 증권, 그 밖에 신탁업자가 발행하는 수익증권이나 집합투자증권이다.**

앞서 설명한 것처럼 상장된 유가증권, 또는 상장폐지된 주식이나 비상장주식은 물납에서 제외된다. 왜냐하면 상장주식은 현금화하기 어려운 재산이 아니기 때문에 팔아서 상속세를 내면 된다고 보기 때문이다. 또한 상장폐지된 주식이나 비상장주식은 과세

** 2023년부터는 역사적·학술적·문화적 가치가 있는 미술품도 물납 신청 대상에 추가된다.

관청이 현금화하기 어려워 세수 확보가 안 될 수 있기 때문에 허용되지 않는다. 다만 비상장주식은 다른 상속재산이 없거나 다른 재산으로 물납을 하고도 부족한 상황에 한해서만 물납이 허용된다.

그렇다면 부동산은 어떨까? 상속받아도 쓸모없는 부동산을 물납해서 상속세를 내는 데 써도 될까?

물납에는 순서가 있다

상속인 마음대로 상속재산 중에서 물납재산을 고르는 것이 아니다. 세법이 정한 순서에 따라 물납재산을 신청해야 한다.

물납의 순서

❶ 국채 및 공채가 있다면 가장 우선적으로 물납재산으로 신청해야 한다.

❷ 그 다음에는 거래소에 상장된 유가증권으로 물납한다(처분이 제한된 경우에 한함).

❸ 국내에 소재하는 부동산으로 물납한다. 단, 상속개시일 현재 상속인이 거주하는 주택 및 부수토지를 제외한다.

❹ 상속받은 재산 중에서 거주주택 말고는 부동산이 없다면 수익증권, 집합투자증권 등으로 물납한다.

❺ 비상장주식으로 물납할 수 있다.

❻ 마지막으로 상속개시일 현재 상속인이 거주하는 주택 및 그 부수토지로 물납한다.

줄을 서시오!

순서를 보면 중요한 단서가 있다. 상속재산이 대부분 부동산일 때, 상속인이 거주하는 주택은 거주를 보장해주는 차원에서 맨 마지막 순위에 두고 있고 이 외에는 부동산 간에 순위가 따로 없다는 점이다.

즉, 상속인은 상속받은 부동산 중에서 자신에게 불필요한 부동산으로 상속세를 물납할 수 있다. 다만 지상권, 지역권이 설정되어 있는 토지, 토지와 건물의 소유자가 다른 토지, 묘지가 있는 토지 또는 무허가 건축물 및 그 부수토지, 공유 부동산은 관리나 처분이 적당하지 않기 때문에 물납이 허가되지 않는다.

부동산 물납은
따로 순서가
없다

상속세, 불필요한 부동산으로 납부하려면

사례 W씨는 수년 전 어머니가 먼저 돌아가시고, 올해 초 홀로 지내던 아버지가 돌아가시면서 많은 재산을 상속받았다. 그런데 상속받은 재산이 대부분 부동산이라서 상속세를 낼 일이 막막하다. 상속재산은 서울에 아파트 1채(유사매매사례가액 15억원), 고향에 임야(개별공시지가 5억원)와 예금 2억원으로, 예상 상속세는 약 5억 400만원이다.

W씨는 상속세를 낼 현금이 턱없이 부족한 상황이다. 그런데 고향 인근 공인중개사로부터 "임야를 공시지가 수준으로 팔기도 힘들다"는 이야기를 들었다. 고향의 임야를 관리할 자신도 없는데 이 임야를 상속세로 내도 될까?

공시지가와 시가 차이가 별로 없다면 고려해볼 만

임야의 공시지가는 5억원이지만 훨씬 더 높은 가격에 팔 수 있다면, 다시 말해서 시가가 공시지가보다 훨씬 높다면 물납을 하면 손해다. 물납하는 부동산의 유사매매사례가액이나 감정평가한 가액이 없다면, 물납세금 납부액은 개별공시지가로 평가되기 때문이다.

개별공시지가는 시가보다 보통 20~50% 정도 가격이 낮으므로 세금을 해당 부동산으로 물납하면 손해일 수 있다. 실제 가치보다 작게 인정받은 금액으로 납부하는 셈이기 때문이다.

　그런데 간혹 시골에 있는 임야(산)나 도로 등의 토지를 상속받았는데, 쓸모도 없이 상속세에 재산세만 나가는 애물단지라고 푸념하는 상속인을 보게 된다. 이럴 때는 해당 토지를 상속세로 내는 물납을 고려해볼 만하다.

　그런데 물납은 어떤 것이든 다 받아주는 것은 아니다. 요건을 충족해야 하기 때문에 W씨처럼 물납을 생각한다면 우선 요건을 충족하는지부터 따져봐야 한다.

물납의 요건 확인하기 check!

　① 상속재산 중에서 부동산과 유가증권의 가액이 해당 상속재산가액의 2분의 1을 초과할 것

　　→ W씨의 전체 상속재산가액은 22억원이고, 이 중에서 부동산가액은 20억원이다. 즉, W씨의 경우 상속재산의 반 이상이 부동산이라서 물납이 가능하다.

　② 상속세 납부세액이 2,000만원을 초과할 것

　　→ W씨가 내야 할 상속세 납부세액은 5억 400만원으로 예상된다. 즉, 상속세가 2,000만원을 초과한다.

　③ 상속세 납부세액이 상속재산가액 중 금융재산의 가액을 초과할 것

　　→ W씨가 내야 할 상속세는 5억 400만원으로 예상되는데, 이는 W씨가 상속재산으로 받은 금융재산 2억원을 초과한다.

결론적으로 W씨는 물납의 요건 세 가지를 갖추었으므로 부동산으로 상속세를 물납할 수 있다. 그렇다면 물납할 수 있는 금액은 얼마나 되는지 물납의 범위를 계산해보자.

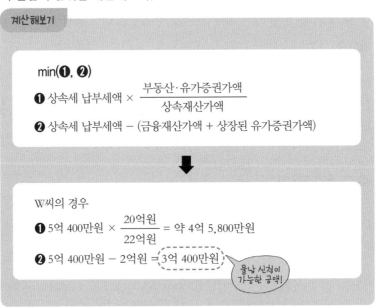

계산해보기

min(❶, ❷)

❶ 상속세 납부세액 × $\dfrac{\text{부동산·유가증권가액}}{\text{상속재산가액}}$

❷ 상속세 납부세액 − (금융·재산가액 + 상장된 유가증권가액)

⬇

W씨의 경우

❶ 5억 400만원 × $\dfrac{20억원}{22억원}$ = 약 4억 5,800만원

❷ 5억 400만원 − 2억원 = 3억 400만원

물납 신청이 가능한 금액!

W씨가 예상상속세 5억 400만원 중에서 얼마를 물납할 수 있는지 계산해보자. 먼저 물납을 신청할 수 있는 납부세액은 둘 중(❶, ❷)에서 작은 금액을 초과할 수 없다.

먼저 ❶을 계산해보자. W씨의 상속세 납부세액은 5억 400만원이고, 부동산 및 유가증권가액은 20억원이고, 상속재산가액은 22억원이다. 계산해보면 약 4억 5,800만원이 나온다.

❷를 계산해보면, W씨의 상속납부세액 5억 400만원에서 금융재산가액과 상장된 유가증권을 합한 금액을 빼니 3억 400만원이 나온다.

❶, ❷ 중에서 작은 금액인 ❷의 3억 400만원이 물납 신청이 가능한 금액이다. 즉 W씨는 상속세 중 3억 400만원은 물납으로 내고, 나머지인 2억원은 현금으로 납부해야 한다.

주의! 물납에는 거스름돈이 없다

W씨의 고향 임야는 개별공시지가가 5억원인데 3억 400만원만 물납이 인정된다면, W씨는 세무당국으로부터 차액인 1억 9,600만원을 돌려받을 수 있을까?

그렇지 않다. 물납에서 거스름돈은 없다. 따라서 물납제도는 공시지가와 시가의 차이가 거의 없거나, 혹여나 공시지가가 시가보다 오히려 큰 경우, 또는 두고두고 팔리지 않는 토지와 같이 그만큼만 인정받아도 물납하는 것이 본인에게 유리할 때 활용해야 한다.

미술품 상속가액 평가법

사례 성형외과 의사인 P씨는 그림과 조각 등 미술에 남다른 조예가 있다. 20여 년 동안 국내외 박물관, 전시회 등을 부지런히 다니며 공부했으며 국내 젊은 화가들의 작품을 일찍부터 알아보고 수집해왔다. 그림에 대한 남다른 조예 덕분에 100여 점에 달하는 그의 미술 수집품 목록은 알짜배기인 것으로 주위에 소문이 자자하다. 그런 P씨가 최근 사망했다. 상속재산으로 남긴 미술품을 얼마로 평가해야 할까?

얼마로
평가할래?

전문감정기관 2개 이상이 감정한 가액의 평균으로

판매용이 아닌 서화·골동품 등 예술적 가치가 있는 유형재산은 전문분야별로 2개 이상의 전문기관이 감정한 가액의 평균액으로 한다. 다만, 이 가액이 국세청장이 위촉한 3인 이상의 전문가로 구성된 감정평가심의회에서 감정한 감정가액보다 작은 경우에는 감정평가심의회의 감정가액으로 한다. 즉 감정평가액과 감정평가심의회 감정가액 중 큰 금액으로 한다. 하지만 특수관계인 간의 매매에 있어서 감정평가액이 감정평가심의회 감정가액의 150%를 초과하는 경우에는 감정평가심의회의 감정가액으로 한다.

저작권 상속가액 평가법

질문 Y씨는 작가인 아버지의 사망으로 저작권을 상속받았다. 상속세를 신고할 때 저작권은 얼마로 평가해야 할까?

상속개시일 전후 6개월의 기간 중에 둘 이상의 감정평가법인이 저작권을 평가한 감정가액이 있는 경우 그 평균액을 시가로 인정한다.

감정가액이 없는 경우, 장래에 받을 각 연도의 수입금액을 기준으로 연 10% 할인해 계산한 금액의 합계액으로 한다.

$$\text{저작권 상속가액} = \frac{\text{각 연도의 수입금액}}{\left(1+\frac{10}{100}\right)^n}$$

n : 평가기준일부터의 최종 경과연수

이때 장래에 받을 각 연도의 수입금액이 확정되지 않았다면, 평가기준일 전 3년간의 각 연도 수입금액을 합해 평균한 금액을 각 연도의 수입금액으로 본다.

위 식에서 평가기준일부터의 최종 경과연수는 해당 권리의 존속기간에서 평가기준일 전일까지 경과된 연수를 차감해 계산한다. 만약 평가기준일부터의 최종 경과연수가 20년을 초과하면 20년으로 한다.

상속·증여세의
제척기간 알아보기

사례 25년 전 아버지가 사주신 부동산, 증여세 안 냈는데…

50대인 H씨는 25년 전쯤에 아버지가 H씨 명의로 사주신 땅과 상
가건물이 있다. 20대에 소득도 없을 때 H씨 명의로 아버지가 부
동산을 사주셨으니 증여를 받은 것이지만 당시 증여세를 신고·납
부하지는 않았다. 요즘 증여에 대한 과세당국의 조사가 강화됐다
는 뉴스를 자주 보게 된 H씨. 지금이라도 걸리면 증여세에 가산
세까지 세금 폭탄을 맞는 것은 아닌지, 걱정으로 밤잠을 제대로
못 잘 지경이라며 상담해왔다.

증여세를 기한 안에 신고·납부를 하지 않고, 나중에 과세관청에
서 조사해 세금을 부과하는 경우에는 원래 내야 했던 증여세뿐만
아니라 가산세까지 부과된다. 신고를 하지 않았기 때문에 무신고
가산세로 증여세의 20%가 더 부과된다. 그리고 납부를 늦게 한
것에 대한 이자성격의 납부지연가산세가 하루에 증여세의 10,000
분의 2.2*로 납부기한이 지난 날짜만큼 부과된다.

　　만약 1,000만원의 세금을 납부기한이 지난 지 1년 만에 냈다면

* 2022년 2월 15일 이후
기간분에 대한 이자율

납부지연가산세는 80만 3,000원(1,000만원×2.2*/10,000×365)이다.

이자율은 금리에 따라 계속 변동한다. 해당 기간에 따른 이자율을 곱한다.

그런데 H씨처럼 증여를 받은 지 25년이 지났다면 어떨까? 지금이라도 과세관청에서 당시의 증여 사실을 알게 되면 증여세와 가산세를 과세할 수 있을까?

결론부터 말하면 과세할 수 없다.

상속·증여세의 제척기간은 10년

세법에서는 세금을 부과할 수 있는 기간이 정해져 있다. 형법에 공소시효가 있는 것처럼, 세법에도 세금을 부과할 수 있는 기간인 '제척기간'이라는 것이 있다.

제척기간은 세금의 종류와 신고 여부에 따라 다르다. 상속세와 증여세는 그중에서도 제척기간이 가장 길다. 과세관청이 찾아내 적발하기 어려운 세금이기 때문에 오랜 기간 동안 과세할 수 있도록 정해놓은 것이다. 일반적인 상속·증여세의 제척기간은 부과할 수 있는 날부터 10년간이다. 하지만 일반적이라고 볼 수 없는 가령, 아예 신고를 안 한 무신고 등의 경우에는 제척기간이 늘어난다.

50억 넘으면 언제라도 과세당국이 안 날로부터 1년

일부러 그랬으면 15년

15년

10년

일반적 제척기간

제척기간이 15년으로 늘어나는 경우

다음의 경우에는 부과할 수 있는 날부터 15년간 상속세나 증여세를 부과할 수 있다.

❶ 납세자가 부정행위로 상속세·증여세를 포탈하거나 환급·공제받은 경우

❷ 상속세·증여세 신고기한까지 신고서를 제출하지 않은 경우

❸ 상속세·증여세 신고기한까지 신고서를 제출한 자가 거짓신고 또는 누락신고*를 한 경우(그 거짓신고 또는 누락신고를 한 부분만 해당한다.)

• 누락신고
① 상속재산가액 또는 증여재산가액에서 가공(架空)의 채무를 빼고 신고한 경우
② 권리의 이전이나 그 행사에 등기, 등록, 명의개서 등이 필요한 재산을 상속인 또는 수증자의 명의로 등기 등을 하지 않고 그 재산을 상속재산 또는 증여재산의 신고에서 누락한 경우
③ 예금, 주식, 채권, 보험금, 그 밖의 금융자산을 상속재산 또는 증여재산의 신고에서 누락한 경우

H씨의 경우 증여세를 아예 신고하지 않았으므로 제척기간은 15년이다. 그런데 이미 15년이 지났으니 증여세를 과세할 수 없다. 즉, 증여받은 지 25년이 넘은 H씨는 증여세를 추징당할 걱정은 내려놓아도 된다.

15년보다 더 긴 제척기간이 적용되는 경우

제척기간이 더 길게 적용되는 경우도 있다. 고액의 재산을 포탈했을 때 그렇다. 다음의 사유로 인해 상속세나 증여세를 포탈한 재산가액의 합이 50억원을 초과하는 경우, 과세관청이 그 재산의 상속 또는 증여가 있음을 안 날부터 1년 이내에 상속세 및 증여세를 부과할 수 있다. 다만, 상속인이나 증여자 및 수증자가 사망한 경우에는 적용되지 않는다.

❶ 제3자의 명의로 되어 있는 피상속인 또는 증여자의 재산을 상속인이나 수증자가 보유하고 있거나, 그자의 명의로 실명전환을 한 경우

❷ 계약에 따라 피상속인이 취득할 재산이 계약이행 기간에 상속이 개시됨으로써 등기·등록 또는 명의개서가 이루어지지 않고 상속인이 취득한 경우

❸ 국외에 있는 상속재산이나 증여재산을 상속인이나 수증자가 취득한 경우

❹ 등기·등록 또는 명의개서가 필요하지 않은 유가증권, 서화(書畵), 골동품 등 상속재산 또는 증여재산을 상속인이나 수증자가 취득한 경우

❺ 수증자의 명의로 되어 있는 증여자의 '금융실명거래 및 비밀보장에 관한 법률'에 따른 금융자산을 수증자가 보유하고 있거나 사용·수익한 경우

❻ 비거주자인 피상속인의 국내재산을 상속인이 취득한 경우

결론적으로 상속세나 증여세를 포탈한 재산가액이 50억원이 넘을 경우, 세무당국이 그 사실을 인지한 후 1년 이내에는 상속세나 증여세를 부과할 수 있는 것이다. 고액 자산가의 상속·증여 세금포탈을 막으려는 세무당국의 강력한 의지를 엿볼 수 있는 대목이다.

3

"이런 것도 증여세 내야 하나요?" 사람들이 가장 많이 하는 질문 중 하나다. 증여세 과세대상이 되는 거래는 어떤 것들이 있는지, 증여재산가액은 어떻게 산정하는지 알아보자.

이런 것도
증여세 내나요?
-아는 만큼 아끼는 증여세 절세법

증여,
이런 순서로 진행된다

증여에 대해 궁금해하는 사람들이 늘고 있다. 죽고 나서 상속세 부담이 너무 클까 봐 혹은 미리 증여를 해서 자녀들이 돈을 불려 경제적으로 더 여유롭게 살게 하고 싶은 마음에 증여를 서두르는 사람들이 많아지고 있다. 여기서는 처음 증여하는 간단한 사례를 통해 증여세 계산의 흐름을 살펴보자.

증여세는 무상으로 받은 재산에 대해 내는 세금이다. 증여세는 증여를 받은 사람에게 과세된다. 공짜로 재산이 생겼으니 세금을 내라는 것이다. 재산 주는 사람을 '증여자', 받는 사람을 '수증자'라고 한다.

증여세와 관련해 가장 많이 듣게 되는 질문은 '어떨 때 증여세가 과세되는지', 그리고 '증여세를 얼마나 내야 하는지'이다.

"자녀에게 재산을 일부 미리 주려고 하는데 증여세를 아낄 방법이 없나요?"

"딸이 집을 살 때 돈을 빌려주려고 하는데 그래도 증여세를 내야 하나요?"

"내 재산을 담보로 은행에서 아들이 돈을 빌릴 수 있게 하려는 데요. 이런 경우에도 증여세를 내야 하나요?"

즉, 증여세의 과세 대상인지 여부와 증여재산가액을 어떻게 산정해서 증여세를 얼마나 내야 되는지가 핵심질문이다.

1단계 증여세 과세 대상인지 확인하기

내가 고등학생 아이의 통장에 2,000만원을 넣어주었다면 증여세 과세 대상일까? 아들이 결혼할 때 전세금을 수천만원 보태주었다면 증여세 과세 대상일까?

2004년 1월 1일 이후 증여세에는 완전 포괄주의가 도입됐다. 세법상 열거되어 있지 않은 경우에도 증여세를 과세할 수 있는 근거가 마련된 것이다. 즉, 세법에서는 증여세 완전 포괄주의에 따라 '증여'의 개념을 그 행위 또는 거래의 명칭·형식·목적 등과 관계없이 직접 또는 간접적인 방법으로, 타인에게 유형·무형의 재산 또는 이익을 무상으로 또는 현저히 낮은 대가를 받고 이전 (移轉)하거나 그의 재산가치를 증가시키는 것을 증여로 본다.

다시 말해서 부모가 자녀에게 재산을 무상으로 준 경우뿐만 아니라, 부모가 자녀의 재산이 늘어나는 데 기여한 바가 있는 등 간접적으로 자녀의 재산을 증가시켜도 증여세를 과세할 수 있게 된 것이다.

다음 중에서 증여세 과세 대상이 되는 것을 골라보자.

사례로 보는 증여세 과세대상

❶ A씨는 고등학생 아이의 통장에 2,000만원을 넣어주었다.

❷ B씨는 아들이 결혼할 때 전세금 6,000만원을 보태주었다.

❸ C씨는 딸이 집을 살 때 1억원을 빌려주었다.

❹ D씨는 자신의 아파트를 담보로 아들이 은행에서 3억원을 융자받도록 해주었다.

❺ 2주택자인 E씨는 시가 6억원 아파트를 아들에게 4억원에 팔았다.

❻ F씨는 서울시 마포구 연남동에 대지 100평, 건평 21평의 단독주택을 보유 중이다. 60년 된 집으로 너무 낡아서 세를 놓기도 어렵고, 그렇다고 새로 짓자니 건축비가 부담된다. 이참에 집을 허물고 아들에게 땅을 공짜로 빌려주어 주차장 사업을 하게 하려는 참이다.

❶ A씨가 고등학생 자녀에게 2,000만원을 준 것은 증여에 해당된다. 단, 수증자인 고등학생이 10년 이내 직계존속한테 증여받은 재산이 없다면 2,000만원은 증여공제되어 증여세는 없다.

❷ 아들에게 전세금을 보태준 B씨도 증여를 한 것이다. 혼인·출산 증여재산공제*를 활용하면 1억원까지 공제받을 수 있다.

• 혼인·출산 증여재산공제는 115쪽에서 자세히 살펴보기로 한다.

❸ C씨의 딸이 부모에게 빌린 1억원을 갚는다면 증여가 아니지만, 만약 갚지 않는다면 증여에 해당된다.

❹ D씨의 아들은 아버지의 담보를 사용해 은행에서 싼 이자로 대출을 받을 수 있었다. 때문에 담보로 인해 싸게 빌린 이자

만큼을 증여받은 것으로 본다.

❺ 부모와 자녀 사이 같은 특수관계에서 시가보다 기준금액 이상으로 싸게 팔면 증여로 본다.

❻ F씨는 아들에게 공짜로 땅을 빌려준 것이다. 땅 임대료만큼을 증여한 셈이다.

이 외에도 주변에서 흔히 볼 수 있는 증여세 과세 혹은 비과세 대상이 되는 여러 가지 사례는 131쪽부터 상세히 살펴보자.

2단계 증여재산가액 알아보기

과세 대상인지의 여부를 확인하고 나면 증여재산가액이 얼마이며, 증여세를 얼마나 내야 하는지가 관건이다.

부동산 또는 주식을 증여하는 등 일반적인 증여의 경우라면 앞에서 살펴본 증여재산 평가방법(50쪽 참조)에 따라 증여세를 계산하면 된다.

그런데 부모가 자녀에게 부동산을 대가 없이 공짜로 준 것이 아니라 싸게 팔았다거나, 무상으로 토지를 사용하게 해준 경우, 혹은 자녀에게 돈을 그냥 준 것이 아니라 무이자로 빌려준 경우, 또는 부모의 부동산을 담보로 자녀가 은행에서 돈을 빌린 경우 등에서의 증여재산가액은 어떻게 계산할까? 세법에서는 각각의 경우에 따라 증여재산가액 계산하는 방법을 규정하고 있다. 이에 대해서는 154쪽에서부터 사례를 좀더 상세히 살펴본다.

3단계 10년 이내 동일인한테 증여받은 재산 더하기

증여받은 날로부터 10년 이내에 동일인한테 증여받은 재산이 있는지 확인한다. 여기서 '동일인'은 증여자가 직계존속인 경우 그 배우자를 포함한다. 가령, 이번에 아버지한테 증여를 받는데 10년 이내에 아버지 또는 어머니한테 증여받은 재산이 있다면 합산해야 한다.

4단계 증여공제 빼고 과세표준 구하기

증여재산가액을 파악하고 나면 동일인한테 10년 이내 증여받은 재산을 더하고, 여기에서 증여공제를 차감한다. 공제금액은 수증자와 증여자의 관계에 따라 다르다(112쪽 참조). 증여받은 재산가액에서 증여공제를 차감하면 증여세 과세표준이 된다.

> ✦ **증여세 과세표준** = 증여재산가액 + 10년 이내 동일인한테 증여받은 재산가액 − 증여공제액

세법에서 과세표준은 과세의 근거가 되는 금액, 즉 세율을 곱하는 금액을 말한다. 따라서 과세표준 구간에 해당하는 증여세율을 곱하고 누진공제액을 차감하면 증여세 산출세액을 계산할 수 있다. 예를 들면 현금 1억원을 성인 자녀(만 19세 이상)에게 증여한다면, 증여재산가액 1억원에서 성인 자녀의 증여공제액 5,000

만원을 뺀 5,000만원이 과세표준이 된다.

5단계 세율 곱해 증여세 구하기

이제 과세표준에 세율을 곱해 증여세를 구할 수 있다. 만약 과세표준이 5,000만원이라면 10%의 세율을 곱한 500만원이 증여세가 된다.

과세표준	세율
1억원 이하	10%
1억원 초과~5억원 이하	20%
5억원 초과~10억원 이하	30%
10억원 초과~30억원 이하	40%
30억원 초과	50%

> ✦ **증여세 산출세액** = 과세표준 × 세율 − 누진공제액

6단계 증여세에서 신고세액공제 빼고 납부세액 확정하기

증여세 신고기한인 증여일이 속한 달의 말일로부터 3개월 이내에 신고하면 세액의 3%를 공제해준다.

> ✦ **증여세 납부세액** = 증여세 − (증여세 × 3%)

간단하게 증여세를 계산하는 과정을 살펴보았다. 먼저 증여세가 과세되는 대상인지를 판단하고, 증여재산가액을 평가한 후에 수증자가 10년 이내 동일인한테 증여받은 재산이 있는지, 증여공제 그룹한테 공제받은 금액이 있는지를 따져본다. 그렇게 과세표준을 구한 후에 세율을 적용하고 신고기한 내에 신고하면서 신고세액공제를 차감하면 증여세 납부세액이 나온다.

증여공제금액은
관계에 따라 다르다

관계에 따른 증여공제금액

관계도로 보는 증여공제액

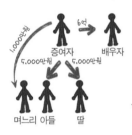

증여재산가액을 파악하고 나면 증여공제를 차감한다. 공제금액은 증여자와 수증자의 관계에 따라 다르다. 배우자는 6억원, 성인 자녀는 5,000만원(미성년자 2,000만원), 사위나 며느리와 같은 기타친족은 1,000만원을 공제받을 수 있다. 만약 이런 친인척 관계가 아닌 친구나 지인에게 증여한다면 증여공제는 없다.

증여공제

관계	증여공제금액
배우자	6억원
직계존비속	5,000만원 (미성년자 2,000만원)
기타친족	1,000만원

증여공제는 증여공제 그룹별로 합산된다

증여공제에서 사람들이 많이 헷갈려 하는 부분이 있다. 직계존속한테 증여공제 받을 수 있는 금액이 성인은 10년간 5,000만원인데, 그렇다면 아버지한테 5,000만원 받고 할아버지한테 5,000만원 받아도 될까?

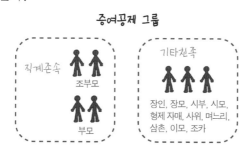

증여공제 그룹

직계존속
조부모
부모

기타친족
장인, 장모, 시부, 시모, 형제 자매, 사위, 며느리, 삼촌, 이모, 조카

그렇지 않다. 증여공제는 인별이 아닌 증여공제 그룹별로 10년간 받을 수 있는 금액이다. 증여공제 그룹은 직계존속 그룹, 기타친족 그룹을 말한다. 직계존속 그룹에는 부모와 조부모가 있고 기타친족 그룹에는 장인, 장모, 시부, 시모, 형제 자매, 사위, 며느리, 삼촌, 이모, 조카가 포함된다. 즉, 증여를 받은 사람이 증여일로부터 소급하여 10년 동안 배우자에게 6억원, 직계존속 그룹에게 5,000만원(미성년자 2,000만원), 기타친족 그룹에게 1,000만원을 공제받을 수 있다.

질문 A씨는 3년 전에 아버지한테 증여를 받으면서 증여공제 5,000만원을 받았다. 올해 할아버지로부터 1,000만원을 받는다면 증여공제를 또 받을 수 있을까?

'아버지 증여 + 할아버지 증여'의 경우

아버지와 할아버지는 모두 직계존속이다. 직계존속한테 증여받을 때 10년간 공제받을 수 있는 금액은 5,000만원이다. A씨는 3년 전 아버지한테 증여받을 때 증여공제 5,000만원을 받았기 때문에 올해 할아버지한테 증여받을 때는 증여공제를 받을 수 없다. 10년 이내에 직계존속에게 공제받을 수 있는 금액 5,000만원이 이미 모두 적용되었기 때문이다.

질문 B씨는 2년 전 이모한테 1,000만원을 증여받았다. 올해 삼촌한테 1,000만원을 증여받는다면 증여공제를 받을 수 있을까?

'이모 증여 + 삼촌 증여'의 경우

이모, 삼촌은 기타친족 그룹에 속한다. 기타친족(6촌 이내의 혈족 및 4촌 이내의 인척)에게 증여받으면 10년간 1,000만원만 증여공제를 받을 수 있다. B씨가 2년 전 이모한테 증여를 받으면서 증여공제 1,000만원을 적용받았다면, 올해 삼촌한테 증여받을 때는 증여공제를 받을 수 없다. 이모에게 증여받은 날로부터 10년이 지나서 삼촌에게 증여를 받는다면 다시 1,000만원을 증여공제로 받을 수 있다.

결혼 또는 출산한 (손)자녀에게 1억원 '혼인·출산 증여재산공제' 신설

결혼 또는 출산한 사람이 증여를 받을 때 1억원까지 공제받을 수 있는 '혼인·출산 증여재산 공제'가 새로 도입되었다. 2024년 1월 1일 이후 직계존속인 부모 또는 조부모한테 증여를 받는 분부터 적용된다.

혼인 신고일 기준으로 이전 2년부터 이후 2년 이내 기간에 증여를 받거나, 자녀 출생 또는 입양일부터 2년 이내에 증여를 받으면 공제받을 수 있다.

가령 혼인 신고일이 2022년 5월 20일이라면, 2년 이후인 2024년 5월 19일까지 증여하면 혼인·출산 증여재산 공제로 1억원까지 공제받을 수 있다.

출산도 출생일(입양일)로부터 2년 이내까지 증여해야 공제받을 수 있기 때문에, 2022년에 혼인신고 또는 출산을 했을 경우, 공제를 놓치지 않으려면 2024년 중 2년이 되는 날 전까지는 반드시 증여를 해야 한다. 2024년에 혼인신고 또는 출산을 했다면, 2026년 중 2년이 되는 날 전까지 증여해야 한다.

또한 혼인과 출산 각각 1억원을 공제받을 수 있는 것이 아니라, 통합해서 수증자 한 명당 1억원을 공제받을 수 있다는 점에 주의하자.

사례 3년 전 5천만원 증여받은 K씨, 혼인·출산 증여재산 공제 가능할까?
K씨는 3년 전에 아버지한테 5,000만원을 받으면서 증여공제 한도 이내이기 때문에 증여세는 내지 않았다.

2023년에 결혼하고 혼인신고를 한 K씨는 2024년부터 새로 생긴 혼인 관련한 증여공제가 너무 반가운 마음이다. 아버지한테 추가로 1억원을 증여받기로 했는데, 3년 전에 받은 5,000만원과 합산되는 것은 아닌지, 첫아이를 출산하면 출산공제로 1억원을 추가로 받을 수 있는지 궁금하다.

2024년 1월 1일 이후에 증여받는 분부터 적용되는 혼인·출산 증여재산 공제는 기존에 증여자와 수증자의 관계에 따라 받을 수 있는 증여재산 공제와 별개로 신설된 공제이다.

증여재산 공제는 증여자가 배우자이면 6억원, 직계존속이면 5,000만원(미성년 2,000만원), 기타 친족이면 1,000만원이 공제되고, 이 공제금액은 10년 동안 합산된다. 반면, 혼인·출산 증여재산 공제 1억원은 증여받는 수증자 한 명당 혼인과 출산을 통틀어 평생 공제받을 수 있는 금액이고, 위 증여공제와는 합산되지 않는다.

따라서 K씨는 3년 전 증여받은 5,000만원과는 별도로 혼인 또는 출산한 경우 공제를 받을 수 있다. K씨가 결혼하면서 1억원을 증여공제를 받았다면 해당 공제금액을 다 쓴 것이기 때문에, 앞으로 추가로 혼인·출산 증여재산 공제를 받을 수는 없다.

만약 결혼하면서 K씨가 7,000만원을 공제받았다면, 첫째 자녀를 출산하고 2년 이내에 3,000만원을 추가로 공제를 받을 수 있다.

할아버지, 할머니한테 증여받으면 더 절세되는 이유

손주한테 증여 계획이 있는 할아버지나 할머니(외조부모 포함)가 있다면, 조부모한테 증여받을 시의 증여공제를 활용하는 것이 절세에는 더 효과적이다.

첫째, 손주 증여는 할증되기 때문이다. 할머니, 할아버지가 손주에게 증여하면 (자녀) 세대를 생략하고 곧바로 손주에게 증여했다고 해서 세율이 30% 할증되어 증여세가 많아진다. 하지만 증여공제 이내 금액이면 증여세가 없기 때문에 할증도 되지 않는다.

가령 부모가 결혼하는 자녀(A)에게 1억 5,000만원을 증여해서 증여공제를 받은 다음에, 할아버지가 손주(A)에게 1억원을 증여하면, 30%가 할증되어 증여세가 1,261만원이다.

그런데 증여 순서를 바꾸면 어떨까? 할아버지가 손주(A)에게 1억 5,000만원을 증여해서 증여공제를 받은 후, 부모가 자녀(A)에게 1억원을 증여한다면 증여세는 970만원이다. 조부모가 증여공제를 활용하면 증여세 291만원을 아낄 수 있는 것이다.

둘째, 상속재산에 합산되는 증여기간이 짧다. 사망하기 일정

기간 이내에 증여한 재산은 상속재산에 합산되어 상속세가 과세된다. 이때 상속인인 자녀는 그 기간이 사망일로부터 10년 이내지만, 상속인이 아닌 손주는 그 절반인 5년이다. 즉, 손주에게 증여하고 5년이 지나서 사망하면, 증여재산이 상속세에 추가되지 않는다. 손주 증여에 관심이 계속 높아지는 이유이다.

결혼 시 최대 3억 2천만원까지는 증여세 없이도 가능

결혼할 때 신랑, 신부가 양가에서 증여세 없이 받을 수 있는 금액은 최대 얼마일까?

• 10년 이내 직계존속에게 증여공제 받은 적 없다고 가정

먼저, 성년 직계비속이 받을 수 있는 5,000만원[*]과 혼인·출산 증여재산 공제 1억원이 있다. 여기에 혼인신고를 하고 나면 배우자의 부모님은 기타 친족에 해당되기 때문에 1,000만원까지 공제를 받을 수 있다. 즉, 각자 1억 6,000만원씩 증여세 없이 증여를 받을 수 있으니, 부부가 총 3억 2,000만원은 증여세 없이 증여를 받을 수 있는 셈이다.

증여공제 최대 한도

구분	신랑	신부
직계비속 공제	5,000만원	5,000만원
혼인·출산 증여재산 공제	1억원	1억원
기타친족 공제	1,000만원	1,000만원
합계	1억 6,000만원	1억 6,000만원

배우자 증여를 활용한 토지 양도세 절세법

사례   H씨가 7년 전 강원도 속초에 1억 8,000만원에 사둔 땅값이 최근 5억원으로 올랐다. H씨는 이 근처에 산 적도 없고, 농사를 지은 적도 없다. 따라서 이 땅은 비사업용토지로 세율이 10%p 가산되어, 판다면 양도세로 약 1억 2,200만원을 내야 한다. H씨가 양도세를 줄일 수 있는 방법이 있을까?

배우자에게 증여하는 방안을 활용할 수 있다. 배우자한테 받은 증여는 10년간 6억원을 공제해준다. 따라서 H씨가 최근 10년 동안 배우자에게 증여한 적이 없다면 6억원까지는 공제받을 수 있어서 증여세가 없다.

그렇다면 토지를 증여할 때 증여재산가액은 얼마로 하면 될까? 증여받은 재산이 부동산일 때 '시가'로 평가하는 것을 원칙으로 한다. 시가란 증여일 전 6개월, 증여일 후 3개월 이내에 생긴 매매가액이나 감정평가액, 수용, 공매, 경매가액을 말한다. 일반적으로 공동주택인 아파트는 같은 단지 내에 같은 평수, 공동주택가격의 차이가 5% 이내인 아파트가 팔린 사례가 있다면 그 유사매매사례가액으로 평가된다. 하지만 토지는 위치도 면적도 다 제각각이고 거래도 많지 않기 때문에 유사매매사례가액을 찾기 어렵다.

시가가 없으면 보충적 평가방법인 기준시가로 평가해야 하는데, 토지의 기준시가는 개별공시지가이다. 그런데 개별공시지가는 시가에 비해서는 훨씬 낮은 가격이기 때문에 이 금액으로 증여를 하는 것은 나중에 양도세를 줄이는 데 별로 도움이 안 된다.

왜냐하면 양도세를 줄이려면 양도차익을 줄여야 하는데, 양도차익은 양도가액에서 취득가액을 차감한 금액이므로 결국 취득가액을 올리는 것이 핵심이기 때문이다.

배우자에게 현 시세대로 증여를 해서 취득가액을 올려놓으면 나중에 배우자가 팔 때는 양도차익이 그만큼 줄어들기 때문에 양도세를 절세할 수 있는 셈이다. 이런 경우 토지를 증여할 때 감정평가를 받아서 감정평가액으로 증여세를 신고하는 것이 유리하다.

증여를 했으니 부동산 등기에 따른 취득세도 들어간다. 증여 취득세율은 4%이다. 다만, 다주택자가 주택(조정대상지역 내 기준시가 3억원 이상)을 증여할 때는 2020년 8월 12일 이후부터 취득세율이 13.4%로 대폭 인상됐다.

증여받은 부동산은 10년 지난 후 팔아야 한다

증여받은 부동산을 팔 때 가장 주의할 점은 증여받은 날로부터 10년[*]이 지나서 팔아야 한다는 것이다. 증여를 통해 양도세를 회피하는 것을 방지하기 위해 세법에서는 증여일로부터 10년 이내에 증여받은 재산을 팔면 '취득가액 이월과세' 규정을 적용하고 있다.

취득가액 이월과세란, 양도세를 계산할 때 취득가액을 증여받은 가액이 아니라 종전 증여자가 취득한 가액으로 계산하라는 것이다.

H씨의 7년 전 취득가액이 1억 8,000만원이고 H씨의 배우자가 증여받을 때 감정평가액이 4억 3,000만원이라고 가정해보자. H씨의 배우자가 증여받은 지 10년이 되기 전에 이 토지를 5억원에 판다면 취득가액이 증여자인 H씨의 취득가액인 1억 8,000만원으로 적용되어 양도세가 계산된다.

즉 양도차익은 5억원에서 1억 8,000만원을 뺀 3억 2,000만원이다. 증여를 해서 양도세는 줄인 것 없이 취득세만 들어간 셈이다.

증여받고 10년이 지나서 판다면 어떨까? H씨 배우자가 증여받은 가액인 4억 3,000만원이 취득가액으로 양도가액에서 차감되니 7,000만원의 양도차익에 대해 양도세가 계산되어 양도세가 약 780만원으로 줄어든다.

따라서 배우자에게 증여해서 양도세를 절세하기 위해서는 증여하고 나서 10년이라는 시간을 더 기다려야 한다는 점을 명심해야 한다.

• 2022년 12월 31일 이전에 증여받은 부동산은 5년이 적용된다.

배우자 증여를 활용한 해외주식 양도세 절세법

사례　작년에 미국주식을 2억원가량 취득한 K씨는 최근 주가를 확인해보고 거의 배로 오른 것을 알게 되었다. 불과 1년도 안 되는 기간 동안 약 2억원의 양도차익을 얻은 것이다.

국내 상장주식은 주가가 크게 올라도 대주주가 아니라면 팔 때 양도세가 없지만, 해외주식은 양도차익이 있으면 양도세를 내야 한다. K씨는 국내 상장주식을 매매할 때는 안 내던 세금을 내자니 아까운 생각이 들었다. 이럴 때 세금을 아낄 수 있는 방법이 있을까?

해외주식에 직접 투자해서 차익이 생기면 양도세를 내야 한다. 미국주식에 직접 투자한 K씨는 양도세를 얼마나 내야 할까? 해외주식 투자에 따른 양도세는 양도가액에서 취득가액 등을 차감한 양도차익에서 1인당 1년에 250만원의 기본공제를 차감한 후, 그 금액에 22%(지방소득세 포함)의 세율을 곱해 계산한다.

> ✦ **해외주식 투자 양도세** = (양도차익 − 250만원) × 22%

따라서 K씨가 2억원에 산 미국주식을 4억원에 팔 때 양도세를 계산해 보면, 양도차익 2억원에 대해서 기본공제 250만원을 제하고 22%의 세율을 곱하니 무려 4,345만원이 나온다.

아내에게 증여 후 팔면 양도세 절세 가능

이 경우 아내에게 주식을 증여한 후 팔면 양도세를 아낄 수 있다. 일단 배우자에게 증여하면 10년간 6억원이 공제되어 6억원 이내 금액이라면 증여세가 발생하지 않는다. 그리고 증여받은 배우자가 양도할 때 취득가액은 증여받은 금액인 증여일 전후 2개월 종가평균이다. 따라서 취득가액이 올라가니 양도차익이 줄어들어 양도세가 작아진다.

부동산은 증여받고 10년 이내에 팔면 취득가액 이월과세 규정이 적용되기 때문에, 증여를 해준 사람의 취득가액으로 양도세를 계산하게 된다. 하지만 주식은 이월과세 규정이 적용되지 않는다.

즉, 아내가 주식을 증여받고 바로 팔아도 취득가액은 증여받은 가액으로 계산한다. 증여일 전후 2개월 종가평균액이 4억원이라고 가정하면 증여받은 아내가 4억원에 팔면, 양도차익이 없기 때문에 양도세가 없다. 증여받고 주가가 더 올라서 4억 2,000만원에 판다면 양도차익 2,000만원에 대한 양도세 385만원을 내면 된다.

2025년부터는 주식도 이월과세 대상에 포함된다

현재 취득가액 이월과세 규정이 적용되는 대상은 토지, 건물과 같은 부동산과 시설물 이용권, 분양권과 조합원 입주권뿐이다. 배우자나 직계존비속한테 이월과세가 적용되는 재산을 증여받고 10년 이내에 팔면 당초 증여자의 취득가액으로 양도세를 계산한다.

그러나 2020년 개정세법에 따르면 주식도 이월과세 대상에 포함될 예정이다. 당초 2023년부터 시행될 예정이었지만 금융투자소득세가 2년 유예됨에 따라 이 규정도 2025년 1월 1일 이후 양도분부터 적용되는 것으로 미뤄졌다. 다만, 배우자한테 증여받은 것에 대해서만 적용되고 증여받고 10년이 아닌 1년 이내에 양도할 때 적용된다.

지금은 주식이 이월과세 대상이 아니기 때문에 K씨의 사례처럼 증여하고 바로 팔아서 양도세를 줄일 수 있다. 하지만 2025년부터는 (법 시행시) 바로 팔아서는 양도세를 줄일 수 없고 최소 1년 이상 보유한 후에 팔아야 취득가액을 올려서 양도세를 줄이는 것이 가능해진다.

세법은 현실을 반영하여 계속 개정된다. 개정되는 세법에 항상 관심을 기울여야 자신의 상황에서 가장 유리한 의사결정을 할 수 있고, 결국 내 자산을 잘 관리할 수 있다.

세법은 현실을 반영한다

• 금융투자소득세는 2025년 시행 예정이지만 정부에서 폐지를 검토하고 있어 실제 시행 여부는 지켜봐야 한다. 금융투자소득세가 폐지될 경우, 주식의 이월과세 규정도 같이 폐지될 가능성이 높다.

10년 합산,
자주 하는 5가지 질문

증여세의 10년 합산은 두 가지에서 적용된다. 하나는 증여공제이고 다른 하나는 누진세율이다.

올해 1억원, 내년에 1억원 10% 세율 적용받을까?

증여세는 동일인한테 증여일로부터 10년 이내에 증여받은 재산을 합산해서 누진세율을 적용한다. 10년 이내 증여재산을 합하면 금액이 커지니 세율도 올라가는 것이다. 여기서 '동일인'이란 증여자가 부모님이나 조부모님과 같이 직계존속이면 그 배우자까지도 포함한 개념이다. 가령, 아버지에게 증여받으면 어머니에게 10년 이내에 증여받은 재산도 합산해야 하고, 할아버지에게 증여받으면 할머니에게 10년 이내에 증여받은 재산도 합산해야 한다. 외할아버지와 외할머니도 마찬가지다. 따라서 10년 단위로 나누어 증여해서 합산되지 않도록 하는 것이 증여세를 줄일 수 있는 방법이다.

질문 미성년 자녀에게 올해 1억 2,000만원을 증여하고, 내년에 다시 1억원을 증여하면 각각 10%의 세율을 적용받을 수 있을까?

그렇지 않다. 증여세는 과세표준에 따라 10~50% 누진세율인데, 증여일로부터 소급해 10년 이내에 동일인한테 받은 재산을 합산해서 계산한다. 올해 1억 2,000만원을 증여받으면 2,000만원을 공제받고 1억원에 대해 10% 세율로 과세된다. 그리고 내년에 1억원을 받을 때는 1년 전 증여받은 금액과 합산되어 1억원 초과 5억원 이하 구간으로 20% 세율이 적용된다. 이때 합산되는 이유는 동일인한테 10년 이내에 증여를 또 받았기 때문이다. 증여자가 동일인이 아니라면 합산되지 않는다.

세 번에 나눠 증여받을 때 증여세는?

질문 30대 C씨는 아버지인 D씨에게 9년 전에 2억원을 증여받았고, 5년 전에는 2억원을 증여받았으며, 올해 다시 1억원을 증여받았다. 이 경우 올해 증여받은 1억원에 대한 증여세 세율은 얼마일까?

C씨가 아버지 D씨로부터 지금까지 10년 동안 증여받은 금액을 모두 합산한 5억원에서 증여공제 5,000만원을 차감하면 과세표준은 4억 5,000만원이다. 그래서 올해 증여받은 1억원에 대해서는 1억원 초과 5억원 이하 구간에 해당하는 증여세율인 20%가 적

용된다. 동일인한테 증여받을 때는 10년간 합산한 금액으로 누진
세율이 적용된다는 것을 반드시 기억하자. 이때 증여자가 직계존
속일 경우에는 그의 배우자도 동일인으로 보아 합산된다는 점을
주의해야 한다.

아버지와 어머니에게 각각 증여받은 경우는?

질문 성인인 자녀 A씨는 2017년에 아버지한테 1억 5,000만원을
증여받았고, 2020년에 어머니한테 1억원을 증여받았다. 이 경우
2020년 어머니한테 증여받을 때 증여세는 어떻게 계산할까?

1억 5,000만원

2017년

아버지   A씨

- 증여공제: 5,000만원
- 과세표준: 1억원에 대해 증여세율 10% 적용
- 증여세: 970만원

1억원

2020년

어머니   A씨

- 증여공제: 10년 이내 직계존속 그룹의 증여 공제 5,000만원을 이미 적용받았으므로 공제 없음.
- 과세표준: 3년 전 아버지가 증여한 재산과 합산되어 1억원에 대해 증여세율 20% 적용
- 증여세: 1,940만원

A씨가 2017년 아버지한테 증여받았을 때는 10년 이내에 증여받
은 것이 없다. 따라서 1억 5,000만원에서 증여공제 5,000만원을

차감한 1억원이 과세표준이 되어 세율 10%를 적용하고 신고세액 공제[*] 3%를 차감한 970만원을 증여세로 내면 된다.

• 증여세 신고기한인 증여일이 속하는 달의 말일로부터 3개월 이내 신고 시 공제해준다.

한편, 2020년에 어머니한테 증여받을 때는 10년 이내 직계존속 그룹의 증여공제 5,000만원을 이미 적용받았기 때문에 더 이상 증여공제를 받을 수 없다. 또 이때는 아버지와 어머니를 동일인으로 보아 10년 이내에 증여받은 재산을 합해서 증여재산가액을 계산한다. 즉, 2020년 어머니한테 증여받을 때는 10년 이내에 아버지로부터 증여받은 금액이 합산되어 과세표준이 2억 5,000만원이 되므로 20% 세율이 적용된다.

아버지와 할머니에게 각각 증여받은 경우는?

앞에서 말했듯 10년 이내 증여재산을 합산할 때, 증여자가 직계존속일 경우 그 배우자까지 동일인으로 본다. 아버지와 어머니가 증여한 것은 합산되고, 마찬가지로 할머니와 할아버지가 증여한 것도 합산된다. 그렇다면 이런 경우는 어떨까?

질문 아버지와 할머니로부터 각각 1억원씩 증여를 받았다. 이 경우 둘로부터 증여받은 증여재산가액을 합산할까?

이 경우는 합산하지 않는다. 둘 다 직계존속이지만 아버지와 할머니는 서로 배우자가 아니므로 금액이 합산되지 않는다. 즉, 각각 10% 세율이 적용된다.

그렇다면 증여공제는 어떻게 될까? 증여공제 금액은 합산한다. 증여공제는 그룹별로 합산하기 때문이다. 아버지와 할머니는 같은 직계존속 그룹이므로 10년간 공제받은 금액을 합해서 수증자가 성인일 경우 5,000만원, 미성년자일 경우 2,000만원이 공제된다.

시아버지와 시어머니에게 증여받은 경우는?

질문 P씨는 시아버지한테 1억원, 시어머니한테 1억원을 증여받았다. 이 경우 둘을 합산해 증여세를 계산해야 할까?

수증자 입장에서 증여자인 시아버지와 시어머니는 직계존속이 아니고 기타친족이다. 배우자까지 동일인으로 보는 것은 직계존속일 경우에 한해서 적용되기 때문에 시부모님 두 분에게서 받은 돈은 합산되지 않고 각각 10% 세율이 적용된다. 마찬가지로 장인어른이나 장모님으로부터 증여받은 경우도 합산되지 않는다.

증여공제와 누진세율을 헷갈리지 말자

10년 이내 증여공제 및 세율 합산에 대해 혼동하는 사람들이 많다. 가령, 아버지와 할머니한테 증여받을 때 각각 5,000만원씩 공제받는다고 착각하거나, 아버지한테 증여받은 재산과 할아버지한테 증여받은 재산이 합산되어 누진세율이 적용된다고 혼동하는 경우 등이다. 증여공제는 인별이 아니라 그룹별로 공제를 생각해야 한다. 한편, 증여세율은 동일인에게 10년 이내에 증여받은 금액을 합산해 적용하는데, 증여자가 직계존속일 경우 그 배우자까지 동일인에 포함된다. 증여공제와 누진세율을 각각 구분해서 기억해두자.

증여세 신고,
자주 하는 7가지 질문

무상으로 받은 재산임에도 세법에서는 증여세를 과세하지 않는 경우도 있다. 주변에서 흔히 볼 수 있는 대표적인 사례를 통해 증여세 과세 대상이 되는 경우와 비과세 대상이 되는 경우를 나눠 상세히 살펴보자.

국가에서 받은 지원금, 증여세 내야 할까?

국가나 지방자치단체로부터 증여받은 재산은 비과세된다. 예를 들면 국가에서 받은 아동수당이나 재난지원금에는 증여세가 과세되지 않는다. 또 정당법에 따라 정당이 증여받은 재산이나 국가나 지방자치단체 또는 공공단체가 증여받은 재산에 대해서는 증여세가 비과세된다. 또 장애인을 수익자(보험금 수령인)로 하는 보험으로서 연간 4,000만원까지의 보험금도 비과세에 해당한다.

자녀한테 들어가는 생활비, 증여로 볼까?

 세법에서는 '사회통념상 인정되는 이재구호금품, 치료비, 피부양자의 생활비, 교육비, 그 밖에 이와 유사한 것'에 대해서는 증여세를 비과세한다. 이 중에서 특히 피부양자의 생활비와 교육비에 대한 문의가 많은데, 다음과 같은 질문이 많다.

"한 달에 생활비로 얼마를 줘야 증여세가 없나요?"

경제적 형편에 따라 생활비는 매우 달라질 수 있으므로 '얼마면 괜찮다'라고 정해진 금액은 없다. 하지만 여기서 더 중요한 것은 생활비를 받는 사람이 피부양자에 해당되는지 여부다. 직장에 다니는 자녀에게 생활비를 주는 것도 증여세가 비과세될까? 피부양자가 될 수 있는지는 자녀의 직업·연령·소득·재산상태 등 구체적인 사실을 확인해 판단해야 한다.

사례 소득 생긴 자녀에게 계속 생활비를 준다면

결혼한 아들이 30대에 직장을 그만두고 배우자와 함께 유학을 가서 아버지인 P씨가 그 학비와 생활비, 거주비를 대주었다. 그러다가 몇 년 후 아들의 배우자가 직장에 취직해서 소득이 생겼고 돌아가신 어머니한테 부동산을 상속받기도 했다. 그런데도 아버지 P씨가 계속 생활비를 보태주었다. 이 경우 증여세를 비과세받을 수 있을까?

아들과 그 배우자 모두 소득과 재산이 없을 때 보내준 생활비나 학비, 거주비는 증여세를 비과세 받을 수 있다. 하지만 1차 부양의무자인 배우자가 소득이 생겨서 생활비 등을 댈 수 있게 된 이후에는 아버지 P씨에게 부양의무가 없다고 보아 그 이후에 보내준 생활비 등에는 증여세가 과세될 수 있다.

직장에 다니는 자녀의 생활비를 보태준 것 역시 증여세 비과세 대상이 아니다. 직장에 다니면 본인 스스로 생활비를 충당할 능력이 되기 때문에 부모가 대준 생활비는 증여세가 비과세되지 않는다.

또 하나 중요한 것은 부양의무자와 피부양자 사이의 생활비는 통상 필요하다고 인정되는 금품만 증여세가 비과세된다는 점이다. 생활비 명목으로 받은 재산이라 할지라도, 그 돈을 받아 예금·적금에 넣거나 주식·토지·주택 등의 매입자금 등으로 사용하는 경우에는 비과세 대상에서 제외된다. 따라서 생활비 명목으로 받았다고 하더라도 그 외의 용도로 사용할 경우 비과세 대상으로 볼 수 없다.

전업주부의 목돈통장·아파트, 증여로 볼까?

질문 남편이 준 생활비로 알뜰하게 살림을 한 아내가 그 생활비를 한 푼 두 푼 모아서 목돈을 만들었다. 이 목돈이 아내 명의 계좌에 있는 경우도 있고, 이 돈으로 아내 명의로 부동산을 사는 경우도 있을 것이다. 이럴 때도 증여세가 비과세되어 없을까?

아내가 생활비 자체로 쓴 돈은 비과세되지만, 생활비 명목으로 받은 돈을 주식 또는 부동산을 사는 데 썼다면 비과세되지 않고, 증여세가 과세된다. 즉, 생활비를 아껴 쓴 돈으로 아내 본인 명의의 부동산을 구입한 경우에도 증여로 보아 증여세가 과세된다. 단, 10년 이내 배우자에게 증여받은 금액 6억원까지는 공제를 받을 수 있으므로 6억원 이내라면 공제되어 증여세는 없다.

질문 아내 명의의 통장에서 생활비를 쓰고 관리하고 있는데, 아내 명의의 통장에 생활비가 남아 있다. 이것도 증여로 과세될까?

배우자 명의로
주식·부동산 사면 과세

공동생활비
공동자금
운영은 제외

이 부분은 논란이 있다. 실제로 '아내 명의의 통장에 돈이 있으니 증여다'라고 해서 과세관청에서 과세하자, 납세자가 이에 불복해 대법원까지 간 판례도 여럿 있다. 판례를 통해 어떤 사실관계를 중점으로 증여세 과세 여부를 판단했는지 살펴보자.

남편통장에서 아내통장으로 입금, 증여로 볼까?

질문 남편인 A씨 명의의 예금에서 돈이 인출되어 아내인 B씨 명의의 계좌로 입금됐다. 이것은 증여일까?

아내인 B씨 명의의 통장으로 입금된 돈이 공동생활비로 쓰이거나, 금융거래 편의상 아내인 B씨가 공동자금을 관리하기 위해 입금된 것이라면 증여에 해당되지 않는다. 즉, 부부 사이에 단순히 A씨에서 B씨로 자금이 인출되어 입금되었다는 사실만으로는 증여세를 과세하지는 않는다.

그러나 B씨가 그 돈을 자신 명의의 주식이나 부동산의 매입자금 등으로 사용한 것이 밝혀진 경우에는 증여로 본다. 이때 증여세를 내지 않으려면 납세자가 증여가 아니라는 사정을 입증할 자료를 세무서에 제출해야 하는데, B씨의 명의로 주식이나 부동산을 취득해놓고 증여가 아니라고 입증하기는 사실상 쉽지 않다.

정리해보면, 배우자 명의 통장에 이체하여 공동생활비나 공동자금을 운영하는 것이라면 증여로 보지 않지만, 그 이체받은 돈으로 배우자 명의의 주식이나 부동산을 취득하는 경우에는 증여로 보아 과세될 수 있으니 주의해야 한다.

자녀에게 준 수억원 유학비, 증여세 내야 할까?

질문 미국 유명 사립대학에 다니는 자녀에게 학비, 주거비, 생활비로 1년에 수억원을 지원했다면 증여세를 내야 할까?

부모가 자녀의 교육을 위해 돈을 대줄 때는 증여세가 과세되지 않는다. 그래서 "증여세를 가장 아끼는 방법은 자녀 교육에 힘쓰는 것"이라는 말도 있다. 교육비로는 아무리 많이 써도 증여세가 과세되지 않는데다가, 교육을 마친 자녀가 자력으로 부자가 될 수 있는 가능성이 커지기 때문이다. 그렇다면 조부모가 손주의 교육비를 대주는 경우라면 어떨까?

손주에게 준 유학비, 증여세 내야 할까?

사례 2년째 손주의 유학경비를 대는 P씨

80대인 P씨는 아들이 국내 대기업에 다니고 있고, 손주는 2년 전 며느리와 함께 미국으로 유학을 떠났다. P씨는 교육비를 대주는 것은 증여세가 비과세된다고 알고 손주의 학비와 생활비, 주거비를 모두 대주고 있다. 그런데 얼마 전 자신과 똑같이 손주의 유학경비를 대주던 친구가 세무조사를 받다가 손주의 유학비에 대해 증여세를 내게 되었다는 소식을 듣고는 깜짝 놀랐다. 손주의 교육비에 대해서도 증여세를 내야 하는 걸까?

증여세가 비과세되는 재산은 '민법상 부양의무자 상호 간의 생활비 또는 교육비로서 사회통념상 필요하다고 인정되는 금품'으로 한정된다. 손주의 우선적인 부양의무자는 부모인 P씨의 아들과 며느리이다. 부모인 아들과 며느리가 연령·직업·재산 등으로 보아 충분히 자력으로 자녀의 유학비와 생활비를 감당할 수 있다면 조부모에게는 부양의무가 없다. 따라서 조부모가 대준 유학경비는 비과세 증여재산에 해당하지 않아 증여세가 과세된다.

과세관청은 부모가 자력으로 자녀의 유학비용을 감당할 능력이 되는지를 먼저 파악하고 능력이 되는데도 불구하고 조부모가 유학비를 대주었다면, 사회통념상 인정되는 피부양자의 생활·교육비로 인정하기는 어렵다고 보아 증여세를 과세한다.

증여세
과세

교육비

조부모   손주

자녀의 결혼축의금으로 산 아파트, 증여세 내야 할까?

기념품·축하금·부의금, 기타 이와 유사한 금품으로 통상 필요하다고 인정되는 금품이나 혼수용품에 대해서도 증여세가 비과세된다. 이 부분에 대해서도 많은 이들이 궁금해하는 질문이 등장한다.

질문 자녀가 결혼할 때 하객들에게 받은 결혼축의금은 증여세가 비과세되는 재산이니, 이 돈으로 자녀 명의의 집을 사면 자금출처로 인정받을 수 있나요?

답은 그렇지 않다. 결혼축의금은 일반적으로 혼주인 부모의 하객들이 낸 것으로 보아 부모의 돈으로 본다. 따라서 결혼축의금을 자녀의 집을 사는 데 쓴다면 부모가 증여한 것으로 보아 증여세 과세 대상이 된다.

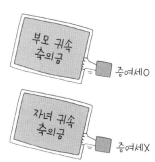

다만 자녀의 지인으로부터 받은 축의금이라는 것을 방명록 등으로 입증한 금액에 한해서는, 자녀의 돈으로 보아 자녀가 집을 사는 돈의 출처로 쓸 수 있고 증여세 역시 없다.

정리하자면, 부모에게 귀속되는 축의금은 자녀의 자금출처로 인정될 수 없고, 자녀에게 귀속되는 축의금에 한해서 자녀의 자금출처로 인정받을 수 있다.

언제 증여하는 것이
좋을까?

부동산의 증여일은 등기접수일이고, 주식이나 펀드는 주식 또는 펀드를 대체한 날을 증여일로 본다. 이때 증여재산가액은 앞서 살펴본 대로 재산의 종류별로 증여일 당시의 평가금액으로 한다.

증여의 적기는 재산가치가 하락했을 때

당연하겠지만 증여재산 평가금액이 작게 나올수록 증여세도 덩달아 줄어든다. 그래서 주식이 갑자기 폭락했다거나 부동산 가치가 하락했을 때, 뉴스나 신문에서 "지금이 증여 타이밍"이라는 기사를 심심치 않게 볼 수 있다.

작년에 3억원이던 주식이 지금 거의 반토막이 나서 1억 5,000만원으로 떨어졌다면, 작년에 증여하는 것에 비해 지금 증여하는 것이 증여세를 3,000만원이나 덜 내는 셈이다.

부동산도 마찬가지다. 부동산 경기가 안 좋아서 부동산 가격이 많이 하락해 있을 때 증여하면 증여재산가액이 낮아져 있으므로 증여세가 줄어든다. 10억원이던 아파트가 가격이 떨어져서 8억원이 되었을 때 증여한다면 10억원일 때 증여한 것에 비해 6,000만원이나 증여세를 아낄 수 있는 셈이다.

증여신고 후 갑자기 재산가치가 폭락했다면

그런데 이미 증여신고를 한 뒤에 갑자기 주식이 더 폭락해버렸다면 어떻게 할까? 이런 경우에는 증여취소를 생각해볼 수 있다. 증여취소는 증여세 신고기한 내에 할 수 있다. 즉, 증여일이 속하는 달의 마지막 날로부터 3개월 이내에 증여를 취소할 수 있다.

• 증여취소에 대해서는 196쪽에서 자세히 알아보기로 한다.

주택가격이 많이 올라있던 시기, 증여가 많았던 이유는?

2020년 주택 증여가 12만 건을 넘어 사상 최대를 기록했다. 주택가격이 급등했는데 증여가 늘어난 이유는 다주택자의 양도세 중과와 종합부동산세의 상승 때문이다. 양도세보다 증여세가 더 작게 나오는 사례가 많아지고 다주택을 보유하다간 종합부동산세 폭탄을 맞게 생겨서 자녀에게 증여를 택한 것이다.

2023년 아파트 증여 비중, 뚝 떨어진 이유

2023년 아파트 증여 건수는 전체 아파트 거래량 중 5.4%(총 3만 6,704건)를 차지했다. 2017년 이후 비중이 가장 낮은 것으로 조사되었다.

2018년 이후 아파트 증여가 급증한 이유는 양도세 중과가 시행되면서 매매를 하면 양도세 부담이 급격히 커졌기 때문이다. 게다가 종부세 부담도 크게 늘어났기 때문이다. 아파트를 보유하면서 매년 종부세를 부담하느니, 증여세를 내더라도 자녀에게 증여도 해주고 종부세 부담도 줄이고자 하는 의도가 크게 작용했던 것이다.

하지만 2022년 5월 10일 이후 양도세 중과가 유예되고, 2023년부터는 종부세 부담도 크게 감소하면서 상황이 달라졌다. 양도세나 종부세 부담을 줄여보려고 굳이 무리해서 증여를 할 이유는 없어졌다.

또한 2023년부터는 증여할 때 취득세 과세표준이 종전 시가표준액에서 매매사례가액인 '시가인정액'으로 세법이 개정되면서 취득세 부담이 커진 것도 증여가 줄어든 요인 중 하나이다. 다주택자가 조정대상지역 내에 있는 주택을 증여한다면 취득세는 더 치명적이다. 다주택자가 조정대상지역(2024년 2월 현재)인 서울 강남구, 서초구, 송파구, 용산구에 있는 매매사례가액 16억원인 주택을 자녀에게 증여한다면, 자녀가 내야 될 취득세의 세율은 13.4%로 취득세만도 2억 1,440만원에 달하는 것이다.

이런 이유들로 인해 2023년 아파트 증여 비중이 크게 떨어진 것이다.

단독주택은 4월 말,
토지는 5월 말 전 증여하라

질문 서울에 아파트 한 채와 단독주택 한 채를 보유한 C씨는 보유세 부담이 걱정되어 단독주택은 아직 무주택인 자녀에게 증여할 생각이다. 언제 증여하는 것이 좋을까?

증여세가 얼마나 나오는지 계산하려면 제일 먼저 해야 할 일이 '증여하는 재산이 얼마인지'를 파악하는 일이다. 앞서 살펴본 것처럼 증여재산이 부동산일 때는 아파트와 그 외 부동산으로 나누어서 생각하는 것이 좋다.

C씨가 증여하는 단독주택은 아파트처럼 동일한 집들이 여러 채 있는 것이 아니기 때문에 유사한 매매사례가액을 찾기 어렵다. 시가가 없으면 보충적 평가방법인 기준시가로 평가해야 한다. 단독주택은 개별단독주택공시가격이 그것이다.

당해 공시지가 발표일 전 증여하는 것이 유리

기준시가로 평가할 수 있는 재산을 증여할 때는 '몇 월에 하느냐'가 중요하다. 단독주택은 4월 말 전에, 도지라면 5월 말 전에 하는 것이 유리하다. 해당 연도 기준시가가 단독주택은 4월 말, 토지는 5월 말에 발표되기 때문이다. 발표일 전에 증여하면 전년도 공시지가가 적용되고, 발표일 이후에 증여하면 해당 연도 공시지가가 적용되는데 일반적으로 공시지가는 매년 상승한다.

예를 들면 2023년 단독주택공시가격이 2억 9,000만원이던 단독주택이 2024년에 3억 3,000만원으로 오를 예정이라면 공시지가 발표일 전에 증여하면 2억 9,000만원으로 평가되므로 증여세를 아낄 수 있다.

공시지가 흐름 살피고 증여계획 세워야

그래서 부동산을 증여할 계획이 있다면 연초부터 준비하는 것이 좋다. 공시지가 발표되기 전에 미리 열람하고 의견을 청취하는 기간이 있으므로 이때 전년도에 비해 크게 오를 예정이라면 발표일 전에 서둘러서 증여등기를 완료해야 한다. 반대로 공시지가가 전년도보다 내릴 예정이라면 기다렸다가 발표일 이후에 증여하는 것이 좋다. 더 낮은 가격으로 증여할 수 있기 때문이다.

이때 증여세뿐만 아니라 취득세도 절감할 수 있다. 취득세 역시 증여재산가액에 기준시가 취득세율을 적용해 과세되기 때문이다.

무엇을 먼저 증여하는 것이 유리할까?

오를 가능성이 높은 자산을 먼저 증여하라

증여를 하는 주된 이유는 앞으로 발생할 상속세나 증여세를 절세하기 위해서다. 앞에서 소개했듯, 증여세는 10년 이내 동일인(직계존속은 배우자 포함)으로부터 증여받은 재산이 합산되어 과세되므로 10년 단위로 증여하면 적용되는 세율을 낮출 수 있다.

또한 가격이 상승할 자산을 미리 증여하면 증여세를 아낄 수 있다. 2년 전에 1억원이었던 재산이 지금 2억원으로 올랐다고 하자. 지금 증여하면 2억원에 대해 증여세를 내야 하지만, 2년 전에 했다면 1억원에 대한 증여세만 내면 되니 이득이었을 것이다.

물론 예측은 어렵겠지만, 재산이 여러 가지라면 앞으로 가치가 상승할 것으로 예상되는 재산을 먼저 증여해두는 것이 유리하다. 임대료 수입이 들어오는 상가 같은 수익형 부동산을 증여하는 것도 좋다. 증여받은 자녀에게 임대료 수입이 차곡차곡 쌓여서 나중에 자녀가 부동산을 취득한다거나 할 때 자금출처로 쓸 수도 있기 때문이다.

최근에는 해외주식 직접투자가 늘어나면서 해외주식을 사서 아이에게 증여해주는 젊은 부모도 늘고 있다. 10년 후 20년 후 아이가 어른이 되었을 때 지금 증여한 주가보다 몇십 배 혹은 몇백 배가 될 수도 있다고 기대하기 때문이다.

자신이 보유한 재산들을 전체적으로 살펴서 증여재산을 잘 고른다면 훗날 증여로 돈 벌었다는 생각이 들 것이다.

아파트로 증여할까, 현금으로 증여할까?

질문 P씨는 양도차익이 큰 주택 두 채(A, B)를 보유하고 있다. 두 채 중 한 채는 딸에게 증여를 고려 중이다. 30대인 딸은 직장에 다니면서 혼자 살고 있다. 주택 A, B의 양도차익은 모두 9억원(시가 10억원, 취득가액 1억원)이고, 보유기간은 10년 가량이며, 서울 강서구에 있다. 집을 팔아서 현금으로 증여하는 것이 나을까, 아니면 집을 그대로 증여하는 것이 나을까?

집을 팔아 현금으로 증여할 경우

P씨는 주택을 두 채 소유하고 있다. 다주택자가 조정대상지역 내에 있는 주택을 팔더라도, 중과 유예기간인 2025년 5월 9일까지 양도하면 중과되지 않는다. 그런데 P씨의 주택은 서울 강서구에 있어서 조정대상지역(2024년 2월 현재)이 아니다. 따라서 중과 유예기간이 끝나더라도, 양도 당시에 조정대상지역으로 다시 지정되지 않는 한 중과되지 않는다.

P씨가 2주택인 상태에서 먼저 파는 주택은 중과되지 않고, 연 2%의 장기보유특별공제를 받고 일반세율로 과세되어 양도세는 약 2억 9,200만원이다.

만약 P씨가 집을 팔아서 양도세를 내고 남은 현금 7억 800만원을 증여하면, 증여세는 1억 3,740만원이다. 따라서 세금을 낸 후 자녀가 실제로 갖게 되는 현금은 5억 7,060만원이다.

아파트를 그대로 증여할 경우

집 한 채를 증여할 경우, 시가가 10억원이므로 증여세는 2억 2,500만원이다. 여기에 부동산을 증여하는 것이니까, 등기 이전을 하면서 취득세도 내야 한다. 2020년 8월 12일 이후 다주택자가 조정대상지역 내 주택*을 증여하는 분부터 취득세율이 4%에서 13.4%로 인상되었다. 하지만 P씨의 주택은 조정대상지역이 아니라 증여할 때 취득세가 중과되지 않는다. 시가에 4% 세율이 적용되어 4,000만원이다.

* 기준시가 3억원 초과

만약 자녀가 이 주택을 10년** 이상 보유한 후 같은 금액인 10억원에 판다고 가정하면, 양도차익이 없어 양도세가 발생하지 않는다. 결국 이 집을 양도한 후 갖게 되는 현금은 증여세와 취득세를 빼고 7억 3,500만원이다. 집을 팔아서 현금으로 증여하는 경우에 비해 약 1억 6,440만원의 세금을 덜 내는 셈인 것이다.

** 2022년 12월 31일까지 증여받은 부동산은 5년이 적용된다.

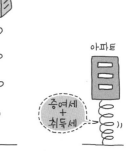

현금

양도세
+
증여세

아파트

증여세
+
취득세

참고로, 만일 증여를 받은 뒤 10년 이내에 팔면, 취득가액 이월과세가 적용되어 10억원이 아니라 1억원이 취득가액이 되어 양도세가 크게 늘어난다.

여기서 한 가지 더 고려해야 할 것이 있다. 부동산을 증여받으면, 수증자인 자녀가 증여세와 취득세를 낼 돈이 있어야 한다는 점이다. 자녀가 현금이 없어 부모가 세금을 대신 내준다면 이 역시 증여세가 과세된다.

결론적으로 시세차익이 커서 집을 팔았을 때 양도세가 너무 많이 나오고, 자녀가 취득세와 증여세를 부담할 자금 여력이 된다면, 팔아서 현금으로 증여하는 것보다 부동산 자체로 증여하는 쪽이 유리하다.

증여로 추정하지 않는 기준금액이 있다

30대 세대주면 증여세 조사 덜 받는다?

S씨는 6억원 정도 하는 집을 자녀 명의로 한 채 사주고 싶다고 했다. 30대의 자녀는 사회생활을 시작한 지 얼마 되지 않아 모아 놓은 돈이 아직 별로 없다. 주위에서 나이가 서른을 넘으면 주택 구입에 대해 증여세 조사를 어느 정도는 안 받는다고 들었다고 했다. S씨는 이 말이 사실인지 궁금해했다.

결론부터 말하면 사실이 아니다. 세법에 '자금출처 증여추정 배제 기준'이라는 것이 있는데, 30세 혹은 40세 이상인 사람이 일정 금액 미만의 주택을 취득하거나 채무를 상환했을 때 증여로 추정하지 않는다는 것이다. 간혹 이 규정을 서른이 넘은 자녀한테는 집을 사줘도 증여로 보지 않는다고 오해하는 경우가 있다.

과세당국은 재산을 취득한 사람의 직업이나 연령, 소득 및 재산 상태 등으로 볼 때, 자기 힘으로 취득했다고 인정하기 어려운 경우에는 그 자금을 증여받은 것으로 추정한다. 즉, 납세자가 증빙자료를 통해 증여받은 것이 아니라는 것을 소명하지 못하면 증

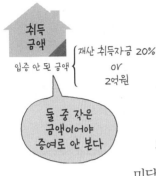

취득
금액

입증 안 된 금액

재산 취득자금 20%
or
2억원

둘 중 작은
금액이어야
증여로 안 본다

여로 과세한다. 채무를 상환했을 때도 마찬가지다. 자기 힘으로 채무를 갚았다고 보기 어려운 경우에는 역시 증여받은 것으로 추정한다.

다만, 입증되지 않은 금액이 취득재산가액 또는 채무상환금액의 20%에 상당하는 금액과 2억원 중에 작은 금액에 미달하는 경우는 제외한다.

다시 말해 재산취득자금이 10억원 이하인 경우 취득자금의 출처가 80% 이상 확인되면 나머지 20%에 해당하는 금액은 증여로 추정하지 않고, 10억원 이상인 경우에는 취득자금에서 2억원까지만 증여로 추정하지 않는다.[*]

예를 들면, 30대 직장인 L씨가 6억원에 아파트를 취득하면서 자금출처로 입증할 수 있는 금액이 5억원이다. 그렇다면 입증하지 못한 금액은 1억원으로 취득자금 6억원의 20%인 1억 2,000만원과 2억원 중 작은 금액인 1억 2,000만원 미만이다. 입증하지 못한 금액이 기준금액보다 작기 때문에 증여로 추정하지 않는다. 하지만 이런 경우에노 과세관정이 증여라는 사실을 입증힌다면 증여로 과세할 수 있음을 기억하자.

자금출처는 어떻게 입증할 수 있을까? 근로소득이나 사업소득 같이 신고한 소득금액이나 상속이나 증여로 신고한 재산 또는 부동산 등을 처분하고 받은 재산, 은행 등에서 받은 대출금으로 입증할 수 있다.

• 자금출처조사에 대해서는 336쪽에서부터 자세히 다룬다.

자금출처 증여추정 배제기준이 뭐지?

세법의 '자금출처 증여추정 배제기준'이라는 것은 취득재산이나 채무상환 금액이 일정 금액 미만인 경우에는 증여추정을 적용하지 않는다는 것이다. 나이와 직업과 재산상태 및 사회·경제적 지위 등을 고려해 재산 취득일 전, 또는 채무상환일 전 10년 이내에 해당 재산을 취득한 합계액이 다음의 기준금액 미만인 경우에는 증여추정 규정을 적용하지 않는다.

❶ 30세 미만인 경우는 주택 취득가액 5,000만원, 기타재산 5,000만원, 채무 5,000만원, 총액한도 1억원까지는 자금출처를 증여로 추정하지 않는다.

❷ 30세 이상인 경우 주택 취득가액 1억 5,000만원, 기타재산 5,000만원, 채무상환 5,000만원, 총액한도 2억원까지는 자금출처를 증여로 추정하지 않는다.

❸ 40세 이상인 경우 주택 취득가액 3억원, 기타재산 1억원, 채무상환 5,000만원, 총액한도 4억원까지는 자금출처를 증

자금출처 증여추정 배제기준

구분	취득재산		채무상환	총액한도
	주택	기타재산		
30세 미만인 자	5,000만원	5,000만원	5,000만원	1억원
30세 이상인 자	1억 5,000만원	5,000만원	5,000만원	2억원
40세 이상인 자	3억원	1억원	5,000만원	4억원

여로 추정하지 않는다.

질문 P씨는 30대 자녀에게 주택을 사주려고 한다. 증여로 추정되지 않는 주택가액은 얼마일까?

자녀가 1억 5,000만원이 넘는 주택을 취득했다면, 자금출처 증여추정 배제기준을 벗어난다. 따라서 P씨의 자녀가 재산이나 소득 등을 고려했을 때 주택을 취득할 자금이 없다면 국세청은 증여받은 것으로 추정할 수 있으니 주의해야 한다.
그렇다면 다음의 경우는 어떨까?

질문 40대인 O씨는 직업을 가진 적이 없고 소득이 있던 적도 없다. 그런데 최근 2억 8,000만원짜리 주택을 취득했다. 이 경우 자금출처가 증여받은 것으로 추정될까?

O씨의 경우 40세 이상이고, 주택 취득재산이 3억원 이하이므로 증여추정 규정을 적용하지 않는다.

증여추정 배제기준 미만이면 무조건 증여세 안 낼까?

질문 자금출처 증여추정 배제기준에 들면, 부모가 준 돈으로 취득한 것이 명백해도 증여세가 과세되지 않을까?

자금출처 증여추정 배제기준 내에 들어가더라도, 해당 취득가액을 다른 사람으로부터 증여받은 사실이 확인될 경우에는 여전히 증여세가 과세될 수 있다. 사람들이 많이 하는 오해 중 하나가 증여추정 배제기준 미만의 금액이면 무조건 증여세가 과세되지 않는다고 생각하는 것이다. 하지만 그렇지 않다. 다만, 이때는 증여를 입증하는 책임이 과세관청에 있다. 즉, 과세관청이 증여가 명백하다는 것을 입증하면 증여로 과세할 수 있다.

그리고 또 하나의 오해는 30세 이상이면 1억 5,000만원이 안 되는 집을 살 경우 자금출처 배제기준에 해당하므로, 아들과 며느리 두 명의 공동명의로 3억원 미만의 집을 사주면 괜찮지 않을까 하는 것이다. 그러나 위 기준금액은 그 취득재산 전체 가액을 말하는 것이지 인당 지분금액을 말하는 것이 아님을 명심하자.

'묻지 마 채권'은 상속·증여세를
내지 않아도 된다?

일명 '묻지 마 채권'이라고 불리는 무기명 채권이 있다. 채무자와 만기 때 받을 금액 등만 적시되어 있고 채권자가 표시되어 있지 않은 채권이다. 1998년 IMF 당시 외환위기 극복을 위해 지하자금을 양성화하고자 특혜를 준 특정 채권에 붙은 이름이다. 어떤 특혜인가 하면, 금융 실명제 확인이나 자금출처 조사를 하지 않고 상속세나 증여세도 물리지 않는다는 파격적인 것이었다. 1998년에 발행된 고용안정채권, 증권금융채권, 중소기업구조조정채권 등 3종이 5년 만기로 3조 8,735억원 발행됐는데 이 채권들이 여기에 해당된다.

자금출처 조사를 하지 않고 상속세나 증여세를 물리지 않는 조건이었으므로, 자녀에게 이 채권을 주고 자녀가 만기 후 이 채권을 상환받은 돈으로 부동산을 취득해도 증여세를 과세하지 않는다. 이 채권을 상속받았다면 상속세도 과세되지 않는다.

증여 또는 상속세율이 50%에 해당하는 자산가들에게는 그야말로 매력적인 채권이었다. 채권 자체는 무이자였지만 상속세나 증여세를 최대 50%나 아껴주는 것이어서 절세 혜택이 엄청나게 컸기 때문이다.

그래서 2003년 만기가 가까웠을 때 약 20%의 프리미엄이 붙어서 거래되기도 했다. 해당 채권은 5년 만기일이 지나도록 만기 상환 자금을 찾아가지 않은 투자자들이 많자 만기일 이후 5년이 지났을 때까지 찾아가지 않은 돈은 모두 국고로 환수되었다. 즉, 현재는 역사 속으로 사라진, 존재하지 않는 채권이다.

자녀에게 돈 빌려줄 때 증여세 안 내려면

사례 그냥 주자니 증여세가 부담되는 K씨의 선택

70대인 K씨 부부는 6억원가량의 집을 사려는 자녀가 돈이 부족해 고민하는 것을 보고 도움을 주고 싶다. 그런데 모자라는 돈만큼을 증여해주자니 증여세가 부담된다. 자녀에게 돈을 빌려주고 앞으로 차차 갚도록 하면 어떨까 싶은데…. 이 경우 증여세를 내지 않아도 되는지 문의해왔다.

차용증 쓰고 갚을 때 계좌이체로 증빙을 남겨라

자녀에게 돈을 무상으로 주면 증여세를 내야 하므로, 돈을 빌려주면 어떨지 물어보는 경우가 많다. 소득이 있는 자녀가 나중에 그 돈을 갚으면 되니 증여에 해당되지 않는다는 생각에서다.

그러나 세무당국은 특수관계인 간의 금전 대여는 일단 증여로 추정한다. 납세자가 증여가 아니라 실제로 돈을 빌려준 것이고, 자녀가 이를 갚을 것이라는 것을 입증해야만 증여로 보지 않는다.

따라서 실제 차입거래라는 것을 입증하기 위해서는 차용증을

쓰고, 매월 차용증에서 정한 대로 원금과 이자를 부모의 계좌에
이체하는 방식 등을 통해 증빙을 남겨서 입증해야 한다는 것을
기억하자.

무이자로 빌려줘도 갚기만 하면 문제 없을까?

그렇다면 무이자로 빌려주고 증빙을 남기며 원금을 갚으면 문제
가 없을까? 그렇지 않다. 세법에서는 부모와 자녀 사이 같은 특
수관계인 간에 금전거래를 하는 경우의 적정이자율을 정해놓고
있다. 부모가 자녀에게 무이자나 낮은 이자율로 돈을 빌려준다면
자녀는 적게 낸 이자만큼의 이익을 본 것이기 때문에, 이익 본 이
자만큼을 증여받은 것으로 보아 그 증여세가 과세된다.

현재 특수관계인 간 금전거래 시 세법상의 적정이자율은 4.6%
이다. 따라서 무이자로 빌려주었다면 연 4.6%만큼의 이자를 증
여받은 것으로 보아 이에 대해 증여세가 과세된다. 또한 만약 부
모에게 2%의 이율로 빌렸다면 4.6%와의 차이인 2.6%만큼의 이
자금액을 증여받은 것으로 본다.

여기서 알아둬야 할 중요한 점이 하나 더 있다. 이렇게 계산한
증여받은 이자금액이 1,000만원 미만인 경우는 증
여세를 과세하지 않는다는 것이다. 다음의 질
문을 통해 구체적으로 살펴보자.

질문1 A씨가 자녀에게 2억원을 무이자로 빌려

주었다. 이 경우 증여세가 과세될까?

질문2 B씨가 자녀에게 3억원을 무이자로 빌려주었다. 이 경우 증여세가 과세될까?

[질문1]에서 A씨가 2억원을 자녀에게 무이자로 빌려줄 경우, 무상으로 준 이자는 920만원(2억원×4.6%)이다. 이자금액이 1,000만원 미만이므로 무이자로 빌려줘도 이자상당액이 증여로 과세되지 않는다. 이자 금액*이 1,000만원이 되려면 원금은 약 2억 1,700만원이다. 즉, 2억 1,700만원까지는 무이자로 빌려줘도 이자에 대한 증여세 문제가 발생하지 않는다.

• $x×4.6\%=1,000$만원
  $x=217,391,300$원

[질문2]에서 B씨가 자녀에게 3억원을 무이자로 빌려줄 경우, 이자 금액은 1,380만원(3억원×4.6%)이다. 이자금액이 1,000만원이 넘었으니 1,380만원의 이자를 증여로 본다.

대출기간이 정해지지 않은 경우에는 대출기간을 1년으로 보아 증여재산가액을 산출하고, 1년 이상인 경우에는 1년이 되는 날의 다음날에 매년 새로 대출받은 것으로 보아 해당 증여재산가액을 계산한다.

다시 말해, 3억원을 5년 동안 무이자로 빌렸다면 대출받은 날에 1,380만원을 증여받은 것이고, 그다음 1년이 지날 때마다 1,380만원을 증여받는 것으로 보아 증여세를 과세한다. 다만, 이때도 10년 이내에 부모로부터 증여받은 금액이 없다면 5,000만원을 공제받을 수 있다.

참고 **이자를 받은 부모 입장에서는 이자소득에 대한 종합소득세 내야**

[질문2]에서 B씨가 받은 이자는 비영업대금의 이익이다. '비영업대금의 이익'이란 금융업을 하지 않는 사람이 금전을 빌려주고 받는 이익으로 이자소득으로 과세된다.

　비영업대금의 이익은 이자 지급자가 이자를 지급할 때 27.5%(지방소득세 포함)로 원천징수를 하고, 다음달 10일까지 세무서에 원천세 신고 및 납부를 해야 한다.

　한편, 이자소득을 얻은 B씨는 비영업대금 이자를 포함한 금융소득이 연 2,000만원을 초과하면 금융소득종합과세에 해당되기 때문에, 다른 종합소득과 합산하여 다음해 5월에 종합소득세 신고를 해야 한다.

　만약 자녀가 이자를 지급할 때 원천징수를 하지 않았다면, B씨는 2,000만원에 상관없이 비영업대금의 이익을 다음해 5월에 다른 소득과 합산해 종합소득세 신고를 해야 한다.

이자 소득에 대한 종합소득세를 내야 한다고?

부모 부동산 담보로 받은 대출, 증여일까?

사례 자녀가 대출금과 이자 다 갚으니 문제없다는 L씨

L씨는 돈이 필요하다는 자녀에게 돈을 빌려주려고 한다. 그런데 필요한 돈을 직접 빌려주자니 증여 문제가 생길 것 같다. 그래서 자신의 부동산을 담보물건으로 잡혀서 자녀가 은행에서 직접 대출을 받도록 할 생각이다. L씨는 채무자인 자녀가 대출금과 이자를 모두 갚을 테니, 증여 문제에서 자유로울 것 같다고 했다. 과연 그럴까?

담보 덕에 낮아진 이자만큼을 증여로 본다

부모의 부동산을 담보로 은행에서 돈을 빌린 경우에 담보 덕분에 이자가 낮아질 것이다. 과세당국은 그 낮아진 이자만큼을 증여로 본다. 따라서 담보 이용을 개시한 날을 증여일로 하여 증여세가 과세된다. 부모의 돈을 빌려주었던 사례와 마찬가지로 증여재산가액이 1,000만원 미만일 때는 증여로 보지 않는다.

　L씨 자녀가 부모의 부동산을 담보로 은행에서 20억원을 4%의

이자율로 대출받았다면 현 적정이자율인 4.6%와 L씨 자녀의 담보 대출이자율인 4%의 차이만큼을 증여로 본다. 두 이자의 차액인 1,200만원이 대출받은 첫해의 증여재산가액이다. 대출을 상환할 때까지 매년 이만큼의 증여재산가액이 생기는 것이다.

> ✦ **증여이익** = 차입금액 × 적정이자율 − 실제 지급한 이자

만약 L씨의 자녀가 3년 후에 대출금을 상환한다면 어떨까? 매년 1,200만원씩 3년 동안 3,600만원을 증여받은 셈이다. 그러나 L씨 자녀가 10년 이내에 부모님한테 증여받은 재산이 없다면 5,000만원을 공제받을 수 있으므로 증여세는 없다.

얼마까지 무이자로 빌려줄 수 있을까?

참고 '증여받은 이자금액이 1,000만원 미만일 때는 증여로 보지 않는다'를 역산해보면?

무이자로 빌려준다고 가정했을 때 얼마를 빌려주면 증여받은 이자금액이 1,000만원 미만이 되게 할 수 있을까? 역산해보면 약 2억 1,700만원이다. 다시 말해 자녀에게 2억 1,700만원을 무이자로 빌려주는 것에 대해서는 증여세가 과세되지 않는다.

부모 아파트에 무상으로 살 때 챙겨야 할 것

사례 내 집에 아들 살게 했는데, 증여세 내라고?

K씨는 서울시 양천구 목동과 경기도 과천시에 각각 30평대 아파트를 가지고 있다. 현재 K씨는 목동 아파트에 거주하고 있다. 마침 얼마 전 세입자가 나간 경기도 과천시에 있는 아파트를 최근에 결혼한 아들에게 살라고 빌려주었다. 전세보증금이나 월세를 받지 않고 그냥 살게 해줬는데, 이런 경우에도 증여세를 내야 할까?

무상사용이익이 1억원을 넘지 않아야 한다

다른 사람의 부동산을 대가 없이 사용해서 이익을 얻는 것을 '부동산 무상사용이익'이라고 하여, 세법에서는 이를 증여세 과세 대상으로 본다. 해당 부동산을 사용하기 시작한 날을 증여일로 하여 이익에 상당하는 금액을 증여재산가액으로 한다.

하지만 다음과 같은 경우에는 증여로 보지 않는다.

❶ 소유자와 함께 거주하는 주택은 무상으로 사용해도 증여로

보지 않는다. 즉, 부모님 댁에 들어와서 임대료를 내지 않고 같이 사는 것은 증여로 보지 않는다.

❷ 부동산 무상사용이익이 5년간 1억원 미만이면 증여세를 과세하지 않는다. 즉, 1억원 이상인 경우에 한해 증여세를 과세한다.

이를 역산해보면, 무상으로 사용한 부동산가액이 약 13억 1,800만원을 넘는 경우에 무상사용이익에 대해 증여세가 과세된다. 부동산가액 × 2% × 3.79079*인 부동산 무상사용이익이 1억원 미만이 되기 위해서는 부동산가액이 약 13억 1,800만원 이하여야 한다.

* 5년 연금현재가치율

따라서 K씨의 과천아파트 매매사례가액이 13억 1,800만원을 넘는다면 증여세 과세 대상이지만, 이 금액 이하라면 증여세가 과세되지 않는다.

> ☆ **부동산 무상사용이익** $= \sum_{n=1}^{5} \dfrac{\text{각 연도의 부동산 무상사용이익}}{(1+10\%)^{n}}$
> ① n : 평가기준일로부터 경과연수
> ② 각 연도의 부동산 무상사용이익 = 부동산가액×1년간 부동산사용료를 감안한 기획재정부령이 정하는 율(2%)

예를 들어 부동산가액이 20억 원이라면, 무상사용을 개시한 날을 증여일로 보고 앞으로 5년치의 이익에 대해서 한꺼번에 과세한다. 때문에 무상으로 사용한 기간이 5년 미만이라면 증여세를 더 낸 결과가 된다. 그럴 때는 사유가 발생한 날부터 3개월 이내에 경정청구하면 더 낸 세금을 돌려받을 수 있다.

자녀에게 임대료를 얼마 받아야 될까?

질문 2주택자인 L씨는 시가 20억원 아파트를 자녀에게 임대해 주려고 한다. 임대료를 받지 않으면 자녀한테 증여세가 과세된다고 들었기에, 자녀와 임대차계약서를 작성하고 임대료를 받을 생각이다. 임대료를 얼마로 하면 세금 문제가 생기지 않을까?

세법에서 정한 적정한 1년치 임대료는 부동산가액의 2%이다. 즉, 20억원의 2%인 4,000만원이다.

그렇다면 이 적정 임대료보다 적은 임대료를 받으면 그 차이만큼이 증여로 과세될까?

세법에서 허용해 주는 수준이 있다. 적정 임대료보다 30% 이내로 싸게 해준 것은 괜찮다. 따라서 4,000만원의 70%까지 연 임대료를 지불했다면 증여세 문제는 없다.

부모자식 간 매매, 이런 점에 주의하자

질문1 S씨는 아파트 두 채 중 한 채를 자녀에게 양도할 생각이다. 자녀에게 파는 것이니 시세보다는 훨씬 싸게 팔고 싶은데, 문제는 없을까?

질문2 P씨는 자녀가 보유하고 있는 비상장주식을 사줄 생각이다. 그 기업의 가치가 많이 떨어져 쓸모가 없어졌지만 시세보다 훨씬 높은 가격에 사주려고 하는데, 문제가 없을까?

증여세를 피하는 입증자료가 필요하다

일단 부모와 자녀 간에 매매거래가 가능한지부터 살펴보자. 세법에서는 부모가 자녀에게 양도하면 자녀가 증여받은 것으로 추정한다. '추정한다'는 것은 반드시 증여로 본다는 것이 아니라, 증여받지 않고 실제 매매로 취득했다는 것을 납세자가 입증하지 못하면 증여로 보겠다는 의미다.

다시 말해, 자녀에게 대가를 받고 양도한 사실이 명백하게 인정되는 경우에는 증여가 아닌 매매거래로 인정해준다. 그렇다면 매매거래로 인정받으려면 어떤 입증자료가 필요할까?

매매거래 입증자료
❶ 매수한 자녀가 그 재산을 살 만한 자금출처를 입증해야 한다. 자녀가 세금 신고한 소득금액이나 본인 소유의 재산을 처분한 금액, 상속 또는 증여받은 재산으로 그 대가를 지급한 사실을 입증해야 하는 것이다.

❷ 실제 부동산 매매거래가 이루어져 자금이 양도자인 부모에게 이체된 것이 확인되어야 한다. 예를 들어 부동산 매매계약서, 은행 통장의 이체 내역 등이 필요하다.

싸게 팔면 (저가양수)
판 사람 → 산 사람 ✦이익

[질문1]의 S씨가 자녀에게 아파트를 양도하는 것은 증여로 추정될 수 있으나, 실제로 S씨의 자녀에게 해당 자금출처가 있고 S씨에게 계좌이체 등을 통해 돈을 지불한 것이 입증된다면 증여로 보지 않는다. 하지만 여기서 또 하나 점검할 것이 있다. 바로 매매가액이다. 특수관계인인 자녀에게 시가에 비해 싸게 팔았다면 일정 금액만큼을 증여한 것으로 본다. 다음 165쪽 저가양수 사례로 자세히 살펴보자.

비싸게 팔면 (고가양도)
판 사람 ✦이익 → 산 사람

[질문2]의 P씨는 자녀가 보유하고 있는 가치 없는 비상장주식을 비싸게 사주었다. 자녀는 쓸모없는 비상장주식을 넘기고 많은 금액의 돈을 받은 셈이다. 즉, P씨가 자녀에게 증여를 한 것이나 다름없다. 특수관계인에게 시가보다 비싸게 팔아서 이익을 얻은 것도 일정 금액만큼을 증여받은 것으로 보아 증여세가 과세된다. 다음 167쪽 고가양도 사례에서 자세히 살펴보자.

부모자식 간에 시세보다 싸게 거래한 경우 –저가양수

사례 2주택자의 아파트, 딸에게 시가보다 싸게 팔아도 될까?

2주택자인 60대 후반인 O씨는 서울시 용산구의 아파트에서 거주 중인데, 경기도 성남시 판교에도 17억원짜리 아파트를 보유하고 있다. 그는 다주택자에 대한 세금 부담이 커지자 고민이 많아졌다. 마침 하나뿐인 딸이 판교 테크노밸리에 있는 IT 회사에 다니고 있기에, 이참에 판교 아파트를 딸에게 팔면 어떨까 생각 중이다. 딸에게 시가보다 저렴한 12억원에 팔아도 괜찮을지 문의해 왔다.

부모와 자녀 간 매매거래를 할 때 실제로 매매거래가 있었다는 증빙을 준비해야 한다는 것 외에 또 하나 주의할 점은 '적정한 매매가액으로 거래했는지'이다.

제3자와의 거래에서는 상황에 따라 급매로 싸게 파는 일도 일어난다. 거래의 관행상 정당한 사유가 있는 경우에는 아무리 싸게 팔아도 증여 이슈는 없다.

하지만 부모와 자식, 조부모와 손주 등 특수관계인 간의 매매거래에서는 시가보다 일정 범위를 넘어선 저가로 팔게 되면 증여로 과세된다. 그래서 사람들이 많이 하는 질문 중 하나가 "시가보다 얼마나 싸게 팔아야 증여 문제가 없을까요?"이다. 얼마 정도까지 싸게 팔아야 증여로 보지 않을까?

시가와 양도한 가액의 차이가 시가의 30%와 3억원 중 작은 금액(이를 '기준금액'이라고 한다)보다 많이 나면 증여로 본다.

예를 들어, 시가 10억원짜리 아파트를 6억원에 판다면 시가와 실제로 판 양도가액의 차이는 4억원이다. 이 차이가 시가의 30%인 3억원보다 크기 때문에 증여로 본다.

이때 증여재산가액은 싸게 판 4억원 전체가 아니라 4억원에서 기준금액 3억원을 뺀 1억원이다.

정리하면, 시가가 10억원 이하라면 최소한 시가의 70% 이상으로는 팔아야 증여 문제가 없고, 시가가 10억원을 넘는다면 시가에서 3억원보다는 덜 싸게 팔아야 증여로 과세되지 않는다.

O씨가 딸에게 시가 17억원인 판교 아파트를 12억원에 팔았다면 5억원을 싸게 판 것이다. 시가보다 싸게 판 금액인 5억원은 시가의 30%(17억원×30%=5.1억원)와 3억원 중 작은 금액인 3억원보다 크기 때문에 증여로 과세 된다.

이때 증여재산가액은 5억원에서 3억원을 뺀 2억원이다. 즉 싸게 판 5억원 전체에 대해서가 아니라 2억원에 대해서만 증여세를 과세한다.

질문 그렇다면 O씨 딸은 5억원이나 싸게 사면서 2억원에 대한 증여세만 내면 되니까 증여세를 줄일 수 있고, 아버지인 O씨 입장에서는 싸게 팔아서 양도세를 줄였으니 일거양득 아닐까?

물론 매매거래를 통해 싸게 산 전부를 증여로 보지 않기 때문에 증여를 받은 O씨 딸의 증여세가 줄어들기는 했다. 하지만 아파트를 딸에게 판 O씨의 양도세를 계산할 때, 세무당국은 시세보다 싸게 판 양도가액을 그대로 인정해주지 않는다. 그러면 부모자식 등 특수관계인 사이에 부동산을 싸게 팔아서 양도세를 줄이는 것이 가능하기 때문이다.

세법에서는 시가와 거래가액의 차액이 3억원 이상이거나 시가의 5% 이상이면 즉, 둘 중에 하나라도 해당되면 양도가액을 시가로 적용해 계산한다. 결국 O씨는 시가의 5% 이상 싸게 팔았으니까 둘 다 해당되어 시가인 17억원을 양도가액으로 해 양도세를 내야 한다.

저가양수에 따른 과세 범위

구분		특수관계인인 경우	특수관계인이 아닌 경우
수증자 (양수자)	증여 판단기준	(시가 − 거래가액)≧min [시가의 30%, 3억원]	(시가 − 거래가액)≧ 시가의 30%
	증여재산가액	(시가 − 거래가액) − min [시가의 30%, 3억원]	(시가 − 거래가액) − 3억원 단, 거래의 관행상 정당한 사유가 있는 경우는 증여로 보지 않음
증여자 (양도자)	양도가액	❶ (시가 − 거래가액) < min [3억원, 시가의 5%]이면 거래가액 ❷ (시가 − 거래가액) ≧ min [3억원, 시가의 5%]이면 시가	거래가액

부모자식 간에 시세보다 비싸게 거래한 경우 −고가양도

그렇다면 부모에게 비싸게 판 고가양도의 경우는 어떨까? 보충적 평가방법으로 산정한 비상장주식의 가치가 3,000만원인데 이를 부모인 P씨가 3억원에 사주었다면? 언제 이런 일이 일어날까?

P씨처럼 자녀에게 돈을 증여할 목적으로 자녀의 재산을 비싸게 사주는 경우에 발생한다. 고가양도는 비싸게 산 양수자에게는 손해지만, 비싸게 판 양도자에게는 이익이다. 따라서 증여자는 비싸게 산 사람이고, 수증자는 비싸게 판 사람이다.

비싸게 판 P씨의 자녀에게는 이때도 마찬가지로 시가와 거래가액의 차이에서 시가의 30%와 3억원 중 작은 금액을 차감한 금액을 증여재산가액으로 하여 증여세가 과세된다. 즉 2억 7,000만원에서 900만원을 차감한 2억 6,100만원이 증여재산가액이 된다.

P씨의 자녀가 내야 할 세금은 또 있다. 비상장주식은 팔아서 양도차익이 있으면 양도세를 내야 한다. 이때 양도가액은 비싸게 판 거래가액에서 증여받은 재산가액을 차감해서 계산한다. 비싸게 판 양도가액 그대로 양도세를 계산하면 증여세와 양도세가 중복으로 과세되어 이중과세가 되기 때문이다.

고가양도에 따른 과세 범위

구분		특수관계인인 경우	특수관계인이 아닌 경우
수증자 (양도자)	증여 판단기준	(거래가액 − 시가)≧min [시가의 30%, 3억원]	(거래가액 − 시가)≧ 시가의 30%
	증여재산가액	(거래가액 − 시가) − min [시가의 30%, 3억원]	(거래가액 − 시가) − 3억원 단, 거래의 관행상 정당한 사유가 있는 경우는 증여로 보지 않음
	양도가액	거래가액 − 증여재산가액	증여로 과세된 경우는 좌동
증여자 (양수자)	취득가액	시가를 취득가액으로 봄	

부담부증여가 뭐지?

사례 전세·대출 낀 아파트 딸에게 줄 때 세금은?

2주택자인 N씨는 5년 가량 보유한 경기도 성남시 분당구의 32평 아파트를 딸에게 증여하려고 한다. 현재 시가는 10억원이고, 전세보증금 5억원에 세입자가 거주 중이다. 또한 주택담보대출 1억원이 잡혀 있는 상태이다. N씨는 딸에게 전세보증금과 대출을 떠안는 조건으로 증여를 해줄 생각이다. 이때 세금은 어떻게 될까?

증여받고 부채도 받고

N씨처럼 부동산에 담보된 대출이나 전세보증금이 있을 때, 그 채무를 증여받는 사람에게 넘기는 조건으로 증여하는 것을 '부담부증여'라고 한다.

N씨네 경우처럼 대출금이나 전세보증금을 떠안고 증여받는 경우, 이는 증여를 받은 사람이 나중에 갚아야 할 부채가 된다. 따라서 해당 금액만큼은 무상으로 준 것이 아니라 대가를 받고 넘긴 유상양도로 본다. 증여자는 이 부분에 대해서 양도차익이

있다면 양도세를 내야 한다. 그리고 증여받은 사람은 유상 양도분을 제외한 금액에 대해서 증여세를 내야 한다.

즉 대출금이나 보증금만큼은 양도이고, 그 나머지는 증여인 것이다. 증여와 양도가 섞여 있다고 보면 된다. 다시 말해 증여받은 사람은 증여받은 부분에 대해서 증여세를 내고, 증여를 해준 사람은 양도에 해당하는 부분의 양도차익에 대해서 양도세를 내야 한다.

증여세가 줄어드니 항상 좋을까?

앞의 사례에 나온 N씨의 경우를 보자. 분당 아파트는 시가가 10억원인데 전세보증금 5억원, 주택담보대출 1억원이 껴 있다. 딸이 부담부증여를 받으면 전세보증금과 주택담보대출은 딸이 나중에 갚아야 할 돈이다.

따라서 딸은 10억원에서 전세보증금과 주택담보대출을 합한 금액인 6억원을 뺀 4억원을 증여받는 셈이다. 이 부분에 대해서 딸이 6,000만원*의 증여세를 내면 된다.

한편, 아버지인 N씨는 전세보증금과 주택담보대출을 합한 6억원에 대해서 양도차익이 있다면 양도세를 내야 한다. 아버지가 취득할 당시 아파트 가액이 6억원이라고 가정하면 지금 시가가 10억원이니 전체 양도차익은 4억원이다. 전체를 양도한 것이 아니라 이 중에 60%만큼을 양도하고 나머지 40%는 증여했다. 따라

• 10년 이내에 증여받은 적이 없다고 가정하고, 증여공제 5,000만원을 적용하고 누진공제액 1,000만원을 제했다. (신고 세액공제는 반영하지 않음)

서 60%에 대한 양도세만 계산해서 내면 된다.

N씨는 4억원의 60%인 양도차익 2억 4,000만원에 대한 양도세를 내야 한다. N씨는 2주택자지만 이제 양도세는 중과되지 않고 일반과세된다. 5년 정도 보유했으므로 양도차익의 10%를 장기보유특별공제로 공제받을 수 있다. N씨가 내야 할 양도세는 약 6,700만원이다.

부담부증여를 하면 증여세가 줄어드는 것은 당연하다. 증여를 작게 했기 때문이다. 여기서 중요한 점은 '보증금이나 담보대출금에 대한 양도세가 얼마나 되느냐'이다. 이 양도세 부담에 따라 부담부증여 절세의 성패가 갈린다. 이 부분은 다음 장에서 자세히 다루니 참고하자.

부담부증여가 유리한 경우, 독이 되는 경우

부담부증여를 받으면 보증금이나 담보대출금만큼 증여받은 금액이 줄어든 것이니 증여세가 줄어드는 것이 당연하다. 앞에서 나온 사례의 N씨 딸도 10억원의 분당 아파트를 부담부증여로 받으면 전세보증금 5억원과 주택담보대출금 1억원을 제한, 무상으로 받은 4억원에 대해서만 증여세를 내면 된다. 반면 증여를 해준 아버지 N씨는 전세보증금이나 주택담보대출금인 나머지 6억원에 대해 양도세를 내고 말이다.

양도차익이 작거나 비과세가 되는 부동산을 부담부증여한다면, 부모는 양도세를 작게 내거나 내지 않고 당장에 자녀가 내야 할 증여세 부담도 줄어들기 때문에 아주 유용하다.

사례 일시적 2주택자가 된 D씨의 절세전략은?

서울에 30년 넘게 살던 D씨는 자녀들이 다 커서 분가하고 부부 둘만 남게 되자, 서울 집을 전세 주고 몇 년 전에 경기도 용인에 전세로 이사를 왔다. 이사 와서 살다보니 쾌적한데다 새 아파트라 만족도가 커서 아예 이 아파트를 취득할 생각이다. 취득하고 나면 일시적 2주택자가 된다. 서울 집 양도세를 비과세 받으려면 3년 안에 팔아야 한다는데 요즘 워낙 거래가 안 되어서 혹시라도 집이 팔리지 않을까 봐 걱정이다. 그래서 서울 집을 딸에게 부담부증여하면 어떨까 고민 중이다. 딸은 30대 미혼으로 세대분리가 되어 있으며 무주택자이다.

1주택자 비과세 또는 양도차익이 작을 때 부담부증여가 유리

D씨가 서울 집을 딸에게 부담부증여하면, 딸은 전세금을 뺀 나머지 금액에 대해서만 증여세를 내면 되므로 집 전체를 증여받은 것보다 증여세가 작아진다.

•양도차익 작은 부동산
•비과세 주택

부담부증여 유리

또한 D씨 입장에서는 용인 집을 취득한 지 3년 안에 부담부증여하면 1세대 1주택 비과세를 적용받아 양도가액이 12억 원 이하라면 양도세를 한 푼도 내지 않아도 된다. 양도가액이 12억원이 넘는다면 12억원 초과분의 비율만큼의 양도차익에 대해서만 과세된다. 양도세가 과세되지만 12억원을 넘지 않는 나머지 비율만큼의 양도차익에 대해서는 비과세를 받을 수 있고, 1세대 1주택자는 장기보유특별공제 혜택도 크기 때문에 세부담이 그리 크지 않다. 따라서 총 세금 부담이 훨씬 줄어든다.

•양도차익 큰 부동산
•중과되는 부동산

부담부증여 불리

부담부증여는 이처럼 양도세가 비과세되어 없거나, 양도차익이 작아 양도세가 작게 나오는 경우에 가장 효과적이다. 또는 증여재산이 너무 커서 전부 증여하면 증여세 누진세율이 너무 높아질 때 유리하다.

부담부증여의 핵심은 '증여를 해 준 사람이 내야 할 양도세가 얼마나 되는지'이다.

흔히 부담부증여로 무조건 세금을 절세할 수 있다고 생각하는 사람들이 많다. 보증금이나 담보대출금만큼은 증여세가 빠진다고 생각하고 증여자에게 양도세가 나오는 것을 간과하기 때문이다. 그래서 부담부증여를 상담할 때, 증여자는 양도차익에 대해 양도세를 내야 한다고 하면 놀라는 경우가 많이 있다.

부담부증여로 세금을 줄이려면 부모가 양도세를 내야 하더라도, 자녀가 내야 하는 증여세가 더 많이 감소해 총 세금이 줄어들어야 한다(증여세 감소액 〉양도세). 하지만 모든 경우에 이런 결과가 나오는 것은 아니다. 그뿐만 아니라 전세보증금이나 대출금은 자녀가 갚아야 하는 채무인 만큼 사실상 자녀에게 증여한 가액 자체가 줄어든 것이기 때문에 신중하게 결정해야 한다.

다주택자에 양도차익이 크다면 부담부증여는 독

양도차익이 큰 부동산이나 다주택자 중과에 해당하는 주택은 부모가 내야 하는 양도세가 오히려 자녀의 증여세 감소분보다 클 수 있다. 이런 경우에는 부담부증여는 오히려 독이 된다. 증여는 그만큼 작게 해주면서 총 세금은 더 많이 낸 셈이기 때문이다.

사례 오래 전 싸게 산 아파트, 부담부증여해도 될까?
경기도 일산에 거주하는 P씨는 수원시에 아파트 한 채를 더 가지고 있는 2주택자이다. 이번에 S전자에 입사해 수원에 살게 된 아들에게 수원 아파트를 부담부증여할까 고민 중이다. 이 아파트는 10년 전 1억원에 취득해서 현재 시가는 8억원이며, 보증금 5억원에 전세를 놓고 있는 상태이다. P씨는 아들에게 그냥 증여하는 것이 유리할까, 아니면 부담부증여하는 것이 유리할까?

흔히 부담부증여가 부동산을 통째로 증여하는 것보다 총 세금이 작을 것이라고 생각하지만, 항상 그런 것은 아니다.

아파트를 단순증여할 경우

P씨가 8억원 아파트 전체를 증여 시, 아들이 내야 할 증여세는 얼마일까? 만약 P씨가 지난 10년 동안 아들에게 증여한 게 없다면 5,000만원을 증여공제 받을 수 있다.

    P씨 아들이 내야 할 증여세를 계산해보면, 아파트의 시가 8억원에서 증여공제액 5,000만원을 빼면 과세표준이 7억 5,000만원이 된다. 여기에 증여세율 30%(5억원 초과~10억원 이하)를 곱한 다음 누진공제액 6,000만원을 제하면 P씨 아들이 내야 하는 증여세로 1억 6,500만원이 나온다.

전세보증금 5억원을 포함해 부담부증여할 경우

P씨가 증여할 수원 아파트는 시가가 8억원이며 전세보증금이 5억원이다. 이 경우 증여받을 아들에게는 전세금을 제한 3억원에 대해서만 증여세가 과세된다. 증여세를 계산해보면 4,000만원이 나온다.

부담부증여시

양도세
약 1억
2,400만원

증여세
4,000만원

증여
3억원

양도
5억원

한편, P씨는 전세금 5억원에 대해 양도세를 내야 한다. P씨는 시가 8억원인 이 아파트를 오래 전 1억원에 샀으므로, 양도차익은 전체 양도차익 7억원(8억원−1억원) 중에서 전세금이 차지하는 비율(62.5%=전세금 5억원÷아파트 시가 8억원)로 4억 3,750만원이다.

P씨는 2주택자이지만, 현재는 양도세 중과가 되지 않는다. 양도세를 계산해 보면 약 1억 2,400만원이다. 부담부증여에 따른 총세금은 아들의 증여세와 아버지의 양도세를 합한 1억 6,400만원이다. 전세금 없이 단순증여를 했을 때에 비해 겨우 100만원이 덜 나오는 셈이다. 이 정도로는 부담부증여를 하는 것이 오히려 손해일 수 있다. 왜냐하면 증여를 5억원이나 덜했는데도 불구하고, 총세금은 겨우 100만원 차이밖에 나지 않기 때문이다. 이렇게 총 세부담 차이가 얼마 나지 않을 때는 전부 증여하는 것이 자녀에게 재산을 미리 이전해 주는 측면에서는 바람직하다.

다만, 자녀에게 증여세를 낼 자금이 없어 현금 증여를 추가로 해줘야 하거나, 부모의 재산규모 또는 사정상 전부를 증여할 필요가 없을 때는 양도세가 중과되지 않는 선에서는 부담부증여를 고려해 볼 만하다.

결론적으로, 증여하려는 부동산의 양도차익이 너무 크거나, 양도세 중과세율이 적용될 경우에는 부담부증여를 했을 때 단순증여보다 오히려 세금이 커질 수 있다. 게다가 증여받은 자녀 입장에서는 전세보증금이나 담보대출금은 나중에 갚아야 하는 채무로 남게 된다. 이럴 때는 부담부증여의 실익이 없으며 오히려 독이 될 수도 있는 것이다. 따라서 부담부증여를 하기 전에는 꼭 세금 계산을 해보고 실익을 따져본 후에 실행해야 한다는 것을 명심하자.

부담부증여할 때 주의할 점

많은 증여자들이 부담부증여를 하면서 해당 부채를 증여자인 부모가 대신 갚아줄 생각을 한다. 하지만 부담부증여의 부채는 철저하게 사후관리되고 있다는 점을 알아두자.

국세청에서는 차세대 국세행정시스템(NTIS)을 통해 부채를 사후관리하고 있다. 부담부증여를 해서 증여세를 작게 낸 다음에 자녀가 승계받은 부채를 부모가 대신 갚아주는 것을 막기 위해서다. 그래서 부채로 신고된 금액에 대해 부채 내역과 채무 만기일 등을 체크하고, 상환기간이나 채권자의 변동, 채무가 감소하는지 등의 여부를 모니터링하고 있다.

따라서 부담부증여를 하고 난 후에는 반드시 자녀의 돈으로 대출이나 전세보증금을 갚아야 하며, 그 금액의 자금출처를 입증할 수 있어야 한다. 그래야 나중에 추가로 증여세를 내거나 탈루로 분류되어 가산세를 내는 일을 피할 수 있다.

각 상황에 따라 부담부증여로 아낄 수 있는 세금은 매우 다르다. 그러므로 부담부증여를 고려하고 있다면 미리 시뮬레이션을 해서 세금을 정확히 계산해보고 실행해야 한다.

증여 후 증여세 더 내야 하는 경우

사례 10억원이 된 주식, 오른 만큼 증여세 더 내야 할까?

C씨는 4년 전 아버지한테 상장주식인 ○○전자 2만 주를 증여받았다. 증여받을 당시 2억 6,000만원에 대해 증여세를 냈다. 그런데 당시 한 주당 1만 3,000원이었던 주식이 현재는 5만원으로 올라서 재산가치가 10억원으로 상승했다. C씨는 최근 지인에게 증여받은 재산이 오르면 오른 만큼 증여세를 또 내야 한다는 이야기를 들었다고 했다. 이런 경우 증여세를 또 내야 하는지 상담을 해왔다.

C씨는 4년 전 증여로 주식을 취득했고, 증여받은 이후 재산가치가 2억 6,000만원에서 10억원으로 4배 가까이 올랐다. 세법에서는 증여 후 재산가치가 상승한 금액은 C씨의 재산이 늘어난 것으로 본다. 즉, 증여세 과세 대상이 아니다.

마찬가지로 아파트를 증여받은 후 시세가 오른 경우에도 상승분에 대해 추가로 증여세를 과세하지는 않는다. 그런데 추가로 증여세가 과세되는 경우도 있다.

미성년 자녀의 부동산, 형질변경으로 시가가 급등한 경우

사례 아이 명의 시골 논 200평, 개발호재에 맞춰 움직였더니

B씨는 미성년 자녀(15세)에게 경북 상주에 있는 시가 2억원인 논 200평을 증여했다. 3년 뒤 주변의 개발로 지목이 바뀌자 논에 흙을 몇 트럭 가져와 돋우고 대지로 형질변경을 해서 1층짜리 상가 세 개를 지었다. 현 시가 8억원이다. 이런 경우 B씨의 자녀에게 증여세가 추가로 나올까?

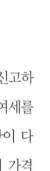

부모

미성년 자녀

만약 미성년 자녀에게 아파트나 땅을 증여한 후 증여세를 신고하고 납부한 다음, 아파트나 땅값이 자연적으로 올랐다면 증여세를 추가로 낼 필요가 없다. 하지만 B씨의 미성년 자녀는 상황이 다르다. 부모가 지목을 전답에서 대지로 형질변경을 한 것이 가격 상승에 큰 영향을 미쳤기 때문이다.

세법에서는 증여로 재산을 취득한 날부터 5년 이내에 개발사업의 시행, 형질변경, 공유물(共有物) 분할, 사업의 인허가 등 재산가치 증가 사유로 인해 이익을 얻은 경우, 만약 증여받은 사람이 직업, 연령, 소득 및 재산 상태로 보아 자력으로 그런 일을 할 수 없다고 인정되는 경우라면 그 이익 상승분을 증여로 본다.

즉, 부모가 개발하거나 새로운 건축물이나 시설 등을 설치함으로써 경제적인 가치를 상승시키는 사업을 한 경우, 그로 인해 증

가한 가치만큼은 증여세를 추가로 과세한다.

　다만, 그 이익에 상당하는 금액이 재산가액의 30% 또는 3억원 중 작은 금액 미만인 경우는 증여한 것으로 보지 않아 증여세가 추가로 부과되지 않는다. 다음은 추가로 증여세를 내야 하는 증여재산가액을 구하는 식과 그에 대한 설명이다.

재산가액의
30%
or
3억원
} 둘 중 작은
금액 미만이면
증여세 추가
부과 없다

> ✨ **추가로 증여세를 내야 하는 증여재산가액**
> = 재산가액 − 재산의 취득가액 − 통상적인 가치 상승분 − 가치상승 기여분
> 　　❶　　　　　❷　　　　　　　❸　　　　　　　❹
>
> ❶ 재산가액: 재산가치 증가 사유가 발생한 날 현재의 가액
> ❷ 재산의 취득가액: 증여받은 재산의 경우에는 증여세 과세가액
> ❸ 통상적인 가치 상승분: 가치의 실질적인 증가로 인한 이익과 연평균 지가상승률·연평균 주택가격상승률 및 전국 소비자물가상승률 등을 감안해 해당 재산의 보유기간 중 정상적인 가치상승분에 상당하다고 인정되는 금액
> ❹ 가치상승 기여분: 개발사업의 시행, 형질변경, 사업의 인허가 등에 따른 자본적 지출액 등 재산가치를 증가시키기 위하여 지출한 금액

　결론적으로 B씨의 미성년 자녀는 땅을 증여받은 후, 형질변경 및 개발을 통해 3년 동안 땅 가치가 무려 6억원이나 올랐으므로 증여세가 추가로 부과될 것이다.

적금이나 적립식 펀드로 증여할 때 주의할 점

사례 L씨는 일찍부터 증여를 해야 절세 효과가 크다는 이야기를 듣고, 이제 다섯 살인 딸에게 증여를 해주려고 한다. 하지만 한 번에 큰 금액을 증여하기는 부담스러워 자녀 이름으로 적립식 펀드에 가입해 월 100만 원씩 10년 동안 꼬박꼬박 불입해줄 생각이다. 이 경우 증여세 신고를 어떻게 해야 할까?

딸 적금통장에 10년 동안 꼬박꼬박, 증여세 얼마 낼까?

적립식 펀드에 월 100만원씩 10년 동안 꼬박꼬박 넣으면 불입액이 1억 2,000만원이다. 이처럼 큰 금액을 한 번에 증여하는 것은 부담스러우니, L씨처럼 자녀 명의로 정기적금이나 적립식 펀드 등에 적립하는 방식으로 증여하려는 부모들도 있다. 이렇게 일정 기간 동안 매회 일정한 금액을 적립하는 것도 증여세 신고를 할 수 있다. 그럼, 이때 증여하는 금액은 얼마로 신고해야 할까?

이 경우 적립식 펀드에 처음 입금한 날을 기준으로 나중에 넣어줄 금액들을 현재 가치로 할인해서 증여가액을 구한다. 지금의 100만원과 10년 후의 100만원은 돈의 가치가 다르므로, 세법에서 증여세를 계산할 때 돈의 가치가 떨어지는 만큼을 증여가액에서 빼주는 것이다. 이때 할

인율은 3년 만기 회사채 유통수익률을 감안해 고시하는데, 현재는 연 3%이다.

즉 L씨가 자녀에게 적립식 펀드로 월 100만원씩 매년 1,200만원을 10년 동안 증여했을 경우 실제 원금은 1억 2,000만원이지만, 증여가액은 3%의 이자율로 할인해 평가하면 약 1억 540만원이다. 원금보다 약 1,450만원가량 증여재산이 작게 평가된다.

계산해보기

$$12,000,000/1 + 12,000,000/(1+0.03)^1 + 12,000,000/(1+0.03)^2 +$$
$$\cdots\cdots + 12,000,000\,(1+0.03)^9 = 105,433,307원$$

끝까지 불입할 수 있을지 고민하고 증여세 내야

처음 적금이나 적립식 펀드를 불입하고 나서 현재 가치로 평가해 증여세를 신고하고 세금을 냈는데, 사정이 생겨 10년을 다 못 채우고 중간에 그만둘 수도 있을 것이다. 그런데 그렇더라도 이미 낸 증여세를 돌려받을 수는 없다. 증여도 하지 않았는데 괜히 아깝게 증여세만 낸 꼴이 된다. 따라서 미래에 불입할 돈을 당겨서 현재 가치로 미리 증여신고할 때는 끝까지 불입할 수 있을지 잘 생각하고 신중히 결정해야 한다.

미리 증여신고할 때는 신중히
적금

사전증여
유불리를 따져라

질문 생전에 자녀에게 증여를 거의 다 해버리고, 사망할 때의 상속재산을 조금만 남겨놓았다면 상속세를 절세할 수 있을까?

생전에 증여하면 상속세 안 내도 될까?

상속세는 사망일 당시 피상속인의 재산에 대해서 내는 세금이다. 그렇다면 죽기 전에 미리 증여해놓은 재산에 대해서는 증여세만 내고 상속세는 안 내도 될까?

증여세율과 상속세율은 10~50%의 누진세율이다. 죽기 전에 증여해 증여세만 내고 끝난다면 죽기 직전에라도 일부를 증여해서 낮은 누진세율을 적용받는 것이 가능해진다. 이렇게 세금을 회피하는 것을 막기 위해 사망일로부터 일정기간 이내에 증여한 재산은 상속재산에 합산한다.

세법에서는 돌아가신 분(피상속인)이 사망일로부터 10년 이내에 상속인(배우자, 자녀)에게 증여한 재산은 상속재산에 합산해 상속세

를 과세한다. 또 상속인이 아닌 손자녀나 사위, 며느리 등에게 사망일로부터 5년 이내 증여한 재산이 있다면 이 역시 상속재산에 합산된다. 즉, 상속인에게는 사망일로부터 10년 전에는 증여를 해야, 상속인이 아닌 사람에게는 적어도 5년 전에는 증여를 해둬야 상속세를 내지 않는다.

질문 K씨는 사망하기 8년 전에 자녀 세 명에게 각각 3억원씩 총 9억원을 증여했고, 사망일 당시 남아 있는 상속재산은 5억원이다. 이 경우 상속세는 얼마의 재산에 대해 내야 할까?

상속세가 과세되는 상속재산에는 피상속인의 사망일 당시 재산뿐만 아니라 사망하기 10년 이내에 상속인에게 증여한 재산과 5년 이내에 상속인이 아닌 사람에게 증여한 재산이 포함된다.

따라서 K씨가 사망하기 8년 전에 자녀에게 증여한 재산도 상속세의 과세 대상이 된다. K씨가 사망 당시 남긴 상속재산 5억원, 그리고 10년 이내에 상속인에게 증여했던 재산 9억원을 합하여 14억원에 대해 상속세가 과세된다.

그런데 K씨의 자녀들은 8년 전에 이미 각각 증여받은 3억원에 해당되는 증여세를 냈을 것이다. 하지만 증여하고 10년 이내에 사망했기에 자녀들은 예전에 낸 증여세에서 끝나지 않고, 증여재산과 상속재산이 합산됨에 따라 높아진 누진세율만큼의 상속세를 추가로 내야 한다. 결국, 상속세나 증여세를 절세하기 위한 최선의 노하우는 10년 단위로 미리미리 증여하는 것이라고 할 수 있다.

사전증여 유불리는 재산규모에 따라 다르다

사전증여가 절세에 유리한지 아닌지는 재산의 규모에 따라 달라진다. 사망일 시점의 상속재산이 상속공제 내의 금액이라면 상속으로 받으면 상속세가 없기 때문에 생전에 증여해서 굳이 증여세를 낼 필요가 없다.

가령 보유한 재산이 7억원 정도이고, 배우자와 자녀가 있다면, 상속으로 재산을 물려줄 때 상속세가 한 푼도 발생하지 않는다. 배우자와 자녀가 있는 경우 최소 10억원까지는 상속공제로 제하기 때문이다. 그런데 사전증여를 하면 절세된다는 이야기만 듣고 생전에 성인 자녀에게 1억 5,000만원을 증여했다면, 괜스레 증여세로 1,000만원을 낸 셈이다.

그러나 상속공제를 받을 수 있는 금액 10억원보다 재산이 훨씬 많다면, 사망하면서 한꺼번에 물려주게 되면 세율이 높아져 상속세가 많이 발생할 수밖에 없다. 이런 경우에 사전증여를 통해 상속세를 절세할 필요성이 생긴다.

재산이 10억원 이하
사전증여
불리

재산이 10억원 초과
사전증여
유리

질문 P씨와 L씨는 동일하게 20억원의 재산을 보유하고 있다. P씨는 재산을 그대로 가지고 있다가 사망했고, 반면 L씨는 사망 10년 전에 성인 자녀 두 명에게 각각 2억원씩, 배우자에게는 6억원을 증여하여 사망 시점의 재산은 10억원만 남았다.* 이 경우 P씨네와 L씨네의 세금은 어떻게 다를까?

* 계산 편의상 재산의 가치 상승은 없다고 가정한다.

* 일괄공제란 거주자가 사망하면 공제받을 수 있는 금액으로 5억원이다. 단, 배우자가 단독으로 상속받을 때는 공제받지 못한다. 이에 대해서는 263쪽에서부터 자세히 다룬다.

P씨가 돌아가신 후 남은 상속재산은 20억원이다. 배우자가 있으면 최소 공제액 10억원(일괄공제* 5억원+배우자상속공제 5억원)을 차감해 과세표준은 10억원이 된다. 즉, P씨의 가족은 과세표준 10억원에 대한 상속세 2억 4,000만원 정도를 내야 한다.

반면 L씨의 두 자녀들은 2억원을 증여받았을 때 각각 2,000만원씩 총 4,000만원의 증여세를 냈다. 그리고 6억원을 증여받은 아내는 배우자증여공제금액이 6억원이므로 증여세를 한 푼도 내지 않았을 것이다. 이제 L씨가 돌아가신 후 남긴 상속재산은 10억원이다. 돌아가시기 10년 전에 증여했기 때문에 증여받은 재산은 상속재산에 합산되지 않는다. 배우자가 있다면 최소 상속공제는 10억원이므로 L씨의 가족들은 상속세가 전혀 발생하지 않는다.

P씨와 L씨는 자산이 똑같이 20억원이었지만 결과는 정반대다. 사전증여를 하지 않은 P씨의 경우 가족이 2억 4,000만원의 상속세를 내야 한다. 반면, 10년 전에 미리 사전증여를 한 L씨네는 증여세만 당시 4,000만원 냈고 상속세는 없다. 즉, L씨네 가족은 사전증여를 통해 총 2억원의 세금을 아낀 셈이다. 사전증여를 통한 절세금액은 재산이 클수록 더 커진다.

자녀에 증여할까, 손주에 증여할까?

고령화 사회가 본격화되면서 살아 있을 때 재산을 증여하는 사례가 늘고 있다. 증여대상도 자녀뿐만 아니라 손주까지 확대되는 추세다. 손주에게 증여하면 증여세는 어떻게 과세될까?

세대 생략 증여란?

자녀가 살아 있는 데도 자녀를 건너뛰고 손주에게 증여하는 것을 '세대 생략 증여'라고 한다. 일반적인 증여세율에 30%를 할증하여 과세한다. 또 미성년자인 손주에게 20억원 넘게 증여하는 경우에는 40%가 할증된다.

사례 논 팔아 생긴 1억원 아들에 줄까, 손주에 줄까

70대인 T씨가 이번에 고향 논을 팔아 생긴 1억원을 자식에게 미리 주려고 한다. 50대 아들에게 줄까, 아니면 20대 손주에게 줄까 고민 중이라며, 증여세는 얼마나 나올지 물어왔다. T씨는 여태껏 증여한 적이 한 번도 없다.

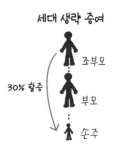

세대 생략 증여

조부모

30% 할증 ↓ 부모

손주

50대 아들에게 1억원을 증여할 경우, 성인 자녀 증여공제액 5,000만원을 빼고 나머지 5,000만원에 대해 10% 세율이 적용된다. 아들이 내야 할 증여세는 500만원*이다. 하지만 20대 손주에게 1억원을 증여하면 기본 증여세 500만원에 30%가 할증되어 650만원을 내야 한다.

손주에게 증여하는 것이 유리한 3가지 경우

그런데 때로는 할증이 되는 데도 불구하고, 자녀보다 손주한테 증여하는 것이 더 유리한 경우들이 있다.

`사례1` 증여받은 자녀가 다시 손주에게 증여할 경우
A씨는 자녀인 B씨에게 1억원을 증여하려고 하고, B씨가 자신의 자녀인 C씨에게 다시 1억원을 증여할 계획이다. 세대 생략 증여를 하면 할증이 있기 때문이라고 한다.

자녀의 경우 1억원까지는 증여세율이 10%이므로, 이 경우 내야 할 증여세는 B씨가 내야 할 1,000만원, C씨가 내야 할 1,000만원을 합하면 전부 2,000만원이다.*

• 증여공제는 고려하지 않음

　반면 A씨가 손주인 C씨에게 바로 1억원을 증여한다면, C씨가 내야 할 증여세는 1,300만원이다. 조부모가 손주에게 증여할 때는 30%가 할증되기 때문이다. 손주 증여로 세대 생략 할증이 되더라도, 증여세를 두 번에 걸쳐 내는 것보다는 할아버지가 손주에게 곧바로 증여하는 것이 증여세가 작게 나와 유리하다.

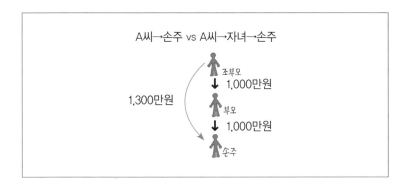

지난 10년 이내 자녀에게 증여한 재산이 많은 경우에도 손주에게 증여하는 것이 유리하다. 동일인에게 10년 이내에 증여받은 재산은 모두 합산되어 누진세율(10~50%)이 적용되기 때문이다.

사례2 자녀에게 증여를 이미 많이 한 경우

E씨는 아버지 D씨한테 3년 전에 증여받은 6억원이 있다. 아버지 D씨는 추가로 1억원을 증여하려고 하는데, E씨에게 주는 것이 좋을지 손주 F씨(미성년자)에게 주는 것이 좋을지 고민이다.

E씨가 추가로 1억원을 증여받으면 5억원 초과 10억원 이하 과세표준 구간으로 30% 세율로 과세된다. 그러나 D씨가 손주인 F씨에게 증여하면 손주는 1억원에 대해 10% 세율을 적용받고, 여기에 다시 30%를 할증한 13%의 세율로 증여세를 내면 된다. 따라서 자녀에게 이미 증

1억원 증여시 세율 비교

구분	자녀 E	손주 F
기증여	3년 전 6억원	없음
증여시 세율	30% 세율	10% 세율에 30% 할증(13%)
증여세	1억원×30% = 3,000만원	(1억원-2천만원)×10% ×1.3=1,040만원

여한 적이 있는 상태에서 추가로 증여하고자 할 때는 자녀가 아닌 손주에게 하는 것이 절세에 도움이 된다.

사례3 증여 후 일찍 돌아가시는 경우

최근 H씨의 아버지 G씨가 돌아가셨다. 아버지 G씨의 상속재산은 20억원이다. 그런데 H씨는 9년 전 아버지 G씨에게 5억원을 증여받은 적이 있다.

G씨의 사망 당시 재산이 20억원이라면, 상속세는 10년 이내 증여한 5억원을 합산한 25억원에 대해 과세된다.

하지만 만약 9년 전 상속인이 아닌 손주에게 증여했더라면 증여일로부터 5년만 지나면 피상속인의 상속재산에 합산되지 않기 때문에 합산으로 인한 누진세율을 피할 수 있었을 것이다. 10년의 절반인 5년만 지나도 사전증여의 효과를 볼 수 있으니 손주에 증여가 유리한 셈이다.

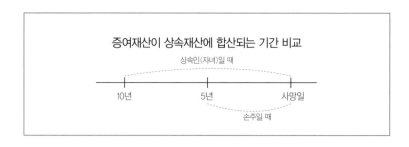

증여재산이 상속재산에 합산되는 기간 비교

상속인(자녀)일 때

| 10년 | 5년 | 사망일 |

손주일 때

할아버지 부동산 증여받은
손주가 낼 증여세 절세법

질문 초등학생인 B양은 얼마 전 할아버지한테 경기도에 있는 땅을 증여받았다. 몇 천만원의 증여세를 내야 한다고 하는데 B양에게 세금을 낼 현금은 없다. 할아버지가 증여세 낼 현금까지 추가로 증여를 해주는 것이 좋을까?

수증자가 미성년자인 경우, 증여세 출처 체크한다

증여세는 재산을 증여받은 사람이 내야 한다. 증여를 해주는 부모나 할아버지 등이 증여세를 대신 내주었다면 그것도 증여로 보아 증여세가 과세된다.

증여를 받은 사람이 미성년자인 경우, 과세관청은 증여세를 누구 돈으로 냈는지를 반드시 체크하는 편이다. 그래서 수증자인 미성년 자녀의 돈으로 증여세를 낸 것이 아니라면 추가로 증여세를 추징한다. 자녀의 돈이란 자녀 명의로 신고된 소득이나 자녀가 이미 증여 또는 상속받은 재산을 말한다.

만일 미성년인 자녀가 현금이나 금융재산을 증여받았다면 거기서 증여세를 낼 수 있겠지만, 부동산을 증여받았다면 증여세를 낼 돈이 없을 것이다.

따라서 증여세를 낼 현금까지 같이 증여해주어야 추가로 증여세를 추징당하는 일이 없다.

부동산은 할아버지에게, 증여세는 부모에게 증여받아라

만약 미성년자인 손주가 할아버지에게 부동산을 증여받았다면, 증여세가 30% 할증된다(미성년자에게 20억원을 초과해서 증여하는 경우는 40%). 이때 10년 이내에 부모로부터 증여받은 재산이 없다면, 증여세와 취득세를 낼 현금은 부모한테 증여받는 것이 증여세를 아낄 수 있다.

왜냐하면 같은 사람한테 10년 이내 증여받은 재산은 과세표준이 합산되기 때문이다. 할아버지한테 증여세 낼 현금을 받으면 이미 증여받은 부동산에 더해져서 세율 구간이 올라가는 데다가 할증까지 되지만, 10년 이내 증여한 적 없는 부모한테 증여받으면 10% 세율부터 증여세가 계산되어 증여세를 줄일 수 있는 것이다.

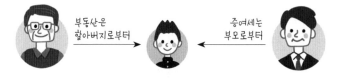

교차증여로 절세할 수 있을까?

사례 서로의 자녀인 조카한테 증여해 합산 피하려다

J씨 형제는 아버지가 돌아가실 때 상속으로 받은 상가건물을 5 대 5 지분으로 보유하고 있다. 형제는 둘 다 상당한 자산가라서 몇 년 전 자녀들에게 수억원씩 증여를 해줬다. J씨 형제는 아버지한테 상속받은 이 상가도 가격이 더 오르기 전에 미리 자녀들에게 증여하고 싶다. 그런데 자녀들에게 증여한 지 아직 10년이 안 됐으니까, 또 증여를 하면 전에 증여한 재산과 합산되어 높은 누진세율이 적용되는 것을 피할 수 없을 듯했다. 형제는 어차피 같은 상가를 반씩 가지고 있으니 자녀에게 증여하지 말고, 서로의 자녀인 조카들에게 증여하면 합산을 피할 수 있으니 절세할 수 있지 않을까 하고 머리를 맞대었다. 이렇게 해도 괜찮을까?

교차증여가 뭐지?

증여세는 증여자와 수증자별로 각각 과세한다. J씨 형제가 가진 상가의 50% 지분을 각자의 자녀에게 증여하면, 10년 이내에 증여한 재산이 합산되어 높은 누진세율이 적용된다. 하지만 조카에게 증여한다면, 조카에게는 10년 이내에 증여한 재산이 없기 때문에 상가 지분에 대해서만 증여세가 과세되어 세율이 낮아질 것이다. 실무상 이렇게 두 명의 증여자가 서로 증여하려는 대상을 바꿔 증여하는 것을 '교차증여'라고 한다.

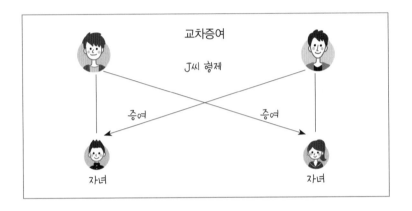

그런데 세법에서는 제3자를 통한 간접적인 방법이나 둘 이상의 행위 또는 거래를 거치는 방법으로 상속세나 증여세를 부당하게 줄인 경우, 당사자가 직접 거래한 것으로 보거나 연속된 하나의 행위 또는 거래로 보고 있다.

즉, 합법적 테두리 안에서 증여세를 줄이기 위해 각자의 조카에게 증여하는 교차증여를 생각한 J씨 형제는 증여세를 회피하려 했다고 볼 수 있다. 동일한 상가 지분을 증여했으므로 실질적으로 각자 자녀에게 증여한 것과 동일한 결과이고 형식만 달리했기 때문이다. 결론적으로는 각자 자녀에게 각각 증여한 것으로 보아 증여세를 과세할 수 있다는 것을 기억하자.

결혼한 자녀에게 쓸 수 있는 절세법

동일인한테 10년 이내 증여받은 재산은 합산되어 누진세율이 적용된다. 그렇다면 각기 다른 사람한테 증여를 받는다면 어떨까? 가령 10명의 사람한테 1억원씩 증여를 받는다면 어떨까?

증여자와 수증자별로 증여세가 과세되므로 각각 1억원에 대해 10% 세율로 증여세가 과세된다. 그래서 결혼한 자녀에게 써먹을 수 있는 절세 방법이 있다. 어머니와 아버지는 동일인으로 보아 합산되지만 시아버지, 시어머니 또는 장인어른, 장모님은 직계존속이 아니기 때문에 동일인으로 보지 않아 합산되지 않고 각각 증여세율이 적용된다.

예를 들면 우리 부모님한테 1억원, 장인어른한테 1억원, 장모님한테 1억원을 증여받는다면 각각 10% 증여세율을 적용받을 수 있다. 이때, 장인어른과 장모님에게 받은 2억원을 다시 그들의 자녀인 배우자에게 넘긴다면 우회증여로 보아 증여세를 추징당할 수 있으니 실제로 사위에게 주는 증여여야 한다는 점에 주의하자.

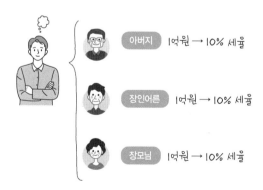

증여취소도
골든타임이 있다

`사례` 증여 후 주가가 폭락했을 때

L씨는 가지고 있던 주식 중에서 앞으로 유망한 상장주식을 자녀들에게 증여하고 증여세를 신고·납부했다. 그런데 증여하고 두 달이 지나 갑자기 주가가 큰 폭으로 하락했다. 주식 증여가액은 증여일 전후 2개월의 종가를 평균한 가액이다. 그런데 앞으로도 주가가 더 빠질 것 같아서 증여시기를 좀 늦췄더라면 증여세를 덜 낼 수 있었는데, 괜히 미리 증여해서 세금을 많이 낸 것 같아 너무 속상하다. L씨가 세금을 줄일 수 있는 방법은 없을까?

이럴 수가?
괜히 사전증여했나?

CEO가 자녀에게 증여취소 후 재증여한 이유

실제로 2019년 말 모 기업 CEO가 자녀에게 준 주식을 증여취소한 후 재증여를 한 예가 있다. 2020년 초 코로나19로 닥친 경제위기로 주식시장이 폭락하자, 증여세 신고기한 이내에 증여를 취소하고 재증여를 했다. 이것이 증여세를 훨씬 아낄 수 있었기 때문이다. 이처럼 자산가들은 증여취소로 절세를 하기도 한다. "세금,

아는 만큼 아낀다"는 말을 다시 한번 절감하게 되는 대목이다.

증여세 신고기한 이내 증여취소 가능

증여도 기본적으로는 신고기한 이내에는 취소할 수 있다. 단, 다음과 같은 점에 주의해야 한다.

❶ 현금으로 증여한 경우, 증여세 신고기한 이내라도 취소할 수 없다. 현금 증여는 매우 신중하게 결정해야 한다는 것을 명심하자.

현금

증여취소
불가

❷ 부동산은 증여세 신고기한 이내라면 취소할 수 있다. 신고기한 이내에 부동산 가치가 급락했다면 증여세를 아끼기 위해 취소하는 경우가 있긴 하다. 예를 들어 아파트를 10억원에 증여했는데, 2008년 금융위기와 같은 급작스러운 경제위기로 한 달만에 30%나 떨어져서 7억원이 되었다면 증여취소를 하고 새로 신고하는 것이 절세에 도움이 될 것이다. 하지만 증여취소를 하더라도, 증여 시 냈던 취득세 등은 돌려받지 못한다는 것을 꼭 기억해야 한다. 따라서 가치 하락으로 인해 증여세 감소와 기타비용의 증가를 고려하여 신중하게 증여취소를 결정해야 한다.

부동산

증여취소
가능

단, 취득세는 취소 불가

❸ 펀드와 주식 등은 증여를 할 때 취득세 등의 부담이 없다. 또한 증여세 신고기한 이내에는 취소도 가능하다. 따라서 증여 뒤에 가치가 급락했다면 증여를 취소하고 재증여를 하는 방안

펀드와 주식

증여취소
가능

을 고려할 수 있다.

마지막 ❸과 같은 경우라면 충분히 증여취소를 활용할 수 있다. 주가가 충분히 하락했을 때 다시 증여하면 된다. 단, 증여취소는 증여세 신고기한인, 증여일이 속한 달의 말일로부터 3개월 이내여야 가능하다. 이 기간 내에 증여를 취소하면 처음부터 증여가 없었던 것으로 본다. 그래서 증여했다고 끝이 아니라 증여세 신고기한까지는 증여한 재산에 대해 관심을 가질 필요가 있다.

한편, 과세관청에서 이미 과세표준과 세액을 결정받은 경우는 증여세 신고기한 이내라도 취소할 수 없다.

사례의 L씨는 증여세 신고를 이미 했으나 앞으로 주가가 더 빠질 것이라 생각하고 후회하고 있다. 다행히 아직 증여세 신고기한이 지나지 않았으므로 증여를 취소해서 되돌릴 수 있다. 자녀에게 증여했던 주식을 다시 L씨 명의로 가져오고 이미 증여세를 냈다면 경정청구를 통해 환급받아야 한다. 그리고 주가 추이를 보면서 다시 증여할 시기를 기다리면 된다.

신고기한 지나 3개월 이내 증여취소하면 증여세 환급불가

질문 만일 증여세 신고기한이 지난 후에 증여를 취소하면 어떻게 될까?

증여취소는 증여세 신고기한 이내에만 가능하다. 증여세 신고기

한이 지나면 증여취소는 안 된다. 신고기한이 지나서 수
증자가 증여받은 재산을 증여자에게 반환하면, 그것은
수증자가 증여자에게 다시 증여한 것으로 보고 증여세
가 과세된다.

그런데 신고기한이 지난 후 3개월 이내
에 다시 증여자에게 돌려주었다면? 그때는
반환받은 것에 대한 증여세는 과세하지 않는다. 즉, 당초 증여한
것에 대한 증여는 취소가 안 되므로 당초 증여세는 환급받을 수
없고, 다시 반환받은 것에 대한 증여세는 과세되지 않는다.

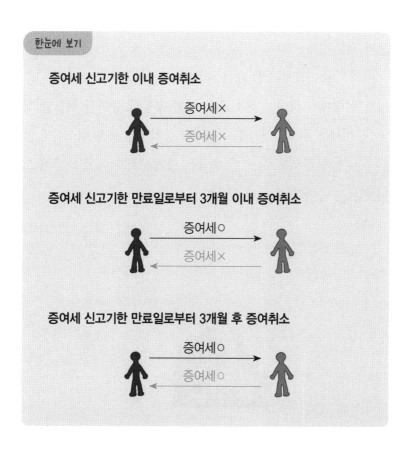

신고기한 지나 3개월 후 증여취소하면 양쪽 다 증여세 낸다

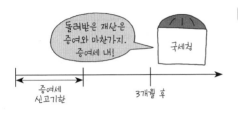

질문 증여세 신고기한(증여일이 속한 달의 말일로부터 3개월) 만료일로부터 3개월이 지난 후에 자녀가 증여재산을 다시 증여자인 아버지에게 돌려주면 어떻게 될까?

이때는 당초에 냈던 증여세를 돌려받을 수 없음은 물론이고 다시 증여재산을 돌려받는 증여자도 증여세를 내야 한다. 자녀가 증여재산을 돌려주는 것을, 자녀가 아버지에게 새롭게 증여한 것으로 보기 때문이다.

따라서 증여를 취소할 때는 골든타임이 중요하다. 반드시 신고기한 이내여야 증여가 취소된다. 다만 부동산 증여를 취소할 경우, 증여세는 취소되더라도 취득세나 등기비용 등은 취소되지 않는다는 점에 주의하자. 또한 현금은 증여취소가 아예 되지 않으니 현금을 증여할 때는 더 신중할 필요가 있다.

상속 개시 전
미리 준비하는 5가지 똑똑한 절세팁

1. 증여는 빠를수록 좋다

상속세를 절세하기 위한 가장 효과적인 방법은 '사전증여'다. 그리고 사전증여는 다음과 같은 이유로 빠를수록 좋다.

첫째, 사망일 전 10년(상속인 외의 사람은 5년) 이내에 상속인에게 증여한 재산은 상속재산에 합산되기 때문이다. 즉, 자녀에게 증여를 하고 10년 이내 사망한다면 증여한 재산은 상속재산가액에 합산되어 누진세율이 적용된다. 물론 이미 납부한 증여세는 증여세액공제를 통해 차감해준다. 반면, 자녀에게 증여하고 10년이 지나서 사망한다면 당초 증여한 재산은 당시에 증여세를 낸 것으로 끝나고 상속재산에 합산되지 않는다.

둘째, 증여세 역시 증여일로부터 소급해서 10년 이내에 동일인으로부터 증여받은 재산은 합산하여 과세한다. 따라서 10년 단위로 일정 세율 구간까지 금액을 정해서 몇 번에 걸쳐 증여함으로써 세 부담을 낮출 수 있다.

셋째, 시간이 갈수록 재산가치가 커진다고 가정하면 증여일이 늦어질수록 세 부담이 커지므로 하루라도 빨리 증여하는 것이 유리하다.

2. 보유 재산 리스트를 만들어라

사전증여를 계획하기 위해서는 일단 보유 재산 리스트를 만드는 것이 좋다. 상속세는 돌아가신 사람별로 과세되기 때문에 부부 각자의 명의로 된 목록을 만든다. 목록에서 사전증여를 했을 때 절세효과가 가장 큰 자산의 순서로 사전증여를 계획한다. 일반적으로 가치가 상승할 것으로 예상되는 수익형 부동산, 주식 등을 먼저 증여하는 것이 유리하다.

3. 양도차익이 큰 부동산을 증여하라

다주택자 양도세 중과가 시행되던 시기에는 양도차익이 큰 부동산을 팔면, 양도차익의 반 이상을 양도세로 내야 했다. 그래서 다주택자들의 경우 팔아서 양도세를 내느니, 자녀에게 증여해서 증여세를 내는 쪽을 선택한 사례가 많아졌다. 주택을 팔아서 양도세를 내고 남은 현금을 증여하면서 증여세를 내는 것(양도세+증여세)보다, 주택 자체를 증여해서 증여세만 내는 것이 더 많은 금액을 증여할 수 있으면서 세 부담도 훨씬 줄어들기 때문이다. 또한 배우자에게 증여하는 사례도 늘었다. 이는 배우자에게 증여해 취득가액을 높인 후 증여일로부터 10년이 지나서 양도하면 양도세를 절세할 수 있기 때문이다.

4. 여러 사람한테 나누어 줄수록 절세효과가 커진다

증여세는 증여를 받은 수증자에게 증여받은 금액에 대해서 과세된다. 증여세율은 과세표준 금액에 따라 10%부터 최대 50%까지 누진세율 구조이기 때문에 여러 명에게 나누어 줄수록 증여세가 줄어든다.

예를 들면 성인 자녀 한 명에게 5억원을 증여하면 증여세가 8,000만원이지만 자녀에게 1억 5,000만원, 자녀의 배우자에게 1억 1,000만원, 손주 두 명(미성년자)에게 1억 2,000만원씩 증여한다면 총 증여세는 4,600만원으로 3,400만원을 절세할 수 있다.*

5. 사망 1년 이내 2억원, 2년 이내 5억원 이상의 예금인출은 주의하라

부모님의 건강이 악화되면 상속세를 줄일 수 있을까 싶어서 부모님 명의의 계좌에서 현금을 미리 인출하는 사람들이 있다. 하지만 세법에서는 돌아가신 분의 계좌에서 사망일 직전 1년 이내에 2억원, 2년 이내에 5억원 이상의 예금이 인출된 경우에는 상속인들에게 이 돈을 어디에 썼는지 입증하도록 하고 있다. 만약 입증하지 못하는 경우 인출한 금액에서 인출금액의 20%와 2억원 중 작은 금액을 차감한 금액을 상속재산으로 보고 상속세를 과세한다. 따라서 사망에 임박해서 예금을 인출했다면 사용처 증빙을 철저히 챙겨놓는 것이 좋다.

> ✦ **추정상속재산** = 인출금액 − min(인출금액×20%, 2억원)
>
> 둘 중 작은 금액

---

* 계산 편의상 10년 이내 증여받은 재산이 없다고 가정하고 신고세액공제는 고려하지 않음.

4

상속받은 재산에 대해 내는 세금이 상속세다. 하지만 이렇게 간단하게 끝나지 않는다. 사전에 증여한 것도 일정 기간 이내에 증여했다면 상속재산에 합산되는 등 여러 가지 고려해야 할 점들이 많다. 또한 상속공제를 꼼꼼히 챙겨야 상속세를 최대한 절세할 수 있다. 더불어 부동산을 상속받았다면 나중에 낼 양도세까지 고려해야 진정한 절세가 가능하다. 상속세와 관련된 여러 가지 절세비법을 알아보자.

빚도 재산도 상속된다

-평범한 사람도 꼭 알아야 할
상속세 절세법

상속 순위와 법정상속지분 알아보기

상속세는 세금이지만 상속에 관한 절차 등은 모두 민법에 속한다. 그래서 상속세를 계산할 때도 알아둬야 할 민법 규정들이 있다. 대표적으로 민법상 상속인 및 상속 순위와 상속인의 법정지분, 유류분에 대해서 알아보자.

민법상 상속인 및 상속 순위

우리나라 민법에서 상속 1순위는 돌아가신 분(피상속인)의 자녀(직계비속)와 배우자다. 만약 자녀가 없다면 2순위로 직계존속인 부모와 배우자가 상속인이 된다. 보통 2순위에서 끝나는 경우가 대부분이라 여기까지만 잘 알아두면 된다.

정리하자면, 자녀가 있으면 자녀와 배우자가 상속인이다. 그런데 만약 자녀가 없다면 배우자와 부모님이 상속인이다. 여기에 관련된 다음과 같은 질문들이 있다.

"아버지가 돌아가셨는데 저와 제 자녀가 상속받아도 되나요?"

"아버지가 돌아가셨는데 제 아내와 자녀가 상속받아도 되나요?"

질문의 주체를 A씨라고 했을 때, 아버지가 돌아가셨으면 법정상속인은 자녀인 A씨와 배우자인 A씨의 어머니다. 그렇기 때문에 A씨의 아내와 자녀는 아버지가 유언으로 며느리나 손주에게 상속을 하겠다고 지정하지 않은 이상 상속인이 아니므로 상속받을 수 없다.

만약 자녀(직계비속)도 없고 부모님(직계존속)도 먼저 돌아가시고 안 계시다면 배우자가 단독상속인이 된다. 배우자도 없다면? 3순위인 돌아가신 분의 형제자매가 상속인이 된다. 형제자매도 없으면 어떨까? 이 경우에는 4순위인 돌아가신 분의 4촌 이내의 방계혈족 중 근친 순으로 상속인이 된다.

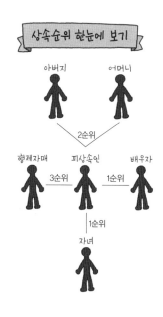

상속순위	상속인
1순위	직계비속과 배우자
2순위	직계존속과 배우자
3순위	형제자매
4순위	4촌 이내의 방계혈족 중 근친 순

대습상속이 뭐지?

상속인이 될 자녀가 먼저 사망했거나 결격자가 된 경우이면서 그의 자녀(손자녀)가 있을 때에는, 사망하거나 결격된 자녀의 순위에 갈음하여 그 손자녀가 상속인이 된다. 간혹 볼 수 있는 사례로 아버지보다 자녀가 먼저 사망했다면, 그 사망한 자녀의 자녀(손자녀)

와 사망한 자녀의 배우자(며느리 또는 사위)가 대습상속인이 되는 것이다. 자녀가 살아 있는데 피상속인이 유언으로 손주에게 상속을 한다면 세대를 건너뛰어서 상속을 받는 것이기 때문에 상속세가 할증된다. 하지만 대습상속일 때는 자의적으로 세대를 건너뛴 것이 아니라 자녀가 죽고 없어서 대신 손주가 상속을 받는 것이라서 할증되지 않는다.

법정상속지분과 유류분이란?

법정상속지분

돌아가신 분의 배우자가 1순위나 2순위 상속인과 공동상속을 받을 경우 그 상속분에 5할을 가산한다. 즉, 상속을 받는 사람이 배우자와 자녀 두 명이라면 1.5와 1과 1로 배우자의 법정상속지분은 3.5분의 1.5가 된다. 따라서 자녀수에 따라 배우자의 법정상속지분은 달라진다. 자녀가 한 명이라면 배우자의 법정상속지분은 60%(1.5/2.5)이고, 자녀가 두 명이라면 약 43%(1.5/3.5), 자녀가 세 명이라면 약 33%(1.5/4.5)이다. 배우자의 법정상속지분은 뒤에서 살펴볼 배우자상속공제 한도에 영향을 미치기 때문에 중요한 개념이다.

상속재산

배우자
1.5

자녀
1

자녀
1

배우자는
5할을 가산

유류분

유류분은 민법상 개념이지만 상속세를 상담할 때도 사람들이 많이 궁금해하는 내용 중 하나이므로 간단히 알아보자. 유류분이란 민법에서 상속인들에게 돌아가신 분의 재산을 최소한 이 정도는 상속받을 수 있도록 보장해주는 금액이다.

상속인이 자녀, 배우자 또는 직계존속인 경우 법정상속지분의 2분의 1의 유류분권을 가진다. 상속인이 형제자매인 경우에는 법정상속분의 3분의 1의 유류분권을 가진다. 다음 사례를 통해 알아보자.

사례 턱없이 작은 유산을 받게 된 B씨

얼마 전 돌아가신 M씨는 오래 전에 남편과 사별했고, 상속인으로는 자녀 두 명이 있다. M씨의 상속재산은 20억원이다. 그런데 M씨가 20억원의 재산 중 17억원을 자녀 A씨에게 주고 B씨에게는 3억원을 물려준다는 유언장을 남기고 사망했다. 이때 자녀 B씨는 유류분 청구 소송으로 얼마를 받을 수 있을까?

M씨의 경우 상속인이 자녀만 둘이므로, A씨와 B씨의 법정상속지분은 동일하게 1씩으로 10억원이 된다. 그런데 피상속인의 유언에 따라 A씨는 그보다 많은 17억원을 상속받았고, B씨는 훨씬 부족한 3억원을 상속받았다. 자녀의 유류분권은 법정상속지분의 2분의 1이다. 따라서 B씨의 유류분권은 10억원의 반인 5억원이다. B씨는 유류분을 침해당했으므로 유류분 청구 소송을 한다면 2억원을 더 받을 수 있다.

한눈에 보는 상속 절차

가족이 사망하면 남은 가족들은 장례를 치르는 것은 물론 마음을 추스르기도 바쁘지만, 사망 신고 및 상속세 신고·납부 등은 기한 내에 처리해야 하기 때문에 잊지 말고 챙겨야 한다. 상속재산을 조회하고 상속인들 간 협의하에 분할해서 그에 대한 상속등기를 마치고 상속세를 납부해야 한다. 상속세는 사망한 달의 말일로 부터 6개월 이내에 고인의 주소지 관할 세무서에 신고·납부해야 한다. 이때 상속재산 파악, 상속인 확인 및 상속재산 분할 과정에서 민법과 관계된 문제가 복잡하게 얽힐 수 있기 때문에 서둘러 준비하는 것이 좋다. 상속 절차를 간단히 알아보자.

상속 절차 단계별 알아보기

1단계 주소지의 읍·면·동 주민센터에 사망 신고

사망일로부터 1개월 이내

사망일로부터 1개월 이내에 고인의 주소지 또는 본적지의 동사무소에 사망진단서 또는 검안서를 첨부해 사망 신고를 해야 한다. 신고기한 이내에 신고하지 않으면 5만원의 과태료가 있다.

2단계 '안심상속 원스톱 서비스'에 상속재산 조회 요청

정부가 제공하는 '안심상속 원스톱 서비스'를 이용하면 상속인은 돌아가신 분의 상속재산을 파악할 수 있다. 주민센터를 방문하는 방법과 정부24(www.gov.kr)를 통해 온라인으로 조회 신청하는 방법이 있다. 219쪽에서 조회 신청하는 방법을 자세히 알아본다.

3단계 상속재산의 협의분할

절세를 위해서는 상속공제는 물론 나중에 상속인이 내야 할 양도세까지 고려해 협의분할을 해야 한다. 배우자상속공제 한도나 동거주택 상속공제, 상속주택 특례까지도 영향을 미치기 때문에 사전에 세무전문가와 협의해서 분할하는 것이 좋다.

사망일이 속하는 달의 말일로부터 6개월 이내

4단계 부동산 등기이전 및 취득세의 신고 및 납부

피상속인의 부동산을 상속을 원인으로 상속인 명의로 등기이전해야 한다. 등기이전에는 따로 기한이 정해져 있지 않지만, 취득세는 상속세와 마찬가지로 사망일이 속한 달의 마지막 날로부터 6개월 이내에 납부해야 한다. 이때 법무사에게 수임을 맡길 수도 있다.

사망일이 속하는 달의 말일로부터 6개월 이내

5단계 상속세의 신고 및 납부

상속세는 사망일이 속하는 달의 마지막 날로부터 6개월 이내에 피상속인의 거주지 관할 세무서에 신고하고 은행에 납부해야 한다. 검토기간이 많이 소요되는 복잡한 상속세는 기간 여유를 충분히 두고 세무대리인에게 수임을 맡겨 진행하는 것이 좋다.

사망일이 속하는 달의 말일로부터 6개월 이내

6단계 배우자상속재산 분할신고기한까지 등기이전

상속세
신고기한 후
9개월 이내

• 2021년 1월 1일 이후 결정·경정하는 분부터는 상속세 신고기한의 다음 날부터 종전 6개월에서 9개월로 연장됐다.

배우자상속공제는 상속세 신고기한의 다음 날부터 9개월*이 되는 날까지 배우자의 상속재산을 등기, 등록 등 분할하는 경우에 한해서 적용받을 수 있다.

7단계 상속세 세무조사 및 상속세액 확정종결

상속세
신고기한으로부터
9개월 이내

상속세는 신고·납부한 것으로 끝나는 것이 아니라 과세관청의 결정과 통지로 종결된다. 상속세는 상속세 과세표준 신고기한으로부터 9개월 이내에 조사를 통해 세액을 결정한다. 단, 조사나 재산 평가에 장기간이 걸리는 경우에는 납세자에게 이를 알리고 기간을 연장할 수 있다.

기타 알아둬야 할 절차

사망 관련 국민연금 청구

수급권 발생일로
부터 5년 이내

사망 관련 국민연금, 즉 유족연금, 반환일시금, 사망일시금 등을 국민연금공단에 청구한다. 사망일시금은 수급권이 발생한 날로부터 5년 이내에 신청하지 않으면 소멸시효가 완료되어 지급받을 수 없다.

상속포기나 한정승인

사망일로부터
3개월 이내

상속포기나 한정승인을 할 경우는 3개월 이내에 해야 한다. 상속포기 및 한정승인에 대해서는 223쪽에서 상세히 설명한다.

자동차를 상속받지 않는 경우 상속 말소신청

돌아가신 분의 자동차를 상속받지 않으려면 상속 말소신청을 상속개시일로부터 3개월 이내에 해야 한다. 자동차등록증, 등록번호판을 반납하고 말소등록 사유를 증명하는 서류를 첨부해 등록관청에 신고해야 한다. 만약 상속 말소신청을 하지 않으면 최대 50만원의 범칙금이 부과된다.

사망일로부터
3개월 이내

고액 상속인은 사후관리 대상이다

상속재산가액이 30억원 이상이면서 상속개시일(사망일) 이후 5년 동안 상속인이 보유한 부동산, 주식 등 금융재산 및 서화, 골동품 등 재산의 가액이 상속 개시 당시에 비해 크게 증가한 경우 세무당국은 그 결정한 과세표준과 세액에 탈루 또는 오류가 있는지를 조사하므로 참고한다.

상속 절차 한눈에 보기

사망 신고하기(사망 사실을 안 날로부터 1개월 이내)

↓

상속재산 파악하기(안심상속 원스톱 서비스)

↓

상속재산 협의분할 및 상속등기

↓

상속세 신고·납부(사망일이 속하는 달의 말일로부터 6개월 이내)

상속세 계산 절차

총 상속재산가액
- ·상속재산가액: 국내외 소재 모든 재산, 상속개시일 현재의 시가로 평가
  - 본래의 상속재산(사망 또는 유증·사인증여로 취득한 재산)
  - 상속재산으로 보는 보험금·신탁재산·퇴직금 등
- ·상속재산에 가산하는 추정상속재산

비과세 및 과세가액 불산입액
- ·비과세 재산: 국가지방자치단체에 유증한 재산, 금양임야, 문화재 등
- ·과세가액 불산입: 공익법인에 출연한 재산 등

공과금·장례비용·채무
- ·피상속인의 공과금 및 장례비용과 입증 가능한 채무

사전증여재산
- ·피상속인이 상속개시일 전 10년(5년) 이내에 상속인(상속인이 아닌 자)에게 증여한 재산가액
- ·단, 증여세 특례세율 적용 대상인 창업자금, 기업승계주식 등은 기한 없이 합산

상속세 과세가액

상속공제
- 아래 공제의 합계 중 공제적용 종합한도 내 금액만 공제
- ·기초공제+그 밖의 인적공제와 일괄공제(5억원) 중 큰 금액
- ·가업·영농상속공제 　　　　　　·배우자상속공제
- ·금융재산 상속공제 　　　　　　·재해손실공제
- ·동거주택 상속공제

감정평가수수료
- ·상속세를 신고·납부하기 위하여 상속재산을 평가하는 데 드는 수수료

상속세 과세표준

×

세율

과세표준	1억원 이하	5억원 이하	10억원 이하	30억원 이하	30억원 초과
세율	10%	20%	30%	40%	50%
누진공제액	없음	1,000만원	6,000만원	1억 6,000만원	4억 6,000만원

|

누진공제액

상속세 산출세액

+

세대생략할증세액

·상속인이나 수유자가 피상속인의 자녀가 아닌 직계비속이면 30% 할증 (단, 미성년자가 20억원을 초과하여 상속받는 경우에는 40% 할증)
·직계비속의 사망으로 최근친 직계비속에 해당하는 경우는 적용 제외

|

세액공제

·문화재자료 징수유예, 증여세액공제, 외국납부세액공제, 단기재상속세액 공제, 신고세액공제

+

신고불성실·납부지연 가산세 등

·상속세 신고기한까지 신고를 하지 않거나 과소신고하는 경우 신고불성 실 가산세와 납부지연에 따른 이자 성격의 납부지연가산세가 추가됨

=

분납·연부연납·물납

·납부할 금액이 1,000만원을 초과하는 경우 분납이 가능하고, 납부세액이 2,000만원을 초과하는 경우에 한해 연부연납을 신청할 수 있다. 요건이 충족되는 경우에 한해 물납도 가능하다.

=

상속세 납부세액

상속세율이 할증되는 최대주주의 주식

질문 재벌가 회장이 사망하고 나면 어김없이 예상 상속세가 얼마 정도라는 기사가 나온다. 그때 "우리나라의 상속세율이 최대 65%에 달한다"는 내용이 있었다. 세율이 65%나 된다니, 어떻게 된 걸까?

최대주주의 주식이면 상속재산 20% 할증평가

상장주식을 평가하는 방법은 증여일 또는 상속일 전후 2개월의 종가 평균이다. 이렇게 계산한 금액이 5만원이라고 가정했을 때, 만약 최대주주가 보유한 주식이라면 5만원에 20%를 더 할증한 6만원이 증여 또는 상속재산가액이 된다. 따라서 최대주주인 재벌가 회장의 사망으로 주식이 상속되면 주식가액에 20%가 할증되어 상속세 최고세율인 50%에서 60%(50%×1.2)로 올라가는 것이다.

2019년까지 상속·증여가 일어났을 경우 최고 할증률이 30%였으므로 실효세율(납세자가 부담하는 세액의 과세표준에 대한 비율)이 65%(50%×1.3)였다. 그러나 세법의 개정으로 2020년 1월 1일 이후 일괄적으로 20% 할증률이 적용된다. 다만, 최대주주의 주식이라도 중소기업 및 평가기준일이 속하는 사업연도 전 3년 이내의 사업연도부터 계속하여 결손금이 있는 법인의 주식은 할증되지 않는다.

상속재산 다시 나누려면 신고기한 이내에 해야

사례 아버지가 사망하자 상속인인 삼형제는 서로 협의해서 재산을 나누어 가졌다. 큰형이 아파트를 가지고, 둘째는 시골에 있는 땅을, 막내동생은 금융자산 4억원을 갖기로 협의했다. 그런데 1년이 지나 개발 호재가 생기면서 시골에 있는 땅값이 크게 올랐다. 억울해진 다른 형제들이 상속재산을 다시 나누자고 한다. 이제 와서 상속재산을 다시 나누어 가져도 아무 문제가 없을까?

상속인들에게는 법정지분이 있다. 자녀들의 법정지분은 1씩으로 동일하고, 피상속인의 배우자는 여기에 5할을 더한 1.5이다. 상속인들 간에 상속재산을 나누는 것을 '협의분할'이라고 하며, 이때는 법정상속분보다 더 가져가거나 덜 가져가더라도 상속인들 간에 증여한 것으로 보지 않는다.

사실 상속재산을 법정지분대로 똑같이 나누어 가지는 경우도 있지만, 현실적으로는 부동산을 모두 공유지분으로 가져가는 것도 바람직하지 않기 때문에 대부분 재산 종류별로 나누어 가진다.

그러다 보니 애초에 상속인들이 상속받은 재산의 가치가 완전히 같지 않을 뿐만 아니라, 경우에 따라서는 나중에 상속재산 사이에 가격 차이가 크게 벌어지기도 한다.

상속세 신고기한 지나고 재협의한 것은 증여로 본다

그렇다면 상속재산에 대한 귀속이 끝난 후, 상속인이 다른 상속인에게 상속재산을 더 줘도 문제가 없을까?

다른 상속인에게 상속재산을 주는 시기가 언제인가에 따라 다르다. 상속세 신고기한 이내에 재협의를 해서 둘째가 첫째나 막내에게 상속재산을 더 줬다면, 첫째나 막내는 당초보다 상속재산을 더 갖게 되더라도 이를 둘째에게서 증여받은 것으로 보지 않는다. 즉, 증여세가 과세되지 않는다.

하지만 상속세 신고기한이 지난 후에 다른 상속인에게 상속재산을 더 준다면, 상속받은 내 재산을 다른 상속인에게 증여한 것으로 보아 증여세가 과세된다. 따라서 상속재산 협의분할을 할 때에는 나중에 번복하여 불필요한 증여세를 내는 일이 없도록 충분한 협의를 거치는 것이 좋다.

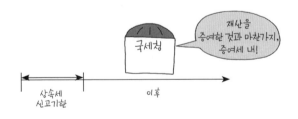

'안심상속 원스톱 서비스'로 상속재산 조회하기

돌아가신 분의 상속재산을 파악하는 것은 기본적이면서도 아주 중요한 절차이다. 미처 파악하지 못했던 상속재산이 나중에 드러나면, 상속세는 물론 가산세까지 추징되는 경우가 종종 발생하기 때문이다. 게다가 혹시라도 몰랐던 고인의 부채가 드러나면 자칫 큰 곤욕을 치를 수도 있다. 따라서 상속재산 파악은 빠르고 꼼꼼하게 하는 것이 좋다.

정부24 사이트 이용하기

정부는 '안심상속 원스톱 서비스'를 제공하고 있다. 이 서비스를 이용하면 상속인(또는 후견인)은 돌아가신 분의 금융내역·토지·자동차·세금·연금가입 유무 등 사망자(또는 피후견인)의 재산을 한번에 조회해 손쉽게 상속재산을 파악할 수 있다. 이를 위해서는 주민센터를 방문하는 방법과 정부24(www.gov.kr)를 통해 온라인으로 조회 신청하는 방법이 있다.

이런 절차를 통해 상속받을 재산이 있는 것으로 확인되면 사망 사실 및 상속 관계를 증명할 수 있는 가족관계증명서와 신분증을 지참하여 개별 금융기관에서 구체적인 내용을 조회하면 된다. 다음 순서를 참고해 온라인으로 조회 신청하는 방법을 살펴보자.

❶ 정부24(www.gov.kr) 홈페이지에 접속해 [서비스] → [신청·조회·발급]을 순서대로 클릭한다.

❷ 검색창에 '안심상속'을 입력하고 검색을 누르면 '사망자 등 재산조회 통합처리 신청(안심상속)'이 나오는데, 여기서 [신청]을 클릭한다.

❸ 신청화면이 나오면 사망자 재산조회 통합처리를 원하는 민원 처리기관을 [검색]을 눌러 선택하고 사망자와 신청인의 정보를 차례대로 입력한다.

❹ 사망자의 재산 중 조회하고 싶은 항목을 선택하여 신청하면 완료된다. 신청 후 결과 조회까지 7~20일이 소요된다.

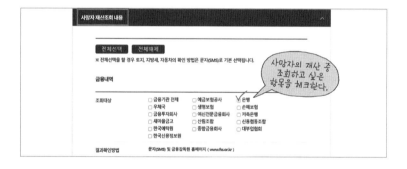

주민센터 방문하기

인터넷 사용이 불편하다면 주민센터 등을 직접 방문하는 것도 가능하다. 신분증과 가족관계증명서를 준비해서 가까운 시청이나 구청, 읍·면·동 주민센터를 방문해, 다음과 같은 재산조회 통합처리 신청서를 제출하면 상속재산을 한번에 확인할 수 있다.

■ 사망자 및 피후견인 등 재산조회 통합처리에 관한 기준 [별지 제1호서식] <개정 2023.3.3.>　　　　(앞쪽)

재산조회 통합처리 신청서

※ 신청의 취소·변경은 신청일 다음 날부터 5일 이내(토요일·공휴일 제외)에 접수처 업무종료 시까지 가능합니다.
※ 색상이 어두운 난은 신청인이 작성하지 아니하며, [ ]에는 해당되는 곳에 √표를 합니다.

접수번호			접수일			처리기간	7일~20일

신 청 인 (상속인, 성년후견인, 한정후견인, 상속재산관리인)	신 청 구 분	사망자 재산조회	[ ] 상속인　　[ ] 상속재산관리인		접수처 신청자격 확인란	확인자 :	(서명 또는 인)
		피후견인 재산조회	[ ] 성년후견인　[ ] 한정후견인				
	성 명				주민등록번호		
	재 산 조 회 대상자와의 관계		[ ] 배우자　　[ ]자녀 [ ] 손자손녀　[ ]조카	[ ]부모 [ ]기타 ( )	[ ]형제자매 [ ]성년·한정후견인 상속재산관리인		
	연 락 처		전화번호　　　　휴대전화		전자우편		
	도로명 주소						

재산조회 대상자 (사망자, 피후견인)	성 명		주민등록번호	
	사 망 일	년　　월　　일 • 피후견인의 경우 기재하지 마세요	휴 대 전 화	• 상조회사 가입유무 확인을 원하는 경우 작성

대 리 인 (대리신청 시에만 작성)	상속인(후견인) 과의 관계	[ ] 법정대리인　[ ] 임의대리인 • 후견인은 임의대리인만 대리신청 가능	접수처 대리인자격 확인란	확인자 :	(서명 또는 인)
	성 명		주민등록번호		
	연 락 처	전화번호　　　　휴대전화	전자우편		
	도로명 주소				

재산조회 내용

구분	조회 선택(조회를 원하는 항목 [ ]에 V 표시)	조회결과 확인 방법
금융거래	[ ] 금융기관 전체　• 본 항목에 " V "시에는 아래 항목에 " V"하지 않음 [ ] 예금보험공사 [ ] 은행 [ ] 우체국 [ ] 생명보험 [ ] 손해보험 [ ] 금융투자회사 [ ] 여신전문금융회사 [ ] 저축은행 [ ] 새마을금고 [ ] 산림조합 [ ] 신용협동조합 [ ] 한국예탁원 [ ] 종합금융회사 [ ] 한국신용정보원* [ ] 대부업 CB에 가입한 대부업체 [ ] 소상공인시장진흥공단 • 전국은행연합회, 신보·기신보, 한국주택금융공사, 한국장학재단, 서민금융진흥 원[미소금융중앙재단], NICE평가정보, KCB, KED, 한국자산관리공사, 근로복지공단[대지급금 채무] 등 금융기관등의 금융거래의 대상과 동일	1. 금융, 국세, 국민연금, 근로복지공단 퇴직연금, 소상공인정책자금대출, 4대사회보험료, 휴대폰 문자(SMS) 확인 후, 금융감독원 홈페이지, 국세청 홈택스, 국민연금공단 근로복지공단 퇴직연금, 근로복지공단 대지급금 채무, 소상공인정책자금, 국민건강보험 공단 홈페이지에서 신청인이 조회 결과를 각각 확인
국세	[ ] 국세 체납액 및 납부기한이 남아 있는 미납 세금, 환급금	
4대사회보험료	[ ] 보험료 체납액 및 납부기한이 남아있는 미납 보험료, 환급금 (건강보험, 국민연금, 고용보험, 산업재해보상보험) (다만, 환급금은 건강보험·국민연금에 한함)	
연금	[ ] 연금 전체　• 본 항목에 " V "시에는 아래 항목에 " V"하지 않음 [ ] 국민연금 가입 및 대여금 채무 유무 [ ] 사립학교교직원연금 가입 및 대여금 채무 유무 [ ] 공무원연금 가입 및 대여금 채무 유무 [ ] 군인연금 가입유무　　　[ ] 근로복지공단 퇴직연금 가입유무	2. 연금(국민연금, 근로복지공단퇴직연금 제외), 공제회 및 근로복지공단 대지급금 채무 휴대폰 문자(SMS) 확인
공제회	[ ] 공제회 전체　• 본 항목에 " V "시에는 아래 항목에 " V"하지 않음 [ ] 건설근로자퇴직공제금 가입유무　[ ] 군인공제회 가입유무 [ ] 대한지방행정공제회 가입유무　　[ ] 과학기술인공제회 가입유무 [ ] 한국교직원공제회 가입유무	※ 단, 연금 및 근로복지공단 대지급금 채무의 경우, 상속인(후견인) 본인에게만 결과 제공 (대리인에게 결과 제공 불가)
토지	[ ] 개인별 토지 소유 현황	[ ] 우편 [ ] 문자(SMS) [ ] 부서 방문수령
건축물	[ ] 개인별 건축물 소유 현황	[ ] 문서 [ ] 구술
지방세	[ ] 지방세 체납내역 및 납부기한이 남아 있는 미납 세금, 환급금	[ ] 우편 [ ] 문자(SMS) [ ] 세무부서 방문수령
자동차·어선	[ ] 자동차(이륜차, 건설기계 포함) 소유내역　[ ] 어선 소유내역	[ ] 문서 [ ] 구술

「사망자 및 피후견인 등 재산조회 통합처리에 관한 기준」에 따라 재산조회를 통합신청합니다.

　　　　　　　　　　　　　　　　　　　　　　　　　　　　　년　　월　　일

　　　　　　　　　　　　　　신청인(대리인) :　　　　　　　(서명 또는 인)

시장·구청장, 읍·면·동장 귀하

210mm×297mm[백상지(80g/㎡) 또는 중질지(80g/㎡)]

채무가 더 많다면, 한정승인과 상속포기

돌아가신 분에게 재산이 있다면 상속으로 받겠지만, 재산보다 채무가 더 많다면 어떻게 될까? 상속인들은 돌아가신 분의 권리뿐만 아니라 의무까지도 모두 승계받는다. 따라서 재산보다 빚이 더 많으면 빚을 물려받게 되는 것이다. 이런 경우 한정승인이나 상속포기를 고려해봐야 한다.

상속개시를 알게 된 날로부터 3개월 이내

한정승인

한정승인이란 상속받은 재산 한도 내에서만 채무를 변제한다는 것이다. 부채보다 재산이 더 많을 가능성이 있을 때 주로 하게 된다. 상속이 개시되었음을 안 날로부터 3개월 이내에 가정법원에 한정승인을 신청해야 한다.

상속포기

상속포기란 말 그대로 권리와 의무를 모두 포기하는 것이다. 재산보다 부채가 많은 경우에 상속포기 신청을 한다. 역시 상속이 개시되었음을 안 날로부터 3개월 이내에 가정법원에 상속포기 신청을 해야 한다.

이때 주의할 점이 있다. 상속을 포기한 상속인의 상속분은 다른 상속인에게 넘어간다. 만약 동순위 상속인이 모두 상속을 포기하면 그다음 순위 상속인에게 넘어가게 된다. 사례를 들어 살펴보자.

사례 수억원의 빛을 상속받게 된 H씨의 선택

H씨의 아버지가 얼마 전에 오랜 병환 끝에 돌아가셨다. H씨의 아버지에게는 30년 가까이 해온 작은 인쇄소가 있었다. 그런데 경기가 나빠져서 경영이 악화된 데다가 최근 아버지까지 고혈압으로 쓰러지시는 바람에 수억원의 빛을 지고 회사는 도산한 상태이다. H씨는 상속포기를 할 예정이다. H씨는 아내와 아이 둘이 있으며, 어머니는 대학생 때 돌아가셨고, 여동생 부부와 조카 한 명이 있다. H씨 가족들이 현명하게 상속포기를 하려면 어떻게 해야 할까?

후순위 상속인 고려해야 한다

상속포기를 할 때에는 다음 상속인들에게 미치는 영향까지도 고려해야 한다. H씨가 상속포기를 하면 그의 상속분(아버지의 빛)은 같은 순위(1순위)인 여동생에게 상속된다. 또 여동생까지 상속포기를 하면 2순위인 직계존속, 즉 H씨 아버지의 부모님에게 상속이 넘어가게 되는데 이미 돌아가셨다면 다시 3순위로 상속이 넘어간다. 따라서 H씨네 가족이 상속포기 쪽으로 가닥을 잡았다면, 영향을 미칠 수 있는 모든 가족들인 아버지의 형제자매와 4촌들에게까지 연락해 상속포기를 하게 해야 친척들에게 피해를 안 줄 수 있다.

줄줄이 상속포기하는 번거로움 줄이려 한정승인하기도

이런 사태를 막기 위해 한정승인을 하는 경우도 있다. 한정승인을 하게 되면 피상속인의 채무 등의 소극재산을 피상속인의 적극재산 범위 내에서만 변제하면 되는데, 이 역시 상속인이 되는 것이다. 따라서 후순위 상속인에게 상속이 넘어가지 않기 때문에 후순위 상속인이 상속포기를 해야 하는 번거로움이 발생하지 않는다. 하지만 부동산을 한정승인할 때는 나중에 양도세가 발생할 수 있으니 주의해야 한다.

줄줄이 상속포기 번거로우니 한정승인하자

국내 거주자의 상속재산, 어디까지 해당할까?

상속재산이란 돌아가신 분의 모든 재산을 말한다. 그렇다면 어떤 재산에 상속세가 과세되는 걸까? 현금, 예금 등의 금융재산, 부동산뿐만 아니라 재산상 가치가 있는 법률상 또는 사실상의 모든 권리가 포함된다. 예를 들면 유명한 작곡가인 어머니가 사망했거나 베스트셀러 작가인 아버지가 사망했을 때 상속받는 저작권도 상속세 과세 대상이다. 단, 인간문화재 등과 같이 돌아가신 분에게 오로지 속하는 것은 사망하면 같이 사라지는 것이기 때문에 상속재산이 될 수 없다.

거주자면 전 세계 재산

만약 해외에 상속재산이 있다면 이것도 과세될까? 상속세는 사망한 분인 피상속인을 중심으로 계산되는 세금이다. 피상속인이 거주자라면 국내재산은 물론 해외재산까지 전 세계의 재산이 모두 상속재산에 들어간다.

비거주자면 국내 재산만

반면, 비거주자이면 국내재산에 대해서만 상속세를 내면 된다. 해외재산에 대해서는 우리나라에서 상속세를 과세하지 않는다. 상속인이 거주자인지 비거주자인지는 상관없다. 돌아가신 분이 사망한 시점의 신분이 거주자인지 비거주자인지가 중요하다.[*]

[*] 거주자와 비거주자에 대한 판단은 311쪽에서 자세히 살펴본다.

상속세 과세 대상

❶ 피상속인이 국내 거주자인 경우: 모든(국내·해외) 상속재산

❷ 피상속인이 국내 비거주자인 경우: 국내에 있는 모든 상속재산

보험금·퇴직금·신탁금도 상속세 낼까?

사례 M씨가 생전에 들어둔 보험, 수익자가 자녀라면

M씨는 생전에 자신을 피보험자로 하고 보험금을 받는 수익자를 자녀로 지정해서 생명보험에 가입했다. M씨가 사망하자 자녀가 보험회사에서 생명보험금을 수령하게 되었는데, 이 보험금도 상속재산에 포함될까?

보험료를 누가 냈느냐에 따라 다르다

사망일 당시에 있는 재산이 아니고, 사망으로 인해 상속인이 받게 되는 보험금인데 이것도 상속재산일까 궁금해하는 경우가 많다. 돌아가신 분이 계약자 또는 실질적으로 보험료를 납부한 사람이라면 생명보험 또는 손해보험으로 상속인이 받게 되는 보험금은 상속재산이다. 세법에서는 돌아가신 분이 생전에 보험료를 내던 생명 또는 손해보험으로 상속인이 보험금을 타는 것이므로 이를 상속재산으로 간주한다.

보험에는 계약자, 피보험자, 수익자가 존재한다. 보험상품을

계약하고 보험료를 불입하는 이가 계약자이고, 보험의
대상이 되는 이가 피보험자이고, 보험금을 타는 이가
수익자이다. 다시 말하면 계약자가 보험료를 불입하고 피
보험자가 상해를 입거나 사망하면 수익자가 보험금을 타
는 것이다. 셋은 한 사람일 수도 있고 각각 다른 사람일 수
도 있다.

보험금 수령 시

계약자 ≠ 수익자 상속

계약자 = 수익자 그냥 내 돈

　가령, 아버지가 자기 자신을 계약자와 피보험자로 해놓
고 자녀를 수익자로 지정해서 생명보험을 가입해 불입하다가 사
망했다고 해보자. 그럼 보험료를 낸 사람은 아버지이고 보험금을
탄 사람은 자녀이기 때문에 해당 보험금은 아버지의 상속재산에
포함된다.

잠깐!

간주와 추정

법률 용어로 '간주'와 '추정'이라는 것이 있다. 세법에서도 상속재
산으로 '간주한다', 혹은 상속재산으로 '추정한다'라는 표현이 등
장한다. 먼저 '추정'은 '상속재산으로 추정하여'와 같이 사용된다.
그 의미는 과세관청 입장에서 일단 상속재산으로 추정해 판단하
겠지만, 납세자가 상속재산이 아니라는 증거를 제시하여 소명하
면 상속재산으로 보지 않겠다는 뜻이다. 하지만 '간주'는 다르다.
세법에서 '상속재산으로 간주한다'는 것은 변명의 여지없이 상속
재산으로 본다는 것이다. 간주 상속재산에는 돌아가신 분이 납
입한 보험계약의 보험금, 신탁한 신탁재산, 근무하면서 쌓아놓은
퇴직금 등이 포함된다.

만약 자녀가 보험에 가입해서 피보험자를 아버지로 하고 수익자를 자기 자신으로 한 경우라면 다르다. 아버지가 사망하면서 자녀는 보험금을 수령하게 되는데 이때는 아버지의 상속재산에 포함되지 않는다. 자녀 자신의 돈으로 보험료를 냈기 때문에 수령한 보험금도 당연히 자녀의 돈이다.

> **한눈에 보기**
>
> ## 보험계약자와 수익자에 따른 과세 여부
>
> ❶ 보험계약자 = 수익자일 경우
>   상속세나 증여세 문제 없음
> ❷ 보험계약자 ≠ 수익자일 경우
>   ① 보험계약자가 살아 있을 때 보험금을 받으면 증여
>   ② 보험계약자가 사망하면서 보험금을 받으면 상속

즉, 세금 측면에서 중요한 사람은 계약자와 수익자이다. 보험료를 낸 사람과 보험금을 타는 사람이기 때문이다. 계약자와 수익자가 같은 사람이면 내가 낸 보험료를 내가 타는 것이니 아무 문제가 없다.

하지만 아버지가 보험료를 불입하는 계약자이고 아들이 보험금을 타는 수익자라면 문제가 생긴다. 돈을 낸 사람과 받는 사람이 다르기 때문이다.

이때 만약 보험료를 낸 계약자가 살아 있는 상태에서 자녀가 보험금을 받았다면 증여로

선 아래부터는
상속재산!

계약자 = 수익자
계약자 ≠ 수익자

보아 과세되고, 보험료를 낸 계약자가 사망하면서 자녀가 보험금을 받는다면 상속으로 보아 과세되는 것이다.

상속재산에 속하는 것들

질문 K씨는 부동산을 신탁회사에 신탁해두었다. K씨가 사망하면 신탁해서 맡겨둔 재산도 상속재산에 포함될까?

신탁금

피상속인이 신탁회사나 수탁자 명의로 신탁한 재산도 사실상 피상속인의 재산이므로 상속재산에 포함된다. 다만, 신탁재산에서 나오는 이익이 피상속인이 아닌 다른 사람에게 귀속되는 것으로 지정되어 있다면, 그 이익은 상속재산으로 보지 않는다.

질문 H씨가 사망하자 직장에서 유족에게 퇴직금을 지급하였다. 유족들이 받게 된 H씨의 퇴직금도 상속재산에 포함될까?

퇴직금

피상속인의 사망으로 인하여 지급되는 퇴직금, 퇴직수당, 공로금, 연금 등은 상속재산으로 본다.

상속재산으로 보지 않는 것들

질문 돌아가신 분의 명의로 되어 있는 종중의 땅도 상속재산에 포함될까?

돌아가신 분 명의의 종중 땅

종중 땅은 명의가 돌아가신 분으로 되어 있더라도, 실제로 종중의 땅으로 인정되는 경우에는 상속재산에 포함되지 않는다. 종중 규약 및 종중재산목록, 종중회의록 등에 의해 종중의 재산임을 입증할 서류들이 있거나, 종중 명의로 이전하기 위한 소송이 과거에 있었거나 진행 중이라면 이는 종중의 재산으로 보아 상속재산에 포함하지 않는다.

또한 다음에 해당하는 것은 상속재산으로 보지 않아 상속세가 과세되지 않는다.

❶ 국민연금법에 따라 지급되는 유족연금 또는 사망으로 인하여 지급되는 반환일시금

❷ 공무원연금법, 공무원 재해보상법, 또는 사립학교교직원 연금법에 따라 지급되는 퇴직유족연금, 장해유족연금, 순직유족연금, 직무상유족연금, 위험직무순직유족연금, 퇴직유족연금부가금, 퇴직유족연금일시금, 퇴직유족일시금, 순직유족보상금, 직무상유족보상금 또는 위험직무순직유족보상금

❸ 군인연금법에 따라 지급되는 퇴직유족연금, 상이유족연금, 순직유족연금, 순직유족연금일시금, 재해보상금 또는 사망보상금

❹ 산업재해보상보험법에 따라 지급되는 유족보상연금·유족보상일시금·유족특별급여

❺ 근로자의 업무상 사망으로 인하여 근로기준법 등을 준용하여 사업자가 그 근로자의 유족에게 지급하는 유족보상금 또는 재해보상금

만만치 않은 병원비,
상속세 절세까지 생각하라

사례 J씨 남매는 요양원에 계신 어머니의 병원비와 간병비를 함께 몇 년 동안 대드렸다. 어머니는 부동산 등의 상당한 재산이 있는 자산가였지만, 자식으로서 병원비는 지원해드리는 것이 도리라고 생각했기 때문이다. 그런데 어머니가 돌아가시고 나서 상속세를 신고하려고 보니 병원비와 간병비를 대드렸던 바람에 상속세가 더 나오게 생겼다는 것을 알게 되었다.

병원비와 간병비는 도와드리는 게 도리라고 생각했는데

상속인 즉 자녀들이 대신 내준 병원비와 간병비는 상속세에서 공제되지 않는다. 자녀들이 부모님에게 병원비와 간병비를 대준 것이 채권·채무관계도 아니고, 부모님을 봉양하기 위해서 자발적으로 지불한 비용이기 때문에 공제대상으로 보지 않는 것이다.

따라서 부모님의 재산이 나중에 상속세가 나올 정도의 규모라면 부모님 돈으로 병원비나 간병비를 지출하는 것이 결과적으로 상속받을 재산을 줄여서 상속세를 아끼는 길이다. 우리 정서로는 어쩌면 야박하게 느껴질 수도 있겠지만, 몇 년간의 병원비와 간병비를 합하면 만만치 않은 금액인 만큼 절세에도 주의를 기울이는 것이 좋다.

추정상속재산은 어떻게 정해질까?

추정상속재산이 뭐지?

추정상속재산이란 사망일 현재 피상속인의 재산으로 남아 있지 않지만, 이러저러하게 사용하고 없다는 것을 입증하지 못하면 상속받은 것으로 보고 상속재산에 포함시키는 재산이다. 상속받았을 것이라는 심증은 가는데 물증을 찾기는 어려운 경우라고 보면 된다. 과세관청 입장에서는 납세자들이 계획적으로 재산을 꽁꽁 숨겨놓으면 이 돈이 어디에 있는지 찾아내는 데에 한계가 있을 수밖에 없다. 그래서 정말 수상하다 싶은 것들을 추정상속재산으로 열거해 납세자에게 입증하도록 책임을 지우고, 입증하지 못하는 경우에는 상속재산에 포함시켜 상속세를 과세한다.

사례 갑자기 쓰러진 아버지의 부동산을 현금화하려는 S씨

40대의 S씨는 얼마 전 모시고 살던 아버지가 쓰러져 병원 신세를 지고 난 다음부터 상속세 걱정이 현실로 다가오기 시작했다. 자수성가로 성공한 아버지는 상당한 자산가인데, 그동안 상속에 대

한 대비를 전혀 해놓지 않았다. S씨는 이제라도 아버지의 부동산을 팔아 현금으로 금고에 보관하거나, 예금을 인출해서 본인 계좌로 옮겨놓으면 어떨까 고민 중이다.

부모님의 건강상태가 악화되어 상속이 얼마 남지 않은 것 같은 때가 되면, 이제라도 상속세를 줄일 방법은 없을까 하는 생각이 들게 마련이다. 사람들이 많이 생각하는 방법 중 하나는 돌아가신 분 명의로 된 부동산이나 금융재산을 과세 포착이 어려운 현금으로 바꾸어, 돌아가시기 전에 미리 상속인 명의로 변경해놓는 것이다. 상속세를 사망일 현재 돌아가신 분 명의로 되어 있는 재산에 대해서만 과세하는 것으로 알고 있기 때문이다.

이처럼 상속인들이 작정하고 사망 직전에 거액을 인출해서 숨기는 경우 과세관청에서 상속재산을 찾아내는 데는 한계가 있다. 하지만 세법에서는 이런 방법으로 세금을 탈루하는 것을 방지하기 위해 안전장치를 두고 있다.

돌아가신 분의 사망일로부터 1년 이내, 2년 이내에 돌아가신 분 명의 예금에서 일정금액 이상이 인출되었거나, 일정금액 이상의 부동산을 처분했거나, 일정금액 이상을 금융기관 등에서 대출받았는데 상속일에는 그 재산의 행방이 묘연하다면 상속재산으로 추정하는 것이다.

이와 같은 추정상속재산은 무조건 상속재산으로 본다는 것이 아니라, 그 금액을 어디에 썼는지를 입증한다면 상속재산에서 제외되지만 입증하지 못한다면 상속재산으로 보겠다는 의미이다.

사망 1~2년 전 재산처분 조심해야 한다

추정상속재산을 판단하는 기준은 사망일 전 1년 이내는 2억원 이상, 사망일 전 2년 이내는 5억원 이상이다. 이때 금액은 재산의 종류별로 구분해서 계산한다. 가령, 사망일 전 1년 이내에 예금을 인출한 금액이 1억 8,000만원이고 부동산을 처분한 금액이 1억 9,000만원이라면 추정상속재산에 들어가지 않는다. 재산의 종류별(1그룹, 2그룹, 3그룹)로 각각 금액을 산정해서 판단해야 한다.

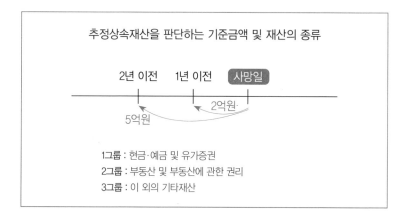

추정상속재산은 재산 종류별로 파악한다

질문 S씨 아버지가 사망일 전 1년 이내에 본인 명의 예금에서 1억 4,000만원을 인출했고, 보유하던 토지를 4억원에 처분했다고 해보자. 이 경우 세무당국은 추정상속재산을 얼마로 볼까?

재산 그룹별로 사망일 전 1년 이내 또는 2년 이내 기준 금액을 체크해보자. 예금인출액(1그룹)은 2억원 미만이므로 추정상속재산에 해당되지 않지만, 부동산 처분금액(2그룹) 4억원은 2억원을 넘었으므로 해당된다. 즉, 상속인들은 아버지의 부동산 처분금액 4억원을 어디에 썼는지 세무서에 소명해야 한다.

만약 그 돈이 어디로 갔는지 상속인들은 전혀 모른다면 어떻게 될까? 상속인들이 4억원에서 2,000만원 정도만 입증을 했다고 가정해보자. 입증하지 못한 금액 전부에 대해서 상속세가 과세되는 것은 아니다. 처분금액의 20%는 사용처를 입증하지 못해도 상속재산에서 빼준다. 돌아가신 부모님이 사용한 금액을 상속인이 100% 입증하는 데는 무리가 있다고 보기 때문이다. 다만, 20%에 해당되는 금액은 2억원을 한도로 한다.

결국 10억원 이상이면 2억원 만큼은 용도를 입증하지 못해도 차감해주고, 10억원 미만이면 해당 금액의 20%를 차감해준다.

> ✫ **추정상속재산**
>   = 재산 종류별 처분액 − 용도 입증액 − min(**❶**, **❷**)
> **❶** 재산처분액 또는 현금인출액의 20%
> **❷** 2억원

어디에 썼는지 입증해야 상속재산에서 빠진다

질문 이번에는 S씨의 아버지가 사망일로부터 7개월 전에 은행 예금에서 3억원을 출금했다고 해보자. 이 경우 세무당국은 추정상속재산을 얼마로 볼까?

S씨 아버지의 사망일 전 1년 이내에 2억원이 넘는 예금이 빠져나갔으므로, 세무당국은 상속인인 S씨에게 이 돈을 어디에 사용했는지 소명하라고 할 것이다.

만약 아버지가 사용한 증빙이 하나도 없다면 인출된 3억원에서 20%에 해당하는 6,000만원을 뺀 2억 4,000만원이 상속재산에 포함된다.

그런데 만약 아버지가 예금을 인출해서 1억원 정도의 오피스텔을 하나 구입했고 신용카드로 쓴 돈이 5,000만원가량 있어서 1억 5,000만원에 대한 사용증빙이 있다면, 입증하지 못한 나머지 1억 5,000만원에서 6,000만원(3억원×20%)을 뺀 9,000만원이 상속재산에 합산된다.

상속받은 돈도 없는데 상속세를 내야 하는 억울한 일을 당하지 않으려면 사망이 임박한 시기에는 예금을 인출하거나 부동산을 처분한 자금을 사용하는 데 특히 주의해야 한다.

만일 예금을 인출했거나 부동산 등을 처분한 자금이 있다면, 신용카드나 현금영수증 등을 사용해 증빙을 남겨놓는 습관을 들여야 한다. 또한 부모님의 병원비 등을 지출할 때 부모님의 신용카드를 사용하는 것도 상속재산을 감소시키는 유용한 방법이다.

기준금액 미만이라도 주의해야 한다

질문 사망 전 1년 이내 2억원 미만, 2년 이내 5억원 미만을 인출하거나 부동산을 처분한 돈을 상속인 명의로 미리 옮겨 놓으면 상속세를 피할 수 있을까?

앞에서 설명했지만 '상속재산으로 추정'한다는 것은 상속인들이 이 돈이 어디에 쓰였는지를 입증하지 못하면, 설사 상속받은 돈이 한 푼도 없더라도 앞의 추정상속재산 산식에 따라 계산한 금액을 상속재산으로 보아 상속세를 과세하겠다는 뜻이다. 과세관청은 이 돈이 미리 상속인들에게 넘어갔다는 증거를 찾지 않아도 상속세를 과세할 수 있다. 즉, 과세관청은 입증 책임이 없다.

그렇다면 이 기준금액 미만이라면 괜찮을까? 아니다. 세법상 사용처를 입증해야 하는 책임이 상속인이 아니라 과세관청으로 넘어가는 차이가 있을 뿐이다. 따라서 과세관청이 돌아가신 분과 상속인의 금융거래내역을 조사해서 상속인의 계좌에 입금되었거나, 상속인 명의의 부동산을 취득하는 등의 내역을 밝힌다면 상속세와 증여세를 피할 수 없다.

금액에 따른 사용처 입증책임자

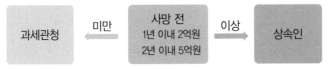

증여재산이 상속재산에 합산되는 경우

사례 사전증여하고 갑자기 돌아가신 L씨

100억원대 자산가인 L씨는 미리 자녀들에게 증여하면 나중에 상속세를 절세할 수 있다는 이야기를 듣고, 자녀 세 명에게 각각 10억원씩을 증여했다. 그런데 그로부터 8년 뒤 갑작스런 심장마비로 사망하고 말았다. 사망 당시 L씨의 남은 상속재산은 70억원이다. 그런데 L씨의 자식들은 아버지가 이미 증여한 30억원도 상속재산에 포함된다는 이야기를 듣고 당황했다. 8년 전에 이미 증여세까지 냈는데 무슨 소리냐며 문의를 해왔다.

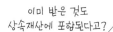

증여 후 10년 이내 사망, 상속재산에 합산된다

사전증여를 하는 가장 큰 이유는 상속세를 절세하기 위해서이다. 상속세는 사망 당시 보유한 재산에 대해서 과세되므로, 생전에 미리 증여해서 재산을 줄여놓으면 상속재산이 줄어든다. 그런데 사전증여는 장기간의 계획을 세워놓지 않으면 절세효과가 상당히 반감된다. 왜냐하면 사망일로부터 10년 이내에 상속인에게 증여한 재산, 그리고 5년 이내에 상속인이 아닌 사람에게 증여한 재산은 상속재산에 합산되기 때문이다.

L씨의 자녀들은 8년 전 증여받을 때, 각자 받은 10억원에서 5,000만원의 증여공제를 차감한 과세표준 9억 5,000만원에 30% 누진세율을 적용하여 1인당 2억 2,500만원*의 증여세를 냈을 것이다.

• 계산 편의상 신고세액공제는 고려하지 않는다.

그런데 아버지가 증여하고 10년이 안 되어 돌아가셨으므로, 자녀들에게 증여한 30억원은 사망 당시 상속재산 70억원에 합산된다. L씨 가족의 경우 상속공제를 빼도 과세표준이 30억원을 넘어서 50%의 최고 상속세율로 상속세를 내야 한다. 결국 이미 증여한 30억원에 대해서도 50% 세율로 세금을 다시 내야 한다는 말이다.

증여세는 증여세대로 이미 다 냈는데 상속세를 이중으로 내라는 말인가? 그런 것은 아니다. 증여 당시에 낸 증여세는 증여세액공제로 차감해주며 추가되는 금액만큼만 상속세로 더 내면 된다. 결국 증여재산도 사망일로부터 10년 이내라면 상속세율로 재정산되는 것이라고 이해하면 된다.

사례 늦었지만 지금이라도 상속세 줄여주고 싶은 80대 P씨

80대인 P씨는 상속세가 걱정되어 미리 사전증여를 할까 하다가, 10년 이내에 증여한 재산은 결국 상속재산에 합산된다는 말에 크게 실망했다. 그러자 친한 친구가 손주에게 증여하면 5년만 지나면 상속재산에 합산되지 않는다고 조언했다. 정말일까?

손주에게 증여는 5년 지나면 합산 안 된다

상속인은 배우자와 자녀를 말한다. 그러므로 손주나 며느리, 사위와 같이 상속인이 아닌 사람에게 증여한 경우에는 사망일로부터 5년 이내에 증여한 재산만 상속재산에 합산된다.

연령이나 건강상태와 같은 이유로 10년 이상 살 수 있을지 자신할 수 없다면 손주에게 증여하는 것도 고려해볼 만하다. 증여하고 5년이 지나면 증여 당시 증여세를 낸 것으로 끝나고 상속재산에는 합산되지 않기 때문이다.

다만, 앞에서 살펴보았듯 손주에게 증여하면 세대를 건너뛰어 증여했다고 해서 일반적인 증여세율에 30%(미성년자에게 20억원 이상 증여한 경우 40%)가 할증된 세율이 적용된다.

증여는 누구든지 10년 합산한다

손주에게 증여 또는 상속에서 사람들이 많이 혼동하는 부분이 여기 있다. 이런 질문을 자주 받는다. "손주에게 증여는 5년만 지나면 합산되지 않아서 5년마다 증여하면 낮은 세율이 적용된다고 하던데요?" 그렇지 않다. 증여는 앞에서 살펴본 대로 동일인한테 10년 이내 증여받은 재산이 있다면 합산해서 증여세를 계산한다. 5년은 상속세에 나오는 기간이다. 증여는 누구든지 모두 10년 합산, 상속재산에 합산되는 손주 증여는 5년 이내이다. 쓰임새가 다르니 구분해서 알아두도록 하자.

증여재산이 상속재산에 합산되어도
절세효과가 큰 경우

사례 L씨는 8년 전 삼형제에게 10억원씩을 증여했다. 큰아들은 증여받은 현금 10억원으로 주식에 투자해서 지금은 15억원이 되었다. 둘째아들은 증여받은 10억원으로 아파트를 사서 현재 시세가 17억원으로 올랐다. 막내아들의 경우 10억원을 예금에 넣어두고 생활비로 사용해서 지금은 5억원 정도가 남아 있다. 각각 상속재산에 합산하는 증여재산은 얼마일까?

증여 후 가치 상승분에 대한 상속세는 없다

돌아가신 분이 사망하기 10년 이내에 상속인에게 증여한 재산은 상속재산에 합산된다. 이때, 증여하고 나서 그 재산이 얼마가 되었는지는 상관없다. 상속재산에 합산하는 증여재산가액은 증여일 당시의 평가금액이다. 사망일 당시에 얼마가 되어 있든 간에 증여일 당시의 재산가액으로 합산된다.

가치가 상승하는 재산을 사전증여하라

여기서 또 하나의 절세 포인트가 있다. 재산이 불어나는 경우에는 10년 이내에 상속이 일어나서 합산되더라도 절세효과를 볼 수 있다는 것이다.

만약 증여하지 않고 L씨 명의로 있는 상태에서 재산이 더 증가했다면, 증가한 금액에 대해서도 상속세가 과세될 것이다. 하지만 이미 증여해서 자녀의 명의로 증가한 재산에 대해서는 추가로 상속세가 과세되지 않기 때문에, 그에 대한 상속세 절세효과가 있다고 보면 된다.

따라서 절세를 위해서는 무엇을 증여할지 선택하는 것도 매우 중요하다. 앞으로 성장 가능성이 크지만 저평가된 회사의 주식이나 상승 가능성이 높은 부동산을 증여한다면, 당장 낼 증여세가 상대적으로 작아지는 것은 물론 증여받고 나서 증가한 재산가액에 대해서는 추가적인 증여세가 없다. 게다가 10년 이내 상속이 일어나도 증여 당시 가액으로 합산되어 가치 상승분에 대해 추가적인 상속세는 없으니 절세효과가 커진다.

상속재산에 합산 안 되는 증여재산도 있다

사망에 임박해서 증여하는 것은 별로 도움이 되지 않는다. 상속재산에 다시 합산되기 때문이다. 하지만 합산되지 않는 증여재산도 있다. 이런 재산은 죽기 전에만 증여하면 증여세를 내고 끝이다. 증여하고 합산 기간(상속인 10년, 상속인 외의 자 5년) 이내에 사망하더라도, 상속재산과 합산되어 누진세율이 적용되지 않기 때문이다. 따라서 합산되지 않는 증여재산은 상속하기보다는 죽기 전에 증여 카드를 쓰는 것이 유리하다. 그렇다면 어떤 재산을 증여하면 상속재산에 합산되지 않을까? 비과세되는 증여재산, 공익법인에 출연해 과세가액 불산입되는 재산*, 장애인이 증여받은 재산으로 일정 요건을 갖춘 경우 등이 있다.

* 비과세되는 증여재산은 250쪽, 공익법인이 출연받은 재산에 대한 과세가액 불산입은 255쪽에서 자세히 살펴보기로 한다.

한눈에 보기

상속재산에 합산되지 않는 증여재산

❶ 비과세되는 증여재산
❷ 공익법인에 출연한 과세가액 불산입되는 재산
❸ 일정 요건을 갖춰 장애인이 증여받은 재산

사례 장애인 자녀가 있는 80대 자산가 C씨의 선택은?

80대의 자산가 C씨는 여태껏 증여를 해본 적이 없다. 이제 와서 상속세 절세를 위해 증여하려고 보니, 자녀에게 증여하고 10년 이내 죽으면 상속재산에 합산되어 최고세율인 50%가 적용될 것 같다. 그런데 장애인인 둘째에게 증여하는 것은 상속재산과 합산되지 않아 지금 증여하는 것이 좋다는 말을 들었다. 사실인지 궁금하다며 문의를 해왔다.

장애인이 신탁으로 받은 증여재산은 합산 안 된다

장애인이 재산을 증여받고 신탁업자에게 본인을 받는 사람(수익자)로 해 신탁하거나(자익신탁), 다른 사람이 장애인을 수익자로 해 신탁한 경우로서(타익신탁) 신탁이 다음의 요건을 모두 충족하는 경우에는 증여하고 10년 이내에 사망하더라도 상속재산에 합산되지 않는다. 단, 한도는 5억원이며 이 경우 증여 당시의 증여세도 면제된다. 증여세를 면제해놓고, 10년 이내에 상속이 일어났다고 상속재산에 합산해서 과세하는 것은 말이 되지 않으므로 상속재산에도 합산되지 않는 것이다.

자익신탁의 요건

❶ '자본시장과 금융투자업에 관한 법률'에 따른 신탁업자에게 신탁되었을 것

❷ 그 장애인이 신탁의 이익 전부를 받는 수익자일 것

❸ 신탁기간이 그 장애인이 사망할 때까지로 되어 있을 것. 다만, 장애인이 사망하기 전에 신탁기간이 끝나는 경우에는 신탁기간을 장애인이 사망할 때까지 계속 연장해야 한다.

타익신탁의 요건

❶ 신탁업자에게 신탁되었을 것

❷ 그 장애인이 신탁의 이익 전부를 받는 수익자일 것. 다만, 장애인이 사망한 후의 잔여재산에 대해서는 그렇지 않다.

❸ 다음의 내용이 신탁계약에 포함되어 있을 것
·장애인이 사망하기 전에 신탁이 해지 또는 만료되는 경우에는 잔여재산이 그 장애인에게 귀속될 것
·장애인이 사망하기 전에 수익자를 변경할 수 없을 것
·장애인이 사망하기 전에 위탁자가 사망하는 경우에는 신탁의 위탁자 지위가 그 장애인에게 이전될 것

장애인 신탁재산은 5억원까지 증여세 비과세된다

상속할 재산이 많은데, 자녀나 손자녀 중 장애인이 있다면 5억원 한도 내에서 장애인 신탁을 활용하면 세금을 줄일 수 있다. 가령 재산이 많아서 상속세율 50%가 적용되는 피상속인이, 죽기 전에 5억원을 장애인 신탁으로 증여하면 수증자는 증여세를 비과세 받아서 안 내도 된다. 게다가 증여한 금액은 피상속인의 상속재산에서도 빠지니 유리하다. 만일 증여하지 않고 상속했다면 상속세

로 2억 5,000만원(5억원×50%)을 내야 했을 텐데, 장애인 신탁으로 증여하면 그만큼의 세금을 아낄 수 있는 셈이다.

다만, 요건을 보면 알 수 있듯 증여받은 5억원은 신탁에 계속 넣어두어야 하고, 꺼내 쓰거나 신탁을 해지할 수는 없다. 원금 5억원은 고스란히 신탁에 묶어두고 여기서 나오는 수익을 연금같이 받아서 장애인이 생활비로 쓸 수 있도록 증여세를 과세하지 않는 것이라고 보면 된다. 신탁에 들어간 원금 5억원은 증여받은 장애인이 사망하면 그의 상속인에게 상속된다. 이때 상속세는 그 장애인의 상속재산에 따라서 과세된다.

장애인 신탁재산은 증여세가 비과세되고 상속재산에도 합산되지 않는 혜택이 있는 만큼 사후관리도 철저하다. 위 요건을 지키지 않고 장애인이 살아 있는 동안 신탁이 해지 또는 만료되거나 신탁기간 중 수익자를 변경한 경우, 혹은 신탁의 이익 전부 또는 일부가 그 장애인이 아닌 자에게 귀속되는 것으로 확인되거나 신탁원본이 감소하면 즉시 증여세가 과세된다.

상속세나 증여세는 각자의 사정에 맞추어 계획을 짜고 실행해야만 효과가 극대화된다. 장애인 신탁을 활용하는 것도 그렇다. 5억원까지 증여세가 비과세되고 상속재산에도 합산되지 않는 장점이 있는 반면, 장애인이 죽을 때까지 원금을 신탁에서 뺄 수 없다는 제약이 있다. 따라서 높은 증여세율 또는 상속세율이 적용되는 상황이라면 활용할 가치가 있지만 낮은 세율을 적용받을 수 있거나, 상속금액이 상속공제 한도 내에 해당되어 상속세가 아예 없는 상황이라면 굳이 이용할 필요가 없다.

상속재산에서 빼주는 항목 알아보기

돌아가신 분의 상속재산에서 빼주는 항목들이 있다. 상속재산에서 빼주는 것이기 때문에 결과적으로는 같지만 세법상의 용어는 각기 다르다. 상속재산에서 빼주는 항목들은 어떤 것이 있을까?

우선 상속세를 아예 과세하지 않는 '비과세' 항목이 있다. 그리고 돌아가신 분이 미처 내지 못한 공과금, 세금 등이 있다. 이것들은 납부의무가 돌아가신 분에게 있어 상속재산에서 차감해준다. 또한 상속재산을 공익 목적으로 기부한 경우에도 '상속세 과세가액 불산입'이라고 해서 차감해준다. 마지막으로 세법상 요건을 만족하면 공제해주는 '상속공제' 항목이 있다.

한눈에 보기

상속재산에서 빼주는 항목

❶ 상속세 비과세 항목
❷ 돌아가신 분이 미처 내지 못한 공과금, 세금 및 장례비용
❸ 공익 목적으로 출연한 상속재산
❹ 상속공제

상속세 과세 안 되는 비과세 항목

사례 공공단체에 유언으로 기부한 재산

자수성가한 사업가 G씨는 본인이 죽으면 어려운 사람들을 돕는 데 쓰라며 공공단체에 현금 10억원을 기부하라고 유언장을 작성해놓았다. G씨가 사망하자 자녀들은 아버지의 뜻에 따라 상속재산 중 10억원을 공공단체에 기부했다. 이때 기부한 금액에 대해서도 상속세를 내야 하는지 궁금하다며 문의를 해왔다.

상속세가 비과세되는 재산들이 있다. G씨처럼 불우한 자를 돕기 위해 유언을 남겨 증여하는 재산(유증) 또는 정당, 공공도서관이나 공공박물관 등에 유언으로 증여한 재산에 대해서는 상속세를 부과하지 않는다. 따라서 G씨가 공익재단에 기부한 10억원은 상속재산에서 차감하고 상속세를 계산하면 된다.

사례 상속받은 선산의 재산가액 2억원까지

장손인 K씨는 선산이 본인 명의로 되어 있고 제사도 줄곧 지내왔다. K씨가 사망한 뒤 상속인인 딸이 제사를 지내기로 했는데, 이 선산에 대해서는 상속세를 내지 않아도 된다는 이야기를 들었다. 참고로 K씨 사망일 당시 조상들의 묘가 있는 임야(선산)의 개별공시지가는 3억원이다. 선산은 정말 상속세가 없을까?

제사를 주재하는 상속인이 선조의 분묘에 속한 9,900㎡ 이내의 금양임야* 또는 분묘에 속한 1,980㎡ 이내의 묘토인 농지**를 상속받으면 그 재산에 대해서는 상속세가 비과세된다. 주의할 점은 제사를 주재할 상속인이 상속을 받아야 한다는 점이다.

다만, 금양임야와 분묘를 합한 재산가액 2억원까지만 상속세 비과세되기 때문에, K씨네의 경우 2억원에 대해서만 비과세를 받을 수 있고 나머지 1억원에는 상속세가 과세된다.

전쟁 또는 공무 수행 중 사망한 경우

이 외에도 전쟁 또는 공무의 수행 중 사망하거나 전쟁 또는 공무의 수행 중 입은 부상 또는 그로 인한 질병으로 사망한 사람에게는 상속세를 부과하지 않는다. 일반적인 공무수행 중 사망이 아니라 전쟁, 사변 또는 이에 준하는 비상사태에 한한다.

한눈에 보기

상속세가 비과세되는 재산

❶ 국가, 지방자치단체 또는 공공단체에 유증(사망으로 인해 효력이 발생하는 증여를 포함)한 재산

❷ 민법에 규정된 재산 중 제사를 주재하는 상속인이 받는 일정 규모 이하의 금양임야 및 분묘

❸ '정당법'에 따른 정당에 유증 등을 한 재산

❹ '근로복지기본법'에 따른 사내근로복지기금이나 우리사주조합, 공동근로복지기금 및 근로복지진흥기금에 유증 등을 한 재산

❺ 사회통념상 인정되는 이재구호금품, 치료비 및 불우한 자를 돕기 위해 유증한 재산

❻ 상속재산 중 상속인이 상속세 신고기한 이내에 국가, 지방자치단체 또는 공공단체에 증여한 재산

돌아가신 분의 공과금·채무 및 장례비용

돌아가신 분이 미처 못 낸 공과금

사망일 현재 돌아가신 분이 내야 하는 세금이나 공공요금 등의 공과금이 있으면 상속재산에서 빼준다.

예를 들면 자영업을 하던 사람이 2023년 3월에 사망했다고 하자. 종합소득 신고기한은 다음 해 5월이니 2022년 소득세 신고를 아직 안 했을 것이다. 또한 2023년 사망일까지 발생한 소득에 대해서도 세금을 신고·납부하지 않았을 것이다.

해당 세금은 돌아가신 분이 살아 있었더라면 내야 했을 세금이며, 돌아가신 분에게 귀속되는 것이므로 상속재산에서 빼준다.

채무를 상속재산에서 빼려면 챙겨야 할 것들

돌아가신 분의 채무도 마찬가지다. 상속법에는 채무도 승계되므로, 돌아가신 분이 갚아야 할 채무는 상속인들이 대신 갚아야 한다. 따라서 이 부분은 상속재산에서 차감한다.

그런데 있지도 않은 채무를 내세워서 상속세를 줄이려는 등의 부작용이 생길 수가 있다. 그래서 세무당국은 다음과 같이 상속

인들이 실제로 채무를 갚을 것이라는 증빙이 있어야 상속재산에서 빼준다.

국가·지방자치단체 및 금융회사 등에 대한 채무는 그 기관에 대한 채무임을 확인할 수 있는 서류만 있으면 상속재산에서 빼준다.

하지만 채권자가 금융기관 등과 같은 확실한 채무가 아닌 사인간의 채무는 채무부담계약서, 채권자확인서, 담보설정 및 이자지급에 관한 증빙 등 그 사실을 확인할 수 있는 서류가 있어야만 인정받을 수 있다. 단순히 돌아가신 분의 채무확인서만을 가지고는 상속인에게 변제 의무가 없는 것으로 보아 상속재산에서 차감해주지 않는다.

차감되는 장례비용은 어떻게 계산할까?

돌아가신 분의 장례비용도 상속재산에서 차감해준다. 그렇다면 얼마나 차감해줄까? 실제 장례에 소요된 비용과 봉안시설에 안치하는 비용을 합한 금액을 상속재산의 가액에서 빼준다.

> ✦ 상속재산에서 차감되는 장례비용 = 장례비용 + 봉안비용

장례비용은 피상속인의 사망일부터 장례일까지 장례에 직접 소요된 비용을 말한다. 500만원 미만인 경우에는 500만원으로 하고 1,000만원을 초과하는 경우에는 1,000만원을 한도로 한다. 즉, 실제 들어간 장례비용이 300만원이면 500만원을 공제해주고 실

제 장례비용이 1,500만원이라면 1,000만원을 공제해준다.

봉안비용은 봉안시설 또는 자연장지 사용에 들어간 비용을 말하는데 이 비용도 상속재산에서 차감해준다. 단, 500만원을 초과하는 경우에는 500만원을 한도로 한다.

공익법인에 기부한 재산

피상속인이 유언 등으로 종교단체나 학교·유치원, 사회복지법인, 의료법인 등과 같은 공익법인에 상속재산을 기부하면 그 기부금은 상속재산에서 차감해준다.

돌아가신 분이 유언을 남겨놓지 않았더라도, 상속인 전원 동의하에 사망일이 속한 달의 말일로부터 6개월 이내에 공익법인에 상속재산을 기부하는 경우에도 마찬가지로 상속재산에서 차감해준다. 좋은 일을 위해 기부한 상속재산에 대해서는 상속세를 물리지 않겠다는 취지이다.

기부하는 재산이 주식이라면 주의할 점

다만, 기부하는 재산이 주식이라면 주의할 점이 있다. 국내 법인의 의결권이 있는 주식을 지분율 10% 이상 공익법인*에 기부하면, 10%를 초과하는 금액에 대해서는 상속세가 과세된다.

하지만 출연받은 주식 등의 의결권을 행사하지 않고 자선·장학 또는 사회복지를 목적으로 하는 공익법인에 기부한 경우에는 20%까지로 한도가 높다.

* 2020년 세법 개정에 따라 2021년 1월 1일 개시하는 사업연도분부터는 일반 공익법인과 성실공익법인을 공익법인으로 통합해서 종전 5%에서 10% 한도를 적용한다. 단, 상호출자제한기업집단(계열사 자산 총액이 10조원 이상인 기업집단)과 특수관계에 있는 공익법인은 종전과 동일한 5%가 적용된다.

왜 일정 지분율이 넘는 주식을 기부하면 상속세를 과세할까? 공익법인을 통해 오너 일가의 경영권은 세습하면서 상속세는 회피하는 것을 방지하기 위해서다. 공익법인에 주식을 기부함으로써 상속인들이 상속세를 안 내면서 그 공익법인에 대한 지배력을 가지고 여전히 주식에 대한 의결권은 행사하는 것을 막겠다는 취지다.

그런데 공익법인에 대한 주식 기부를 이처럼 엄격하게 적용하다 보니, 선의로 공익법인에 많은 주식을 기부한 사람까지도 많은 상속세나 증여세를 내게 되는 사례가 발생해서 세법이 개정되었다.

'공익법인의 설립·운영에 관한 법률' 및 그 밖의 법령에 따라 내국법인의 주식 등을 출연하는 경우, 또는 상호출자제한 기업집단과 특수관계가 없는 공익법인에 그 공익법인의 출연자와 특수관계가 아닌 내국법인의 주식 등을 출연하는 등 요건을 만족한 경우에는 10% 넘는 주식을 기부해도 10%를 초과하는 금액에 대해 상속세를 과세하지 않는다.

공익재단 설립해서 상속세 줄일 수 있을까?

사례 수천억원대 자산가인 H씨는 공익재단에 상속재산을 기부하면 상속세가 없다는 이야기를 들었다. 그는 상속세를 절감하기 위해 딸을 이사장으로 한 공익재단을 설립할 생각이다. 그냥 두면 재산의 절반이 상속세로 나갈 테니, 공익재단을 만들어 딸을 이사장으로 앉혀 평생 동안 급여 등으로 돈을 빼갈 수 있다면 괜찮은 방법인 것 같아서이다. H씨의 생각대로 딸은 공익재단에서 평생 연금처럼 급여로 돈을 빼가고 상속세도 아낄 수 있을까?

공익법인에 기부해도 상속세 내는 경우

공익재단을 활용해서 상속세나 증여세를 절세하는 것은 실제로 재벌가에서 많이 사용하는 방법이기도 하다. 하지만 공익사업에는 관심이 없고 오로지 세금을 줄이기 위한 목적이라면 이 방법은 잊는 것이 좋다. 실제로 공익사업을 위해 쓰지 않고 상속인들의 손으로 다시 들어간다면 상속인들에게는 상속세, 공익법인에는 증여세가 과세되기 때문이다.

다음과 같은 경우에는 공익재단에 기부해도 상속재산으로 보아 상속세가 과세된다.

❶ 공익법인에 기부해서 상속재산에서 제외된 재산과 그 재산에서 생기는 이익의 전부 또는 일부가 상속인의 특수관계인을 포함한 상속인에게 귀속되면 상속세가 과세된다. 예를 들어 부동산을 기부했다면 임대수입, 주식을 기부했다면 배당금의 전부 또는 일부가 상속인이나 그 특수관계인에게 귀속되면 상속세가 과세되는 것이다.

❷ 상속인이 그 공익법인 등의 이사 현원(이사가 5명 미만이면 5명으로 본다)의 20%를 초과해서 이사가 되면 안 되고, 이사의 선임 등 공익법인 등의 사업운영에 관한 중요사항을 결정할 권한을 가져서도 안 된다.

기부받은 공익법인이 증여세 내는 경우

상속세가 과세되지 않았다고 해서 끝이 아니다. 다음과 같은 경우에는 공익법인에 기부해도 증여세가 부과되는 등 각종 제약이 있다.

❶ 공익법인에게 기부한 재산이 공익사업 목적으로 쓰이지 않는다는 것이 발견되면 즉시 증여세가 과세된다. 즉, 기부받은 날로부터 3년 이내에 직접 공익목적사업에 사용하지 않는다거나, 기부받은 재산을 공익사업이 아닌 수익용으로 운용하고, 그 운용소득을 직접 공익목적사업이 아닌 곳에 사용하면 증여세가 과세된다.

❷ 기부받은 재산을 운용하여 얻은 소득의 80% 이상을 공익목적사업에 사용하지 않아도 마찬가지다.

❸ 기부받은 재산을 매각하고, 그 매각대금을 매각한 날부터 3년 동안 세법에서 정하는 기준금액에 미달하게 사용*해도 미달된 금액에 대해서 증여세가 과세된다.

❹ 공익법인의 이사 및 임직원을 상속인이나 상속인의 특수관계인으로 하는 것에도 제한이 있다. 기부한 자 또는 그의 특수관계인이 공익법인 등의 현재 이사 수(이사가 5명 미만이면 5명으로 본다)의 20%를 초과해 이사가 되거나 임직원이 되면 가산세를 내야 한다.

❺ 상속인인 이사에게 지급하는 급여에도 제한이 있다. 장학법인, 사회복지법인 등 공익법인의 임원 및 종업원이 받는 급여 중 8,000만 원을 초과하는 금액은 비영리법인의 상속·증여세 및 법인세 계산 시 고유목적 지출로 보지 않는다.

❻ 공익법인이 해산되고 나면 남은 이익은 국가에 귀속되며, 각종 보고서를 제출해야 하는 의무나 공시의무 등도 까다롭다.

즉, 당장 상속세를 피하기 위해 공익법인을 이용하려는 것은 어불성설이라 할 수 있다.

* 매각대금을 매각한 날부터 3년 동안 기준금액에 미달하게 사용한 경우란 매각대금 중 직접 공익목적사업에 사용한 실적이 매각한 날이 속하는 과세기간 또는 사업연도 종료일부터 1년 이내에 매각대금의 30%, 2년 이내에 매각대금의 60%에 미달하게 사용한 경우를 말한다.

공익법인 관련 국세청 적발 사례 알아보기

국세청은 공익법인의 투명성을 제고하기 위해 불성실 공익법인에 대한 세무관리를 강화하고 있다. 2018년부터는 지방청에 '공익법인 전담팀'을 설치해서 공익법인이 세법상 의무를 잘 이행하고 있는지의 여부를 철저히 관리하고 있다.

또한 특수관계인 이사 선임, 부당 내부거래, 계열사 주식 초과보유 등 기획재정부에서 하던 성실공익법인 검증 업무가 2018년에 국세청으로 이관되어 법령상 의무 위반 여부 등을 면밀히 검증하고 있다.

특히 대기업과 그 사주 등이 출연한 계열 공익법인에 대해서는 사주의 편법적인 상속·증여를 차단하기 위해 지방청의 공익법인 전담팀에서 전수 검증을 실시하고 있다. 최근 공익법인의 증여세 관련 적발된 사례들을 알아보자.

사례 특수관계인 이사 선임기준을 위반한 문화재단

모 문화재단은 특수관계인 이사 선임기준을 위반해 성실공익법인에서 제외됐다. 계열회사 주식을 법령상 보유한도인 5%(2021년 전 기준)를 초과해 취득하고, 출연받은 미술품을 계열사 등에 무상임대해 증여세를 탈루했기 때문이다. 공익법인인 문화재단이 내국법인 발행주식 총수의

5%(2021년 전 기준)를 초과 취득하고, 계열기업 주식을 총자산의 50% 초과 보유하다가 적발된 사례다. 계열사로부터 출연받은 미술품 등을 계열사 사옥 등에 무상설치하는 등 특수관계인에게 출연재산의 이익을 내부거래를 통해 이전하다가 적발됐다. 이에 주식보유비율 한도 초과, 미술품 무상대여에 대해 증여세가 추징됐다.

사례 계열사에서 출연받은 재산을 용도 외 사용한 문화재단

미술관, 아트홀 등을 운영하는 문화재단이 여러 계열사로부터 현금을 출연받아 기념관 건립 등 공익목적에 사용하는 것으로 가장한 후 사주 일가가 사용하는 부동산을 취득해 증여세를 탈루했다. 기념관을 건립하는 것으로 가장해 창업주의 생가 주변의 토지를 취득했고 이에 공익목적에 사용하지 않은 출연재산에 대해 증여세를 추징했다.

사례 특수관계인이 이사 수의 20%를 초과한 학교법인

출연자와 그 특수관계인이 이사의 과반수를 차지하고 있는 학교법인이 계열회사의 임원으로 퇴직 후 5년이 지나지 않은 자를 이사로 선임하고, 급여 및 복리후생비 등을 부당하게 지급해 증여세를 탈루했다. 출연자 또는 그 특수관계인이 이사 수의 20%를 초과해서는 안 되고 임직원으로 취임하는 것을 금지한 규정을 어긴 경우다. 이에 특수관계에 해당하는 이사에게 지급한 관련 경비 20여 억원을 증여세로 추징했다.

돌아가신 분의 종합소득세 신고하기

상속인들은 상속세뿐만 아니라 돌아가신 분의 종합소득세도 신고해야 한다. 직전연도의 소득에 대한 신고를 하기 전에 사망했다면 직전연도에 대한 신고는 물론이고, 사망한 연도의 1월 1일부터 사망일까지의 소득에 대해서도 신고해야 한다. 이때 종합소득세는 사망인이 내야 할 공과금이 므로 상속재산에서는 빼준다.

사망자의 종합소득세 신고할 때 유의할 점

❶ 신고기한: 상속세 신고기한과 마찬가지로 사망일이 속하는 달의 말일 부터 6개월이 되는 날까지 해야 한다.

❷ 납세지: 돌아가신 분, 상속인, 또는 납세관리인의 주소지나 거소지 중 에서 상속인이나 납세관리인이 그 관할 세무서장에게 납세지로서 신 고하는 장소에 내면 된다.

신고기한,
납세지
체크하자

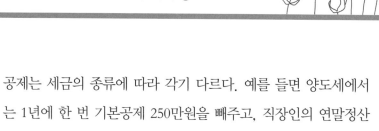

일괄공제와 기타인적공제, 무엇이 유리할까?

– 상속공제 꼼꼼하게 챙기기 ①

공제는 세금의 종류에 따라 각기 다르다. 예를 들면 양도세에서는 1년에 한 번 기본공제 250만원을 빼주고, 직장인의 연말정산에서는 부양가족 요건을 만족하면 부양가족 한 명당 150만원을 인적공제로 공제해준다.

이렇게 세법에서 정하는 요건을 충족하면 공제를 받을 수 있는데, 공제액이 가장 큰 세금이 바로 상속세다. 이에 "상속재산이 10억원을 넘지 않으면 상속세가 없다는 것이 사실인가요?"라는 질문을 자주 받는다. 먼저 상속공제에 속하는 기초공제, 기타인적공제, 일괄공제에 대해 알아보자.

기초공제, 기타인적공제, 일괄공제가 뭐지?

상속세에는 국내 거주자나 비거주자가 사망하면 2억원을 공제해주는 '기초공제'가 있다. 거주자는 이 외에도 여러 가지 공제를 받을 수 있지만 비거주자는 기초공제가 받을 수 있는 유일한 상속공제다.

기초공제 2억원
+
기타인적공제

일괄공제
5억원

뭐가 더 유리하지?

'일괄공제'는 기초공제와 기타인적공제를 합한 금액이 5억원보다 작을 때 5억원을 일괄로 공제받을 수 있는 것을 말한다. 단, 피상속인이 비거주자이거나 배우자 단독 상속일 경우에는 일괄공제를 받을 수 없다.

피상속인이 거주자라면 기초공제와 기타인적공제를 합한 공제 또는 일괄공제 둘 중에 유리한 공제를 선택할 수 있다. 여기서 '기타인적공제'란 돌아가신 분의 배우자와 자녀, 또는 돌아가신 분의 사망일 현재 부양하고 있던 부모님이나 형제자매에 대해 받을 수 있는 상속공제를 말한다. 다음은 기타인적공제의 상세한 내용이다.

자녀공제

자녀 수에 따라 인당 5,000만원을 공제받을 수 있다.

미성년자공제

돌아가신 분의 자녀 및 사망일 현재 돌아가신 분이 사실상 부양하고 있는 형제자매 중에 미성년자가 있으면 만 19세가 될 때까지의 연수에 1,000만원을 곱한 값을 공제해준다. 기타인적공제를 적용할 때 1년 미만은 1년으로 본다. 즉, 만 19세까지 2년 5개월이 남았다면 3년이 남은 것으로 보아 3,000만원을 미성년자공제로 받을 수 있다.

연로자공제

연로자공제는 돌아가신 분의 사망일 현재 사실상 부양하고 있는 부모님(배우자의 부모님 포함) 및 형제자매 중 만 65세 이상인 사람이 있다면 인당 5,000만원을 공제해주는 것이다.

다만 배우자는 미성년자공제나 연로자공제를 모두 적용받을 수 없고, 자녀는 만 65세 이상이라도 연로자공제를 적용받을 수 없다.

장애인공제

장애인공제는 자녀나 배우자, 동거가족 모두에게 적용되는데 장애인 1인당 기대여명 연수에 1,000만원을 곱하면 된다. 기대여명 연수는 상속개시일 현재 통계청장이 승인하여 고시하는 통계표에 따른 성별 및 연령별 기대여명의 연수를 말하며, 1년 미만의 기간은 1년으로 한다.

대상자별 기타인적공제액

종류	공제 대상자	공제액
자녀공제	1인당	5,000만원
미성년자공제	상속인(배우자는 제외) 및 동거가족* 중 미성년자 1인당	1,000만원×만 19세까지의 연수
연로자공제	상속인(배우자는 제외) 및 동거가족 중 만 65세 이상인 자 1인당	5,000만원
장애인공제	상속인 및 동거가족 중 장애인 1인당	1,000만원×통계표상 기대여명의 연수

* 동거가족은 사망일 현재 피상속인이 사실상 부양하고 있는 직계존비속(배우자의 직계존속을 포함) 및 형제자매를 말한다.

상황별 기본적인 상속공제의 예

다음은 다른 공제는 받을 것이 없다고 가정한 가장 기본적인 상속공제의 예시다.

배우자와 자녀가 상속인인 경우

일반적으로 배우자와 자녀가 상속인이라면, 일괄공제 5억원에 배우자상속공제(270쪽 참조) 5억원을 합해 최소 10억원의 상속공제를 받을 수 있다. 따라서 상속재산이 10억원을 넘지 않을 경우, 상속공제 10억원을 모두 받고 나면 상속세가 없는 셈이다.

> 배우자상속공제 5억원 + 일괄공제 5억원

배우자가 사망해 자녀만 있는 경우

상속인으로 배우자가 없으므로 배우자상속공제를 받을 수 없고, 일괄공제 5억원만 받을 수 있다. 이 경우에는 일반적으로 상속재산이 5억원을 넘는다면 상속세를 내야 한다.

> 일괄공제 5억원

배우자만 단독으로 상속받는 경우

자녀가 없어서 돌아가신 분의 배우자가 단독으로 상속받는 경우에는 일괄공제를 받을 수 없다. 기초공제 2억원과 배우자상속공제액 5억원을 합친 금액을 공제받을 수 있다.

기초공제 2억원 + 배우자상속공제 5억원

실제로 기타인적공제를 사용하는 경우는 드물다

질문 얼마 전 돌아가신 Y씨에게는 배우자와 만 15세와 만 17세인 자녀 둘이 있으며, 가족 중에 장애인은 없다. 기타인적공제를 얼마나 받을 수 있을까?

기타인적공제는 자녀 1인당 5,000만원을 받을 수 있다. 자녀가 두 명이니 1억원을 공제받을 수 있고, 자녀가 미성년자이므로 1,000만원에 만 19세가 될 때까지의 연수를 곱한 금액을 공제받을 수 있다. 만 15세인 자녀는 만 19세까지 4년이 남았으니 4,000만원, 다른 한 명은 2년이 남아 2,000만원이 된다.

모두 합하면, Y씨 가족이 기타인적공제를 받을 수 있는 총 금액은 1억 6,000만원이다. 여기에 기초공제 2억원을 더하면 총 3억 6,000만원이 된다.

그런데 실제로 기타인적공제가 쓰이는 경우는 흔치 않다. 왜냐하면 기초공제 2억원과 기타인적공제를 합한 값과 일괄공제 5억원을 비교하여 더 큰 금액을 선택해서 공제받을 수 있기 때문이다.

일괄공제는 거주자가 사망했을 경우 받을 수 있는 공제금액으로 5억원이 한도이다. 즉, Y씨의 상속인들은 기초공제와 기타인적공제를 합한 3억 6,000만원 대신, 일괄공제를 선택하면 5억원을 공제받을 수 있어서 1억 4,000만원을 더 공제받을 수 있다.

그런데 드물긴 하지만 가끔 일괄공제보다 기타인적공제를 선택하는 것이 유리한 경우도 있다.

일괄공제보다 기타인적공제가 유리한 경우

질문 P씨의 상속인은 배우자와 자녀 다섯 명이다. 이 중에서 아내와 자녀 한 명은 장애인이다. P씨의 사망일 현재 아내의 나이는 73세이고, 장애인인 자녀는 48세이며, 자녀 중 미성년자는 없다. 기타인적공제를 얼마나 받을 수 있을까?

우선 자녀가 다섯 명이므로 한 명당 5,000만원씩 총 2억 5,000만원을 공제받는다. 자녀는 모두 성인이라 미성년자공제는 적용되지 않으며, 자녀에게는 연로자공제가 적용되지 않고, 65세 이상인 부양가족이 없으므로 연로자공제도 해당되지 않는다. 배우자에게는 연로자공제가 적용되지 않는다.

그런데 아내와 자녀 한 명이 장애인이므로 장애인공제를 받을 수 있다. 장애인공제액은 1,000만원에 기대여명을 곱해줘야 한다.

이때 기대여명은 인터넷 국가통계포털 사이트(http://kosis.kr/index/index.do)의 검색창에서 '완전생명표'를 검색 후, 해당 연령과 성별을 고르면 찾을 수 있다. 73세 여자의 기대여명은 2022년 기준 15.6년이고 48세 남자의 기대여명은 33.4년이다.

상속세 계산에 필요한 기대여명 찾아보기의 예

출처: 국가통계포털

따라서 배우자의 장애인공제액은 1억 6,000만원(16년×1,000만원)이고, 자녀의 장애인공제액은 3억 4,000만원(34년×1,000만원)이다.

따라서 P씨 가족이 받을 수 있는 총 공제액은 기타인적공제액 총 7억 5,000만원(2억 5,000만원+1억 6,000만원+3억 4,000만원)과 기초공제 2억원을 합해 9억 5,000만원이다. 이 금액은 일괄공제 5억원보다 크다. 따라서 P씨의 상속인들은 일괄공제 대신 기초공제와 기타인적공제를 신청하는 것이 유리하다.

이와 같이 보통은 일괄공제 5억원이 더 크기 때문에 일괄공제를 적용하는 사례가 많지만, 자녀의 수가 많거나 장애인 가족이 있다면 두 공제를 비교해서 어떤 것을 적용하는 것이 유리한지 따져봐야 한다.

배우자상속공제 자주 하는 질문들

- 상속공제 꼼꼼하게 챙기기 ②

돌아가신 분의 배우자가 살아 있다면 배우자상속공제를 받을 수 있다. 배우자는 재산을 형성하는 데 돌아가신 분과 함께 공동으로 기여한 바가 크다고 보기 때문에, 다른 공제보다 공제받을 수 있는 금액이 크다. 현장에서 가장 많이 받는 질문은 다음의 두 가지이다.

상속 안 받아도 배우자상속공제 받을 수 있을까?

질문 배우자는 상속을 한 푼도 안 받고 자녀들에게 다 상속재산을 주고 싶은데, 그래도 배우자상속공제를 받을 수 있나요?

그렇다. 한 푼도 상속받은 재산이 없어도, 배우자가 살아 있기만 하면 배우자상속공제로 5억원을 받을 수 있다. 가령 돌아가신 분의 상속재산이 10억원인데, 배우자는 상속을 안 받고 자녀들이 10억원을 모두 상속받는 경우에도 배우자상속공제 5억원은 공제받을 수 있다.

배우자상속공제, 30억원까지 가능할까?

질문 배우자상속공제는 30억원까지 받을 수 있다고 하던데, 맞는 말인가요?

이런 질문을 하는 분들이 많이 있다. 하지만 답은 '그럴 수도 있고 아닐 수도 있다'이다. 일단 배우자가 상속받은 재산이 없거나 5억원이 안 되면, 배우자상속공제를 통해 최소 5억원을 공제받을 수 있다. 그렇다면 배우자가 5억원보다 많은 금액을 상속받았다면 어떨까?

배우자상속공제에는 한도가 있다. 배우자가 실제로 상속받은 재산과 민법상 배우자의 법정상속지분, 30억원 중 작은 금액을 한도로 한다. 이때 민법상 법정상속지분은 배우자는 1.5이며 자녀는 각각 1씩이다.

즉, 배우자가 상속받은 금액이 5억원 이하인 경우는 5억원을 모두 공제받지만, 5억원을 초과하는 경우는 실제 상속받은 금액을 아래 한도 내에서 공제받을 수 있다.

> ✬ **배우자상속공제 한도금액 = min(❶, ❷)**
> ❶ 상속재산가액(총 상속재산 − 상속인이 아닌 자가 유증받은 재산 + 10년 이내 상속인에게 증여한 재산) × 배우자 법정 상속지분 − 배우자에게 10년 이내 증여한 재산의 과세표준
> ❷ 30억원

위 산식을 풀어서 설명하면, 실제 배우자가 상속받은 금액을 한도 범위 내에서 공제받을 수 있다는 뜻이다. '한도'란 배우자의 법정지분 금액을 의미하는데 만약 그 법정지분이 30억원을 넘는다면 30억원까지만 공제해주겠다는 의미다. 10년 이내에 사전증여한 재산이 있다면 다소 복잡해질 수도 있지만 대부분 다음의 간단한 사례 정도를 이해하면 배우자상속공제를 계산해낼 수 있다.

배우자상속공제 꼼꼼하게 이용한 사례

돌아가신 분의 상속재산이 20억원일 경우

상속인이 배우자와 자녀 두 명이라고 가정하자. 배우자의 법정상속지분은 약 43%(1.5÷(1.5+1+1))이고, 자녀는 각각 약 28.5%(1÷(1.5+1+1))가 된다. 최대한 받을 수 있는 배우자상속공제액은 배우자의 법정상속지분인 8억 6,000만원이다.

계산해보기

$$\underset{\text{상속재산가액}}{20억원} \times \underset{\text{배우자 법정상속지분}}{(1.5 \div 3.5)} = \underset{\text{배우자상속공제액}}{8억\ 6,000만원}$$

따라서 배우자가 8억 6,000만원을 상속받는다면 전부 공제받을 수 있고, 그보다 많은 10억원을 상속받는다면 8억 6,000만원까지만 공제받을 수 있다.

만약 배우자가 4억원만 상속받고 나머지는 자녀들에게 나눠주기로 했다면? 그럼 최소금액인 5억원을 배우자상속공제로 공제받을 수 있다.

돌아가신 분의 상속재산이 100억원일 경우

역시 배우자와 자녀 두 명이 상속인이라고 가정했을 때 배우자의 법정상속지분은 전체 상속재산의 약 43%로 43억원이다. 또한 배우자는 실제로도 법정상속지분인 43억원을 상속받았다. 그러나 배우자상속공제는 최대 30억원까지 받을 수 있으므로 30억원까지만 공제받을 수 있다.

기한 내 상속재산 분할신고해야 배우자상속공제 받는다

배우자상속공제를 받으려면 상속세 과세표준 신고기한(상속개시일이 속하는 달의 말일로부터 6개월 이내)의 다음 날부터 9개월˙이 되는 날(이를 배우자상속재산 분할기한이라 한다)까지 배우자의 상속재산을 분할하고 납세지 관할 세무서장에게 신고해야 한다.

　부동산이나 주식과 같이 등기·등록·명의개서 등이 필요한 경우에는 그 등기·등록·명의개서 등이 된 것에 한정한다.

　이때 등기부등본상 등기원인이 '단순 상속'만으로는 인정받을 수 없고 '협의분할에 의한 상속'이어야 한다는 점을 주의해야 한다.

　만약 배우자가 실제 상속받은 금액이 없거나 상속받은 금액이 5억원 미만이라면 위의 배우자상속재산 분할신고를 하지 않아도 5억원을 공제해준다.

˙2020년 세법 개정에 따라 2021년 1월 1일 이후 결정·경정하는 분부터는 9개월로 연장됐다.

배우자상속공제도 받고 상속재산도 줄이는 법

사례 몇 년간 지병을 앓아오던 남편 M씨가 얼마 전 사망하자, 아내 P씨는 마음을 추스리기도 전에 상속세가 걱정이다. 상속공제를 받을 수 있어 10억원까지는 괜찮다는 말부터 30억원까지는 상속세가 없다는 말까지, 지인마다 하는 말이 제각각이라 어느 말이 맞는지 알 수가 없다. 남편 M씨가 남긴 재산은 부동산 12억원, 금융재산 13억원으로 총 25억원이고, 상속인은 아내 P씨와 자녀 두 명이다. 상속세는 얼마나 나오고 어떻게 하면 상속세를 줄일 수 있을까?

25억원 자산가의 아내 P씨가 받을 수 있는 배우자상속공제는?

상속세는 여러 종류의 세금 중 가장 복잡하다고 해도 과언이 아니다. 하지만 기본적인 구조는 상속재산에서 상속공제를 차감한 과세표준에 세율(10~50%)을 곱해 계산하는 것이다. 대표적인 상속공제는 일괄공제와 배우자상속공제다. 돌아가신 분이 거주자라면 일괄공제 5억원을 받을 수 있다. 배우자상속공제는 상속재산의 규모와 상속인 수에 따라 받을 수 있는 금액이 다르다. 일단, 배우자상속공제는 배우자가 살아 있기만 하면 최소 5억원을 공제해준다. 실제로는 배우자가 한 푼도 상속받지 않아도 상관없다. 그럼 배우자상속공제는 얼마까지 받을 수 있을까?

진정한 절세는 아내 P씨가 사망했을 때 상속세까지 고려해야

배우자의 법정상속지분을 한도(최대 30억원)로 실제로 상속받은 금액을 공제받을 수 있다. 앞의 사례에서 아내인 P씨의 법정상속지분은 약 43%(1.5÷3.5)이다. 따라서 총 상속재산 25억원의 43%인 10억 7,500만원을 한도로 공제받을 수 있다.

예를 들어 P씨가 10억원을 상속받는다면 한도 내 금액이므로 실제로 상속받은 10억원을 공제받을 수 있고, 20억원을 상속받는다면 한도를 초과했기 때문에 한도인 10억 7,500만원까지만 공제받을 수 있다.

배우자상속공제를 많이 받으면 당장 상속세를 줄일 수 있지만, 그렇다고 배우자가 상속을 많이 받는 것이 무조건 능사는 아니다. 지금 낼 상속세는 줄일 수 있지만, 나중에 아내인 P씨가 사망했을 때의 상속세도 고려해야 하기 때문이다. P씨가 사망했을 때는 배우자가 없으므로 배우자상속공제를 받을 수 없어서, 상속받는 자녀들이 받을 수 있는 공제금액은 최소 5억원이나 줄어들게 된다.

연대납세의무를 활용해 아내 P씨의 상속재산 줄이기

그럼 남편인 M씨가 돌아가신 후 아내인 P씨는 어느 정도를 상속받는 것이 유리할까? 배우자상속공제도 최대한 살리고, 나중에 아내(P씨) 사망 시 상속세도 줄일 수 있는 절세비법이 있다. 상속세에 연대납세의무가 있다는 것을 활용하는 것이다.

상속세는 돌아가신 분을 중심으로 하나로 계산되며, 이후 상속인들이 상속세를 낼 때는 일반적으로 전체 상속세를 각자 상속받은 재산비율로 나누어(안분) 자기가 받은 것에 대한 상속세를 낸다. 그렇지만 상속인은 본인이 상속받은 재산 한도 내에서는 다른 상속인의 상속세를 대신 내줄 수 있는 연대납세의무가 있다.

예를 들면, 아내인 P씨가 배우자상속공제 한도인 10억 7,500만원을 상속받아서 배우자상속공제와 일괄공제 5억원, 금융재산 상속공제를 받고 나면 나머지 상속재산에 대한 상속세는 약 1억 5,700만원이다. 그런데 상속세에는 연대납세의무가 있기 때문에 이 상속세를 자녀들과 나눠 내지 않고 어머니인 P씨 혼자 다 내도 된다. 이때 자녀들이 낼 상속세를 어머니가 대신 내주었다고 해서 증여로 보지는 않는다.

P씨가 자녀들의 상속세까지 대신 내주는 것이 어떤 의미가 있을까? 배우자상속공제를 최대한 받아서 상속세는 줄이는 한편, 상속세 낸 만큼 P씨의 재산이 줄어드니 나중에 P씨가 사망했을 때 상속세 부담을 줄일 수 있다. 이는 증여세의 경우 증여자가 증여를 받는 사람 대신 증여세를 내주면 그 금액도 증여로 보아 추가로 증여세를 과세하는 것과는 대조적이다.

하지만 배우자 P씨 명의로도 이미 상당한 재산이 있고, 나이가 고령이거나 건강상태가 좋지 않은 경우에는 배우자상속공제 한도까지 상속받는 것보다는 아예 상속을 받지 않는 편이 나을 수도 있다. 배우자상속공제는 배우자 명의의 재산과 연령, 건강상태에 따라 세무 전문가와 상의해서 정하는 것이 좋다.

금융재산 상속공제 챙기기

– 상속공제 꼼꼼하게 챙기기 ③

돌아가신 분의 상속재산 중에 금융재산이 있으면 금융재산 상속 공제를 받을 수 있다.

금융재산에서 금융부채를 뺀 순금융재산이 2,000만원 이하인 경우 전부를 공제해주고 2,000만원을 초과하면 순금융재산가액의 20%를 2억원 한도 내에서 공제해준다.

금융재산 상속공제는 왜 생긴 걸까?

상속재산에서 부동산의 경우 보충적 평가방법을 통해 시가보다 낮게 평가되는 경우도 많은 반면, 금융재산은 시가 그대로 평가된다. 때문에 돌아가신 분이 부동산보다 금융재산을 더 가지고 있는 것이 상속인에게 불리할 수 있다. 그래서 금융재산이라는 이유로 불이익을 받는 것을 방지하기 위해 일정금액을 공제해주는 것이다.

금융재산 상속공제

❶ 순금융재산 2,000만원 이하: 순금융재산 전부

❷ 순금융재산 2,000만원 초과: 그 순금융재산가액의 20% 또는 2,000만원 중 큰 금액. 단, 2억원을 한도로 한다.

금융재산 상속공제를 이용한 예

질문 사망한 P씨의 금융계좌에는 4억원이 예금으로 있고, 금융기관에 대출금이 1억원 있다. 상속세를 계산할 때 금융재산 공제를 얼마나 받을 수 있을까?

P씨가 돌아가실 당시 금융계좌에 4억원이 있고 대출금이 1억원 있었다. P씨의 순자금융재산은 4억원에서 대출금을 뺀 3억원으로 2,000만원을 초과한다.

이 경우 순금융재산가액의 20% 또는 2,000만원 중 큰 금액을 공제받을 수 있다. P씨의 순금융재산 3억원의 20%인 6,000만원은 2,000만원보다 크다. 따라서 P씨의 가족은 금융재산 상속공제로 6,000만원을 공제받을 수 있다.

동거주택 상속공제 활용하기

- 상속공제 꼼꼼하게 챙기기④

사례 10년 넘게 홀어머니와 같이 산 S씨가 상속세 줄이려면

S씨는 결혼하지 않은 채 30세부터 10년 넘게 홀어머니를 모시고 살았다. 한 달 전 어머니가 돌아가셔서 상속세 신고를 해야 하는데, 관련 지식이 없어서 답답하기만 하다. 어머니가 남긴 재산은 함께 살던 8억원가량의 아파트와 금융재산 5억원이다. 상속인은 결혼해서 따로 살고 있는 여동생과 S씨 단 둘이다. 상속세를 줄일 수 있는 방법이 있을까?

누가 주택을 상속받는지에 따라 상속세가 달라진다

상속세를 계산하는 것은 상속재산을 파악하는 것부터 시작된다. 그 뒤에 상속재산에서 차감되는 것들을 꼼꼼히 챙겨서 최대한 공제를 받을 수 있는 방법을 따져봐야 한다. S씨 어머니의 상속재산은 아파트와 금융재산을 합해 총 13억원이다. 어떤 상속공제들을 받을 수 있을까?

누가
상속받을래?

　우선 일괄공제 5억원을 받을 수 있다. S씨의 어머니는 홀로 계

시다 돌아가셨으므로 배우자상속공제는 없다.

상속재산 중 금융재산이 있으면 금융재산의 20%만큼을 2억원 한도 내에서 공제해주는 금융재산 상속공제를 받을 수 있다. 즉, 5억원의 20%인 1억원이 공제된다.

여기까지는 S씨 자매가 상속재산을 어떻게 나누어 가지든 상관없이 공제받을 수 있는 금액이다. 그런데 동거주택 상속공제는 주택을 누가 상속받는지에 따라 전혀 받지 못할 수도 6억원을 공제받을 수도 있다.

10년 이상 같이 살았다면 주택가액의 100% 공제

다시 말해 동거주택 상속공제는 다음의 요건을 모두 갖춘 경우 주택가액의 100%*를 6억원 한도 내에서 공제받을 수 있다.

• 2020년 1월 1일 이후 상속하는 분부터 동거주택 상속공제 공제율 및 공제한도가 확대됐다.
· 공제율: 주택가격의 80% → 100%
· 공제한도: 5억원 → 6억원

** 대습상속 받은 자녀의 배우자도 포함됨. 2022년 1월 1일 이후에 상속세 과세표준과 세액 결정, 또는 결정되는 분부터 적용.

❶ 돌아가신 분과 주택을 상속받은 자녀**가 사망일로부터 소급해 10년 이상 계속 한 주택에서 같이 살았어야 한다. 이때 10년이라는 기간에서 상속인이 미성년자인 기간은 제외된다. 즉, 만 19세 이상부터 계산된다.

❷ 돌아가신 분과 상속인이 사망일부터 소급해 10년 이상 계속해 같은 세대를 구성하면서 1세대 1주택이었어야 한다. 이 경우 무주택인 기간이 있다면 해당 기간은 1세대 1주택으로 보는 기간에 포함된다.

❸ 사망일로부터 소급해 10년 이상 함께 동거한 무주택자, 또

는 돌아가신 분과 공동명의로 주택을 보유한 자녀가 상속받아야 한다.

먼저 상속주택에 담보된 채무가 있다면 해당 채무를 차감한 순자산가액을 6억원 한도 내에서 공제한다. 가령 어머니의 주택에 담보대출이 3억원 있다면 8억원에서 3억원을 뺀 5억원이 공제된다.

앞의 사례에서 S씨는 성인이 된 후에 10년 넘게 어머니를 모시고 같이 살았다. 따라서 이 기간 동안 S씨와 어머니가 계속 1주택만 보유하고 있었고, S씨가 무주택자이거나 이 주택을 어머니와 공동명의로 보유하고 있었다면 요건이 충족된다.

마지막으로 중요한 것은 이 주택을 동생이 아닌 S씨가 상속받아야 한다는 것이다. 그러면 상속주택가액의 100%를 6억원 한도까지 공제받을 수 있다.

동거주택 상속공제는 이처럼 요건에 맞는 자녀가 주택을 상속받아야만 공제를 받을 수 있기 때문에, 1세대 1주택으로 10년 넘게 함께 산 자녀가 상속받아야 상속세를 줄일 수 있다. 상속재산을 나눌 때 상속공제까지 함께 고려해야 하는 이유다.

상속공제에도 한도가 있다

– 상속공제 꼼꼼하게 챙기기 ⑤

앞서 살펴본 상속공제인 기초공제, 기타인적공제, 일괄공제, 배우자상속공제, 동거주택 상속공제, 금융재산 상속공제를 합한 총 상속공제금액에는 한도가 있다. 그렇다면 상속공제의 한도에는 어떤 의미가 있을까?

　상담을 하다보면 다음과 같은 사례와 질문을 만나는 경우가 종종 있다.

사례 어머니에게 받을 상속재산을 딸에게 주고 싶은 C씨

50대 직장인 C씨에게는 재산이 5억원가량인 홀어머니가 있다. 어머니가 돌아가시면 일괄공제로 5억원을 공제받을 수 있으니 상속세는 발생하지 않는다. 그런데 C씨는 본인이 어느 정도 재산을 가지고 있으니, 어머니가 돌아가시면 손주인 자기 딸이 직접 상속을 받으면 어떨까 생각 중이다. 만약 C씨가 딸에게 5억원을 증여하면 5,000만원밖에 공제가 안 되고 증여세를 내야 한다. 그런데 어머니가 상속재산을 손주에게 준다는 유언을 해서 C씨의 딸이 상속을 받으면, 일괄공제 5억원을 적용받아 상속세 없이 딸에

게 재산을 물려줄 수 있지 않을까 하는 아이디어인 것이다. 과연 그럴까?

손주가 상속받아도 일괄공제 전부 받을 수 있을까?

만일 '이렇게 하면 세금이 엄청나게 줄어들겠는데?' 하는 기발한 아이디어가 떠오른다면 먼저 의심을 해보고 꼼꼼히 따져봐야한다. 정말 그 생각대로 세금이 발생하지 않을까 하고 말이다.

C씨의 생각에 발목을 잡는 규정이 있다. 바로 '상속공제의 한도'이다.

상속공제는 상속세 과세가액*에서 선순위 상속인이 아닌 사람이 유언으로 상속을 받거나(유증), 선순위 상속인이 상속포기로 다음 순위 상속인이 상속받은 가액과 상속인에게 10년 이내, 상속인이 아닌 사람에게 5년 이내에 증여한 증여재산가액을 차감한 금액을 한도로 한다.

• 상속재산가액 – 공과금, 장례비용, 채무＋10년 이내 상속인에게 증여한 재산가액＋5년 이내 상속인 외의 자에게 증여한 재산가액

> ✦ **상속공제 한도금액 =** 상속세 과세가액 – 선순위 상속인이 아닌 자에게 유증한 재산가액 – 선순위 상속인의 상속포기로 그 다음 순위의 상속인이 상속받은 재산 가액 – 상속세 과세가액에 가산한 증여재산가액(증여공제 받은 금액이 있으면 차감)

상속인 외의 사람이 상속받으면 한도에 영향을 미친다

상속세 과세가액이 5억원인데, 선순위 상속인인 C씨가 아닌 손주가 5억원을 상속받는다면, 5억원(상속세 과세가액)에서 5억원(다음 순위 상속인의 상속세 과세가액)을 차감한 0원이 한도액이다.

즉, 상속공제를 한 푼도 받을 수 없다. 게다가 손주가 상속을 받았기 때문에 상속세가 할증된다. 즉, 5억원에 대해서 30% 세율이 할증되어 상속세는 1억 1,700만원이다.

결국 자녀인 C씨가 상속을 받았다면 일괄공제 5억원을 차감받아 상속세가 발생하지 않지만, 손주에게 상속하면 상속공제를 못받기 때문에 고스란히 상속세를 내야 한다.

그러나 만약 상속세 과세가액이 5억원이 아니라 10억원이라고 가정해보자. 그리고 손주에게 그중 일부인 4억원을 상속한다면 어떻게 될까? 그럼 상속공제의 한도액은 6억원이다. 이때는 일괄공제 5억원을 받을 수 있게 된다.

이처럼 상속인이 아닌 사람이 상속을 받을 때는 상속공제에 영향을 미칠 수가 있다. 따라서 사전에 검토해서 상속재산가액과 공제받을 금액에 따라 상속인이 아닌 사람이 받을 상속금액을 결정하는 것이 좋다.

사전증여했다가 상속세 더 낼 수도 있다

사례 K씨는 외동딸에게 집 살 돈을 보태주느라 현금 5억원을 증여해 줬다. 그런데 증여 뒤 2년 후에 갑작스럽게 세상을 떠났다. 상속재산으로는 지방에 2억원가량의 전원주택, 금융재산 1억원이 전부이고 상속인은 한 명뿐이다. K씨가 사전증여를 한 것이 상속세에 영향이 있을까?

합산되는 증여재산은 상속공제 한도에 영향을 준다

사망 10년 이내에 자녀에게 증여한 재산은 상속재산에 합산된다. 이 내용은 많이들 알고 있다. 하지만 또 하나 따져봐야 할 중요한 것이 있다.

합산되는 사전증여재산이 있으면 상속공제 한도에 영향을 미친다는 것이다. 때문에 사전증여를 했다면 상속공제를 온전히 다 받을 수 있는지 체크할 필요가 있다.

K씨의 경우 상속세 과세가액은 사망 당시 남아 있던 재산 3억원, 10년 이내에 외동딸에게 증여한 재산인 5억원을 더해 8억원이다. 여기에서 증여한 재산의 과세표준인 4억 5,000만원을 차감한 금액이 상속공제 한도이다. 즉, 상속공제를 받을 수 있는 한도액은 3억 5,000만원이다.

K씨가 사전증여를 하지 않았더라면 일괄공제 5억원을 받을 수 있는데, 사전증여를 했기 때문에 공제한도가 3억 5,000만원으로 줄어들어서

공제받을 수 있는 금액이 1억 5,000만원이나 작아진 것이다. 이렇게 공제액이 줄어들어서 늘어난 상속세는 3,000만원이다.

그렇다면 사전증여를 하면 항상 상속공제를 덜 받게 되는 것일까? 다음의 사례를 보자.

사례   W씨는 자녀에게 1억원을 증여했는데, 8년 후 지병으로 사망했다. 사망 당시 상속재산은 4억원이다. 사전증여를 한 W씨의 경우 상속공제 한도에 걸려서 상속공제를 다 받을 수 없을까?

상속세 과세가액 5억원 이상부터 공제한도 적용

상속공제 한도액을 계산할 때 사전증여를 반영하는 것은 상속세 과세가액이 최소한 5억원을 넘을 때부터 적용된다. 따라서 W씨처럼 상속세 과세가액이 5억원 이하인 경우에는 공제한도를 적용받지 않아서 일괄공제 5억원을 다 받을 수 있다. 즉, 상속세가 없다.

사전증여가 상속공제 한도에 어떤 영향을 미치는지에 대한 두 가지 사례를 살펴보았다. 결과적으로 사전증여로 인해 나중에 상속공제를 덜 받아 상속세를 더 내는 경우도 있다. 따라서 사전증여를 할 때에는 추후 상속세에 미치는 영향까지 고려해야 한다.

사전증여는
상속공제 한도에
영향을 미친다

증여세액공제 & 단기재상속공제 챙기기

합산된 증여재산의 증여세는 공제된다

상속인에게 사망일로부터 10년 이내 증여한 재산과 상속인이 아닌 사람에게 사망일로부터 5년 이내 증여한 재산은 상속재산에 합산해 상속세를 계산한다.

증여받을 때 증여세를 이미 냈는데, 상속재산에 합산되어 상속세를 또 내면 이중과세되는 것이 아닌지 걱정하는 경우가 종종 있는데, 걱정할 필요 없다. 상속재산에 가산한 증여재산에 대한 증여세액은 상속세 산출세액에서 공제해주며, 이를 '증여세액공제'라고 한다.

단기재상속공제가 뭐지?

사례 연달아 돌아가신 부모님… 상속세 두 번 내려니 억울

서울에 거주하는 70대 부부. 남편인 A씨가 지병으로 돌아가신 지 얼마 되지 않아 상속을 받은 아내 B씨도 돌아가셨다. 자녀들은

아버지가 돌아가셨을 때 어머니와 본인들 상속을 받으면서 이미 상속세를 냈는데, 얼마 되지 않아 어머니가 상속받은 재산에 대해 상속세를 또 내야 한다고 생각하니 억울하다고 했다. 이런 사정을 헤아려주는 제도는 없을까?

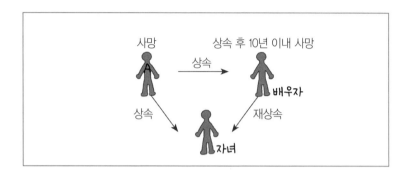

이런 억울함을 조금이나마 해소시켜주는 것이 '단기재상속공제'이다. 단기재상속공제란 상속을 받고 10년 이내에 상속인이 사망해서 다시 상속이 일어나는 경우, 재상속 부분에 대해서는 전에 낸 상속세만큼을 상속세 산출세액에서 공제해주는 것을 말한다.

공제율은 기간에 따라서 달라지는데, 1년 이내에 재상속이 일어났을 경우 100%가 공제되고, 1년이 지나고 2년 이내일 경우 90%가 공제된다. 이렇게 1년이 지날 때마다 10%씩 줄어들어 최종 10년 이내 사망하면 10%를 공제받을 수 있다. 만일 남편인 A 씨가 사망하고 10년이 지나서 상속인인 어머니가 사망한다면, 재상속으로 인한 공제는 더 이상 받을 수 없다.

상속세가 없어도 신고하는 것이 유리한 이유

사례 재산 작다고 상속세 신고 안 했더니, 양도세에 깜짝

B씨의 어머니는 2년 전에 돌아가셨다. 어머니의 유산은 혼자 사시던 단독주택 한 채였는데, 공시가격이 2억 5,000만원이었다.

"재산이 작아 상속세가 한 푼도 안 나올 텐데, 뭐……."

B씨는 상속세를 신고하지 않고 상속등기만 해놓았다. 그런데 최근 어머니에게 상속받은 단독주택을 팔려고 내놓았는데 부동산 사무실에서는 이렇게 말했다.

"5억 2,000만원에 팔 수 있을 거예요."

B씨는 생각보다 단독주택 가격이 많이 나간다는 사실에 기뻤다. 그런데 양도세를 알아보다가 예상보다 많은 세금에 깜짝 놀랐다.

상속세는 다른 세금에 비해 공제금액이 훨씬 크기 때문에 실제로 안 내는 경우가 많다. 일반적으로 상속인 중에 배우자가 있으면 최소 10억원, 배우자가 없으면 최소 5억원을 공제받을 수 있으므로, 받을 재산이 최소한 이 금액을 넘어야 상속세가 나온다. 그래서 재산이 별로 많지 않은 대부분의 경우에는 상속받은 부동산을 등기하는 것 외에는 신경을 쓰지 않는다.

물론 상속세가 없으므로 상속세 신고를 하지 않아도 문제는 없다. 하지만 상속받은 부동산을 팔 때 문제가 발생한다.

사망일의 시가가 취득가액이 된다

사망일의 시가

양도가액 － 취득가액 ＝ 양도차익

기준시가 적용 안 받으려면 신고해야겠군

양도세는 양도가액과 살 당시의 취득가액의 차이인 양도차익에 대해 과세된다. 상속받은 부동산의 양도세 역시 '취득 가액'이 얼마인지에 따라 달라질 수밖에 없다. 취득가액이 낮으면 양도차익이 커져서 양도세가 많이 나오고, 취득가액이 높으면 양도차익이 작아져서 양도세가 적게 나온다.

그럼, 상속받은 재산의 취득가액은 얼마일까? 상속재산의 취득가액은 바로 상속세를 신고할 때 평가한 금액이다. 그런데 B씨처럼 상속세 신고를 아예 하지 않았다면 어떻게 될까?

신고한 금액이 없고 시가를 알기 힘든 경우에는 앞에서 소개한 보충적 평가방법으로 산정한다. B씨처럼 단독주택을 상속받았을 경우 아파트처럼 규격화되어 있지 않다 보니, 유사한 부동산의 매매사례가액을 찾기 어려워서 보충적 평가방법으로 평가된다. 따라서 B씨가 양도세를 계산할 때, 상속주택의 취득가액은 사망일 당시 기준시가(단독주택 공시가격)인 2억 5,000만원이 된다.

취득가액이 양도세를 결정한다

질문 만약 B씨가 어머니가 돌아가시고 6개월 이내에 상속받은 단독주택에 대해 감정평가를 받고 상속세 신고를 했다면 어땠을까?

감정가액으로 신고하자

감정평가기관

어머니가 돌아가시고 상속을 받을 때 단독주택에 대해 감정평가를 받았더니 4억 5,000만원이라고 해보자. 2년이 지난 지금, 상속주택을 5억 2,000만원에 판다면, 양도차익은 7,000만원으로 양도세는 약 1,200만원(지방소득세 포함)이다.

　반면 B씨가 상속을 받을 때 감정을 받지 않았다면, 양도차익은 2억 7,000만원이 되고, 양도세가 약 9,000만원(지방소득세 포함)이 된다. 즉 상속을 받은 후 감정가액으로 신고를 하지 않음으로써 약 7,800만원의 세금을 더 내야 하는 셈이다. 그럼 양도세를 줄이기 위해 지금이라도 사망일 당시의 날짜로 소급해서 감정을 받으면 안 될까?

소급감정은 시가로 인정받기 어렵다

과세관청과 조세심판원에서는 이러한 소급감정을 시가로 인정하지 않는 반면, 대법원에서는 소급감정도 효력이 있다고 인정한 판례가 있다. 그러나 대법원의 판결에 희망을 걸어본다 해도 몇 년에 걸친 소송에 시간과 돈, 에너지를 소모해야 한다. 따라서 시가를 찾기 어려운 부동산을 상속받았을 때 가장 현명한 대처법은 사망일 전후 6개월 이내에 감정평가를 받아서 상속세를 신고하는 것이다.

이러한 사례를 보면 알 수 있듯이 단독주택이나 토지, 상가건물을 상속받는 경우에는 당장 발생하는 상속세가 없다는 이유로 세금에 무관심해서는 안 된다. 나중에 팔 때 양도세를 줄이려면 특히 기준시가와 매매시가의 차이가 큰 부동산이라면, 상속세가 없더라도 감정평가를 받아서 상속세 신고를 해두는 것이 좋다.

만일 상속받은 주택이 아파트라면 약간의 여지는 있다. 운 좋게도 사망일 전후 6개월 이내에 동일 단지 내에 유사매매사례가액이 있다면, 상속세 신고를 하지 않았더라도 이 가액을 취득가액으로 인정받을 수 있기 때문이다.

상속재산의 양도세 절세하는 법

앞서 상속세가 없어도 상속세 신고를 해야 하는 이유에 대해 알아봤다. 그 재산을 처분할 때 나오는 양도세와 관련이 있기 때문이다. 그렇다면 상속세가 없을 때 상속재산의 양도세를 절세하려면 어떻게 해야 할까?

사망일로부터 6개월 이내 매도한다

질문 S씨는 시골에 개별공시지가 2억원, 시가는 5억원인 토지를 상속받았다. S씨는 모르고 상속세 신고를 하지 않았다. 이 경우 나중에 팔 때 양도세는 어떻게 부과될까?

양도할 때 취득가액은 2억원이 적용된다. 따라서 양도차익이 3억원이 되고 이에 따른 양도세를 내야 한다. 상속 당시 시가를 알수 없기 때문에 보충적 평가방법인 개별공시지가를 취득가액으로 보는 것이다.

질문 Y씨도 위 사례의 S씨와 동일하게 시골에 개별공시지가 2억원, 시가는 5억원인 상속받은 토지가 있다. 그러나 Y씨는 상속받고 6개월이 되기 전에 이 땅을 5억원에 팔았다. 이때에도 양도세를 내야 할까?

Y씨는 양도세가 없다. 사망일이 속하는 달의 말일로부터 6개월 이내 매매한 가액은 바로 시가이기 때문이다. 다시 말해 토지의 취득가액은 상속 당시 시가인 5억원이기 때문에, 양도가액 5억원에서 취득가액 5억원을 차감하면 양도차익은 0으로 양도세는 발생하지 않는다.

또한, Y씨가 상속세 신고기한인 이 기간 내에 상속받은 토지를 팔았으므로 매매가액과 시가는 같아졌다. 이 시가가 상속재산가액이 되고 일괄공제 5억원 이내이므로 상속세 역시 없다.

평가기간 내에 감정평가를 받는다

상속받은 재산의 양도세를 절세하려면 두 가지 선택지가 있다.

첫째, 사망일로부터 6개월 '이내'에 매도하는 매매계약을 하면 된다. 그러면 매매가액이 상속재산가액인 시가가 된다. 즉, 양도가액과 취득가액이 같아져서 양도세가 부과되지 않는다. 이때에도 상속재산가액이 상속공제 금액 이내라면 상속세가 없는 것은 동일하다.

둘째, 상속받은 뒤 바로 팔 계획 없이 오래 보유할 생각이라면

• 이 기한이 지나고 매매계약을 했을 때, 사망일이 속하는 달의 말일로부터 15개월 이내라면 평가심의 위원회의 심의를 거쳐 시가로 인정받을 수 있다.

사망일로부터 6개월 이내(시가 평가기간)에 감정평가를 받아두는 것이 좋다. 그러면 나중에 팔 때 감정평가액을 취득가액으로 신고할 수 있어서 양도세를 절세할 수 있다.

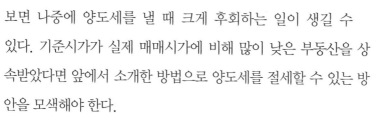

이처럼 상속재산이 많지 않아 상속세를 한 푼도 안 낸다고 하더라도, 상속세 신고를 하지 않고 가만히 있다 보면 나중에 양도세를 낼 때 크게 후회하는 일이 생길 수 있다. 기준시가가 실제 매매시가에 비해 많이 낮은 부동산을 상속받았다면 앞에서 소개한 방법으로 양도세를 절세할 수 있는 방안을 모색해야 한다.

상속재산이 많을 경우 단기간 내 매매하지 말아야

반면, 상속재산이 많은 경우에는 나중에 낼 양도세보다는 당장 내야 할 50% 세율의 상속세가 더 부담이다. 이때는 보충적 평가방법인 기준시가로 상속재산을 신고하는 것이 더 유리하다. 따라서 6개월 이내에 팔아서 시가를 노출시키면 불리하기 때문에 상속받고 단기간 내에는 매매를 하지 않는 편이 좋다.

다만, 이렇게 기준시가로 신고했어도 법정 결정기한 이내에 국세청에서 감정평가를 받아서 상속재산을 재평가할 수 있는 가능성은 존재한다.

상속받은 부동산, 양도세 안 내려면

사례 올해 초 돌아가신 M씨의 어머니는 안양에 있는 나홀로 아파트 한 채를 남기셨다. 이 아파트의 공동주택가격은 3억원이고, 시가는 4억원 정도이다. 그런데 한 동짜리 아파트라 거래가 많지 않아 유사매매사례가액을 찾기 어려울 것 같다. 아버지는 수년 전 먼저 돌아가셔서 상속인은 M씨와 형, 누나 세 명이다. 삼남매는 아파트 한 채를 처분해서 현금으로 똑같이 나누어 가질 생각이다. 누나가 6개월 이내에 아파트를 팔면 양도세가 없다는 이야기를 들었다며 서둘러 팔아야 한다고 한다. 누나의 말은 맞는 말일까?

양도가액이 상속재산가액이 되면 양도세 없다

M씨가 상속받은 아파트를 사망일로부터 6개월 이내에 매매계약을 하면 그 매매가액이 바로 시가가 된다(잔금일이 아니라 매매계약일 기준). M씨가 이 기간 내에 4억 5,000만원에 아파트를 팔기로 매매계약을 했다면, 상속재산가액은 4억 5,000만원이다. 돌아가신 분이 배우자가 없으니 배우자상속공제는 없고, 일괄공제로 5억원을 공제받을 수 있다. 결과적으로 어머니의 5억원 아파트를 상속받은 삼남매에게는 상속세가 한 푼도 부과되지 않는다.

그렇다면 M씨 남매가 상속받은 아파트를 6개월 이내에 팔았을 때 양도세는 얼마나 나올까? 이 경우는 M씨네 아파트의 양도가액이 4억 5,000만원이고, 취득가액 역시 상속받은 재산가액인 4억 5,000만원이다. 즉 양도차익이 없기 때문에 양도세도 없다. 누나의 말은 맞다.

상속 미신고하고 6개월 후 판다면 양도세 발생

만약 M씨네 삼남매가 어머니 사망일로부터 6개월 이내에 아파트를 파는 매매계약을 하지 않았다면 어떻게 될까?

M씨 어머니가 물려주신 아파트가 매매·감정·공매·수용·경매 가격도 없고, 유사한 매매사례도 없다면 보충적 평가방법인 공시가격으로 평가된다. 즉, 이 아파트의 공시가격인 3억원이 상속재산가액이 된다. 나중에 M씨 남매가 이 아파트를 4억 5,000만원에 판다면, 양도차익인 1억 5,000만원에 대한 양도세를 내야 한다. 물론 삼남매 공동명의로 등기를 했다면, 각자 인당 양도차익인 5,000만원에 대해 양도세를 내면 되지만, 어쨌든 내지 않을 수도 있었던 양도세를 내게 되는 셈이다.

이는 상담하면서 자주 접하는 사례 중 하나다. 대부분 부모님이 돌아가시면서 일괄공제를 빼면 상속세가 없으니, 따로 감정평가를 받아서 시가로 신고하지 않고 등기처리만으로 상속을 받는다. 그리고 나중에 팔 때 보니 취득가액이 턱없이 작아 양도세가 많이 나온다. 하지만 그때 가서 시가로 상속세 신고를 하지 않았던 것을 후회해도 소용없다.

부동산 팔아 현금 상속할까, 그대로 상속할까?

상속분쟁 걱정되어 빌딩 팔아 현금화한 Y씨

대구시 서구 내당동에 사는 Y씨는 자신이 죽고 나서 상속재산을 놓고 혹여나 자식들 간에 싸움이 일어나지는 않을까 걱정이 많았다. 그래서 오래 보유하던 꼬마빌딩 하나를 처분한 뒤 수억원의 양도세를 내고, 남은 현금을 자녀 세 명이 똑같이 나누어 가지라는 유언서를 작성했다. Y씨는 얼마 되지 않아 한결 편한 마음으로 세상을 떠났다. 그런데 이후 상속세 신고를 준비하던 자녀들은 부동산을 팔지 않았더라면 상속세가 덜 나왔을 거라는 이야기를 듣고는 크게 당황했다.

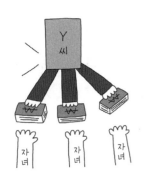

미리 부동산을 처분해서 현금으로 상속받는 경우와 부동산을 그대로 상속받는 경우의 세금은 얼마나 차이 날까?

참고로 Y씨의 꼬마빌딩은 20여 년 전에 5억원에 샀으며, 사망 당시 시가는 죽기 얼마 전에 양도할 때와 변함없이 50억원, 기준시가는 28억원이다. 이 외에도 다른 재산이 수십억원이 있어서 적용될 상속세율은 50%로 가정하자.

여기에는 세 가지 고려할 점이 있다. 양도세, 상속재산의 평가 문제에 따른 상속세, 그리고 취득세이다. 이제 상황별로 세금을 비교해보자.

부동산 상속 전 고려해야 할 3가지 세금

부동산 처분해 현금 상속하는 경우

Y씨는 꼬마빌딩을 팔았을 때 그동안의 양도차익에 대해 양도세를 내야 했다. 보유기간이 길어서 양도차익이 크다면 양도세 역시 만만치 않다. Y씨는 이 빌딩을 20여 년 전에 5억원에 취득해서

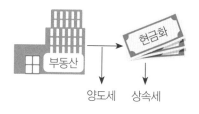

50억원에 팔았으므로 양도차익이 45억원이고, 양도세는 약 14억 8,600만원(지방소득세 포함)이 된다.

당시 Y씨는 양도세를 내고 난 현금* 약 35억 1,400만원을 가지고 있다가 얼마 후 사망했다. Y씨의 다른 상속재산에 꼬마빌딩을 팔고 남은 현금이 더해져서 해당 현금에 대한 상속세는 50% 세율이 적용되어 약 17억 5,700만원이다.

* 중개수수료 등 그 외 제반 비용을 고려하면 남는 현금은 더 줄어든다.

부동산 그대로 상속하는 경우

Y씨가 꼬마빌딩을 팔지 않고 부동산인 상태 그대로 상속했다면, 양도차익이 얼마든 관계없이 양도세는 발생하지 않는다. 사망으로 인한 상속이므로 부동산을 평가해 상속세를 내면 된다.

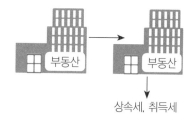

이때, 꼬마빌딩의 상속재산 평가가 어떻게 되는지가 또 하나의 쟁점이다. 시가가 따로 없어서 보충적 평가방법으로 평가할 경우 상속세 부담이 줄어든다. 물론 상속세가 줄어드는 대신, 이후 상속인들이 팔 때는 취득가액이 낮으므로 양도세가 늘어나는 부분이 있다는 점은 알고 있어야 한다. 즉, 줄어드는 상속세와 늘어나는 양도세의 차이를 비교해야 한다. 또한 부동산을 상속받으면 상속등기도 해야 하고 취득세도 내야 된다. 상속으로 받은 재산은 시가표준액에 따라 3.16%의 취득세율이 적용된다. 물론 현금으로 상속 또는 증여받으면 취득세가 없다.

이제 구체적으로 Y씨가 꼬마빌딩을 팔지 않고 그대로 상속했을 경우의 세금을 계산해보자. 상속세는 기준시가 28억원에 대해 50% 세율로 14억원 과세되고, 상속등기로 인한 취득세 8,848만원(28억원×3.16%)이 추가되어 14억 8,848만원이다. 여기서는 기준시가로 평가해 상속세가 과세되는 것을 가정했지만, 앞에서 이야기했듯 비주거용 건물은 과세관청에서 감정평가로 상속재산을 평가할 가능성이 있으며, 그렇게 되면 상속재산가액이 시가의 80% 수준까지도 올라갈 수 있다.

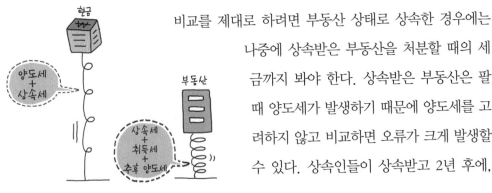

비교를 제대로 하려면 부동산 상태로 상속한 경우에는 나중에 상속받은 부동산을 처분할 때의 세금까지 봐야 한다. 상속받은 부동산은 팔 때 양도세가 발생하기 때문에 양도세를 고려하지 않고 비교하면 오류가 크게 발생할 수 있다. 상속인들이 상속받고 2년 후에,

지금의 시가인 50억원과 동일한 가격에 판다고 가정해보자. 취득가액이 28억원(사망일 당시 기준시가)으로 양도세가 발생한다. 자녀 세 명이 공동으로 상속받았다고 가정하면 양도세의 합은 약 8억 9,600만원이다.

구분	처분하고 현금 상속한 경우		부동산으로 상속한 경우		
세목	양도세	상속세	상속세	취득세	추후 양도세
납세의무자	피상속인	상속인	상속인	상속인	상속인
세금	14억 8,600만원	17억 5,700만원	14억원	8,848만원	8억 9,600만원
합계	32억 4,300만원		23억 8,448만원		

총 세금
약 8억 5,852만원
차이

결과적으로 Y씨는 사망에 임박해 부동산을 처분해 현금으로 상속하는 바람에 약 8억 2,000만원에 가까운 세금을 더 낸 셈이다.

상속·증여 절세는 관련 세금을 종합적으로 봐야 한다

이상의 사례에서 볼 수 있듯이 상속세와 증여세는 어떤 세금보다도 관련된 세금을 종합적으로 고려해야 최적의 절세방안을 도출할 수 있다. 또한 보유한 재산의 규모와 종류에 따라 절세방안이 다르기 때문에, 모든 경우에 공통적으로 적용되는 방법을 찾기도 힘들다. 다른 사례들을 참고로는 하되, 본인의 상황에 맞는 해결책을 따로 찾는 노력이 필요하다.

부동산보다 현금 상속이 유리한 경우도 있다

사례 G씨는 수년 전 남편이 세상을 떠난 뒤, 딸의 집 근처 아파트에 전세로 살고 있다. 보유하고 있는 재산으로는 시가 5억원가량의 아파트 한 채가 있다. 자녀가 둘 있는데, 아파트를 팔고 현금으로 상속해주는 것이 유리한지 그냥 살다가 아파트로 상속해주는 것이 나을지 고민이다.

5억원 아파트 팔아 현금 상속할 경우

G씨는 1세대 1주택자로 2년 이상 보유(2017년 8월 3일 이후 조정대상지역 내 취득 2년 이상 거주 포함)했다면, 양도가액 12억원 이하는 양도세가 비과세된다. 즉, 양도세는 0원이다.

양도세가 없으므로 아파트를 처분한 현금 5억원을 고스란히 상속한다고 가정하면, 상속세를 계산할 때 일괄공제 5억원 이내 금액이므로 상속세 역시 없어서 0원이다.

결과적으로 G씨가 아파트를 5억원에 팔아서 현금으로 상속할 경우, 양도세와 상속세가 모두 없고, 자녀 둘은 현금을 상속받아서 나누어 가지면 되니 재산분할이 간편한 측면이 있다.

아파트를 그대로 상속할 경우

아파트는 유사매매사례가액을 상속재산가액으로 하기 때문에 거의 시가가 상속재산평가액이라고 보면 된다. G씨의 아파트 시가가 5억원이라면, 상속세를 계산할 때 역시 일괄공제가 5억원 차감되기 때문에 상속세는 없다. 하지만 자녀들이 상속등기를 거친 후에 팔아야 하므로, 상속등기할 때 취득세가 들어간다.

상속인이 무주택자라면 취득세율이 0.96%로 낮지만, 그렇지 않은 경우 3.16%의 취득세를 내야 한다(취득세는 시가가 아니라 공동주택가격을 기준으로 과세된다). G씨가 아파트를 팔아서 현금으로 상속하거나 아파트를 그냥 상속하거나 상속세가 없는 것은 같지만, 취득세에서 차이가 발생하는 것이다.

또한 자녀들에게 다른 주택이 있는 경우 상속주택으로 인해 다른 주택에 미치는 양도세의 영향도 검토해봐야 한다.

결과적으로 G씨의 경우에는 생전에 팔고 현금을 상속하는 것이 더 나을 수 있다. 하지만 그렇다 해도 만약 G씨가 그 아파트에서 거주하고 있다면 노년에 세금을 아끼기 위해 집을 팔고 다른 집에서 전세로 사는 것은 권할 만한 일은 아니다. 이것이 상속세 플랜을 짤 때 세금 외적인 요인들도 함께 고려해야 하는 이유다.

상속 개시 후
챙겨야 할 5가지 똑똑한 절세팁

상속이 개시된 이후에는 상속재산이 확정된 상태다. 더 이상 재산을 줄여서 상속세를 절세할 수 있는 방법은 없다. 하지만 상속공제를 최대한 받는 절세방법과 상속받은 부동산의 양도세를 절세하는 방법 등은 여전히 존재한다. 사망일 이후 챙겨야 할 상속세 절세전략을 살펴보자.

1. 상속세 신고기한을 잘 지켜야 한다

사망일이 속하는 달의 말일로부터 6개월 이내에 상속세를 신고·납부해야 한다. 상속세 신고에는 시간이 많이 소요되는 만큼 여유를 두고 준비를 시작하는 것이 좋다. 기한 내에 신고하면 상속세액의 3%만큼의 신고세액공제를 받을 수 있다. 만일 기한 내에 신고·납부를 하지 않으면 무신고가산세와 납부지연가산세까지 추가된다.

2. 상속재산을 나눌 땐 최대한 공제받을 수 있는 방법인지 검토한다

동거주택 상속공제는 요건을 충족한 자녀가 주택을 상속받을 때에만 공제받을 수 있다. 따라서 요건을 충족한 자녀가 있는지부터 체크하고, 만약 있다면 그 자녀가 주택을 상속받는 것이 좋다. 공제금액이 가장 큰 배우자상속공제는 배우자가 실제로 상속받은 재산이 5억원을 넘을 경우 한도 내에서 공제해준다. 배우자가 얼마나 상속받는 것이 좋은지 어떤 재산을 상속받는 것이 유리한지를 잘 따져서 정해야 한다.

3. 상속재산 협의분할은 처음부터 제대로 해야 한다

상속세 신고기한이 지난 후에 재협의분할을 하게 되면 상속인들 간의 증여로 보아 증여세가 과세된다. 나중에 번복해서 증여세가 과세되는 일이 없도록 상속인들 간 충분한 협의를 거쳐 신중히 해야 한다.

4. 상속세가 없더라도 부동산은 감정평가를 받는 것이 좋다

흔히 상속세가 없으면 상속등기만 하고 마는 경우가 많다. 하지만 나중에 상속받은 부동산을 팔 때 양도세를 절세하기 위해서는 상속을 받았을 때 해당 부동산의 감정평가를 받아서 상속세를 신고해두는 것이 좋다.

5. 부동산을 상속받을 때는 양도세까지 고려해야 한다

상속재산 중에 부동산이 있으면 당장의 상속세뿐만 아니라 나중에 이 부동산을 팔 때 낼 양도세까지 함께 고려한 의사결정을 해야 한다. 주택을 상속받았다면 원래 상속인이 가지고 있던 주택과 양도 순서에 따라 양도세가 달라질 수 있으니 팔기 전에 반드시 검토가 필요하다.

5

CHAPTER

세법에서는 개인을 거주자와 비거주자로 구분하여 과세한다. 국내에 거주하지 않는 비거주자가 증여를 받았을 때의 증여세와 비거주자가 사망해 상속이 일어났을 때의 상속세를 알아보자.

이민 가면 상속세 안 낼까?
-비거주자의 상속·증여세 절세법

주거지와 재산이 어디 있는지에 따라 다르다

최근 이민 설명 세미나에 고액 자산가들이 몰리고 있다. 그들이 이민을 고려하는 가장 큰 이유는 놀랍게도 상속세 때문이다. 상속세나 증여세가 없는 나라로 이민을 가서 자녀들에게 세금 없이 재산을 넘겨주려는 것이다. 이런 고민을 하는 것이 일견 이해가 가는 부분도 있다. 우리나라의 상속·증여세 최고 세율은 무려 50%나 되기 때문이다. 만일 100억원대 자산가가 사망한다면 상속인들은 거의 절반을 상속세로 내고, 나머지만 물려받게 되는 셈이다.

상속세 안 내는 대표적인 나라들

질문 100억원 정도를 보유한 자산가 K씨가 미국으로 이민을 가서 살다가 사망했다. 미국에서 내야 할 상속세는 얼마일까?

놀랍게도 상속세가 없다. 미국 거주자는 증여와 상속을 통틀어 평생 공제받을 수 있는 금액이 1,292만달러(2023년 기준)이다. 즉,

우리 돈 약 168억원까지는 상속세가 하나도 없다. 게다가 면제되는 상속재산을 먼저 사망한 배우자가 다 사용하지 못했다면 그 금액도 공제받을 수 있어서, 부부 합산으로 최대 2,584만달러까지는 상속세가 없는 셈이다. 싱가포르, 말레이시아, 호주, 캐나다는 상속세가 없는 대표적인 나라다.

비거주자는 국내재산만 상속세 낸다

그렇다면 이민을 가서 그 나라에서 사망하면 상속세를 전혀 내지 않아도 될까? 과세 관청은 K씨가 사망일 현재 국내 거주자인지 비거주자인지의 여부와 K씨의 재산이 국내에 있는지를 살펴본다.

만일 K씨 가족이 모두 미국으로 이민을 가서 사망일 현재 K씨가 비거주자 요건을 만족하고, K씨의 재산이 국내에 한 푼도 없다면 우리나라에 내야 할 상속세는 없다. 다시 말해 비거주자는 사망일 당시에 우리나라에 있는 재산에 대해서만 상속세를 내면 된다.

그러나 사망자가 국내 거주자라면 전 세계에 있는 모든 재산에 대해서 상속세를 과세한다. 수년 전 사망한 어느 재벌가 회장님의 숨겨둔 해외재산을 국세청이 찾아내서 탈루한 상속세를 과세한다는 기사를 가끔 보게 되는 이유다.

즉, 국내 비거주자라 해도 사망일 기준으로 우리나라에 금융재산이나 부동산이 있다면 우리나라 과세관청에 세금을 내야 한다. 피상속인이 비거주자인 경우에는 상속공제를 기초공제 2억원밖에 받을 수 없다는 점도 알아둬야 한다.

주거지 판단은 간단하지 않다

결국 사망 당시에 국내 거주자인지 아닌지에 따라 상속재산의 범위가 달라진다. 국내재산을 대부분 처분하고 이민을 갔는데, 사망일 현재 거주자로 판정된다면 그야말로 낭패다. 왜냐하면 거주자는 해외에 있는 재산에 대해서도 국내에서 상속세를 내야 하기 때문이다.

여기서 가장 중요한 거주자 여부 판정은 간단한 문제가 아니다. 단순히 이민을 갔다고 해서 모두 비거주자로 인정되지는 않는다. 과세관청은 거주기간, 재산의 소재지, 가족 구성원의 주거지, 경제적 활동지 등의 사실관계를 모두 종합해 항구적 주거지로 볼 수 있는 곳이 어디인지를 판단하게 된다. 이 부분은 납세자와 과세관청의 다툼이 많은 분야 중 하나이기도 하기 때문에 철저한 준비가 필요하다.

여기에 더해 노후에 무엇보다 중요한 양질의 의료 서비스가 가능한지의 여부, 지인들과 멀리 떨어져 낯선 곳에서 보내는 노후 생활이 만만치 않다는 점 등도 이민을 결정할 때 세금 못지 않게 고려해야 할 요소이다.

세법에서 국적은 중요하지 않다

흔히 사람들은 국적에 따라 세금이 다르게 적용된다고 생각하는 경우가 많지만, 세법에서 국적은 중요하지 않다.

세법에서는 개인을 거주자와 비거주자로 구분한다. 국적이 외국이라도 국내 거주자라면 거주자에 해당하는 세법을 적용하고 국적이 한국이라 해도 해외 거주자라면 비거주자에 해당하는 세법을 적용한다.

그렇다면 세법에서 거주자와 비거주자를 어떻게 구분하는지 알아보자.

거주자와 비거주자를 구분하는 법

질문 해외에서 몇 년째 직장생활을 하고 있는 A씨는 국내에 배우자와 자녀를 두고 있다. 배우자와 자녀는 국내에서 살고, A씨는 해외에서 번 소득을 국내로 송금하며 휴가 때마다 한국에 와서 가족과 시간을 보낸다. A씨는 거주자일까 비거주자일까?

거주자로 보는 경우

국내에 생계 같이하는 가족 있다

해외 살아도 나는 거주자

A씨의 생계를 같이하는 가족이 국내에 주소를 두고 살고 있는 것으로 보아 A씨의 항구적 주거지는 우리나라로 볼 수 있다. 따라서 A씨는 거주자이다.

거주자란, 국내에 주소를 두고 있거나 183일 이상 국내에 거주할 것을 통상 필요로 하는 직업을 가진 때 또는 국내에 생계를 같이하는 가족이 있고, 그 직업 및 자산 상태에 비춰 계속하여 183일 이상 국내에 거주할 것으로 인정되는 개인을 말한다.

해외에 거주하고 있어도 거주자로 보는 경우도 있다. 거주자나 내국법인의 국외사업장 또는 해외현지법인(내국법인이 발행주식총수 또는 출자지분의 100%를 직접 또는 간접 출자한 경우에 한정한다) 등에 파견된 임원 또는 직원이나 국외에서 근무하는 공무원은 거주자로 본다.

그리고 외국을 항행하는 선박 또는 항공기 승무원의 경우 그 승무원과 생계를 같이하는 가족이 거주하는 장소 또는 그 승무원이 근무기간 외의 기간 중 통상 체재하는 장소가 국내에 있는 때에는 해당 승무원의 주소는 국내에 있는 것으로 보고, 그 장소가 국외에 있는 때에는 해당 승무원의 주소가 국외에 있는 것으로 본다.

비거주자로 보는 경우

비거주자는 거주자가 아닌 개인을 말한다. 쉽게 생각해서 외국에 사는 사람은 비거주자다. 국내에 계속하여 183일 이상 체류하지 않고 국내에 직업이 없거나 재산 상태, 생계를 같이하는 가족 등이 없어 계속하여 국내에 살 것으로 보이지 않는 사람을 비거주자라고 보면 된다.

국외에 거주 또는 근무하는 자가 외국 국적을 가졌거나 외국 법령에 의하여 그 외국의 영주권을 얻은 자로서 국내에 생계를 같이하는 가족이 없고 그 직업 및 자산상태에 비춰 다시 입국하여 주로 국내에 거주할 것이라고 인정되지 않는 때에는 국내에 주소가 없는 것으로 보아 비거주자로 본다.

수증자가 거주자면 모든 재산에 증여세 과세

질문 B씨는 미국으로 유학가서 대학에 다니고 있다. 학비와 생활비는 한국의 부모님이 송금해 주신다. B씨는 거주자일까 비거주자일까?

국내에 있는 부모님의 경제적인 지원으로 생계를 유지하고 있는 유학생은 거주자에 해당한다. 따라서 이 자녀가 증여를 받는다면 재산이 국내 또는 해외에 있는지와 관계없이 증여받은 재산에 대해 국내에서 증여세를 내야 한다.

증여세는 수증자를 중심으로 과세되기 때문에

수증자가 거주자인지 비거주자인지에 따라 다르게 적용된다. 상속세 및 증여세법에서는 수증자가 거주자이면 국내와 해외의 증여재산에 대해 증여세가 과세되지만, 수증자가 비거주자라면 국내에 있는 재산을 증여받을 때에만 증여세가 과세된다.

하지만 거주자가 비거주자에게 해외에 있는 재산을 증여할 때도 외국의 법령에 따라 증여세가 부과되지 않았다면 「국제조세조정에 관한 법률」에 따라 증여자가 우리나라에 증여세를 납부할 의무가 있다는 점에 주의해야 한다.

피상속인이 거주자면 모든 재산에 상속세 과세

상속세는 피상속인이 거주자인지 비거주자인지에 따라 다르게 적용된다. 상속인이 거주자인지 비거주자인지는 상관없다. 사망한 자가 거주자이면 앞에서 살펴본 상속세가 적용되는 것이고, 비거주자라면 상속공제가 기초공제 2억원밖에 적용되지 않고 차감되는 비용도 제한적이다.

미국 사는 자녀에게 증여, 증여세 얼마나 나올까?

사례 미국 영주권 가진 아들에 증여하려는 H씨

서울에 살고 있는 H씨의 두 아들은 모두 미국에서 유학생활을 했다. 유학을 마치고 돌아온 큰아들은 국내 대기업에 취직해 다니고 있고, 올해 초 대학을 졸업한 작은아들은 미국에 있는 회사에 취직해 영주권을 취득하고 아예 자리를 잡고 살 생각이라고 한다. 상속세를 줄이려면 사전증여가 필요하다고 들은 H씨는 두 아들에게 재산을 어느 정도 증여해주려고 한다. 국내에 있는 큰아들과 외국에 있는 작은아들에게 증여하면 각각 증여세가 어떻게 달라지는지 문의해왔다.

유학을 갔다가 현지에서 취직하거나 결혼해 정착하고 사는 경우가 많아지면서, 그에 따라 비거주자의 세금 문제에 대한 관심도 높아지고 있다. 이런 경우에 가장 먼저 해야 할 것은 거주자인지 비거주자인지에 대한 판단이다. 앞에서 본 바와 같이 우리나라 세법에서는 내국인이냐 외국인이냐의 국적과는 관계없이 거주자인지 비거주자인지로 구분해서 과세하기 때문이다.

증여받는 수증자가 거주자인지 비거주자인지에 따라 증여세는 다음과 같이 달라진다.

비거주자가 해외재산을 증여받아도 증여자가 증여세 낸다

증여일 현재를 기준으로 거주자인 큰아들은 국내에 있는 재산을 증여받는 것은 물론이고 해외에 있는 재산을 증여받을 때도 모두 증여세를 내야 한다. 만일 해외재산이 소재한 국가에서 이미 낸 증여세가 있다면 그 세금은 외국납부세액공제로 공제받을 수 있다.

반면 해외에서 취업해 독립적인 생계를 유지하고 있는 작은아들은 비거주자로 국내에 있는 재산을 증여받을 때만 증여세가 과세된다. H씨가 국내에 있는 부동산이나 현금을 작은아들에게 증여한다면 당연히 증여세를 내야 한다.

질문 해외에 있는 부동산 등을 비거주자인 작은아들에게 증여한다면 어떨까?

이때는 국제조세조정에 관한 법률에 의해서 증여자인 H씨에게 증여세가 과세된다. 가령, H씨가 미국에 있는 자신의 부동산을 작은아들에게 증여했다면 증여자인 H씨가 우리나라 과세관청에 직접 증여세 신고 및 납부를 해야 한다.

2014년까지는 H씨의 작은아들이 미국에서 증여세를 납부했

거나 혹은 미국 세법에 의해 증여세가 면제되어 내지 않았으면 우리나라에는 증여세를 내지 않아도 됐다. 그러나 증여세가 없거나 증여세율이 낮은 나라를 이용한 조세회피 사례가 증가하면서 역외 탈세에 대한 규정이 강화되어 2015년 1월 1일 이후 증여분부터는 작은 아들이 설령 미국에서 증여세를 냈더라도 증여자인 H씨가 우리나라에서 증여세를 신고·납부해야 한다.

물론 미국에서 작은아들이 낸 증여세가 있다면 이는 외국납부세액공제가 가능하기 때문에 이중과세가 되는 것은 아니다.

증여공제는 없지만 증여세 연대납세의무가 있다

거주자는 직계존속에게 증여받으면 5,000만원(미성년자 2,000만원), 기타친족에게 증여받으면 1,000만원의 증여공제를 10년간 소급해서 받을 수 있다. 반면, 비거주자는 이러한 증여공제를 받을 수 없다. 단, 거주자가 비거주자에게 해외에 있는 재산을 증여한 경우에는 증여공제를 해준다.

하지만 증여공제를 못 받는다고 해서 비거주자가 증여받는 것이 불리하다고만 볼 수는 없다. 수증자가 비거주자인 경우에는 증여자와 증여세 연대납세의무가 있기 때문이다.

본래 증여세는 증여받은 자녀, 즉 수증자의 돈으로 내야 한다. 따라서 부모가 자녀의 증여세를 대신 내줬다면 대신 내준 증여세도 증여한 것으로 보아 증여세를 더 내야 한다.

그러나 수증자가 비거주자라면 수증자와 증여자 간에 증여세 연대납세의무가 적용되어, 부모가 증여세를 내줘도 이를 증여한 것으로 보지 않는다. 따라서 비거주자인 자녀에게는 추가적인 증여세의 부담 없이 증여세 금액만큼을 더 증여할 수 있는 셈이다.

가령, 현금 1억원을 비거주자인 자녀에게 증여한다면 증여공제가 되지 않아 1,000만원의 증여세를 내야 한다. 이때 증여자인 부모가 1,000만원의 증여세를 대신 내줘도 추가로 증여세를 부과하지 않는다. 즉, 증여재산 금액이 커서 증여세가 많이 나올수록 증여세 대납으로 인한 절세효과는 더 커진다.

거주자 vs. 비거주자 증여세 비교

구분	거주자	비거주자
과세 대상 재산 범위	국내외의 모든 재산	국내에 있는 재산 단, 거주자가 해외에 있는 재산을 비거주자에게 증여 시 국제조세조정에 관한 법률에 의해 증여자인 거주자에게 증여세 과세됨
증여공제	• 5,000만원 (미성년자 2,000만원) • 혼인·출산 증여공제: 1억원	공제 없음 단, 해외재산 증여시 공제됨
증여자가 증여세 대신 납부 시	증여재산에 합산되어 증여세 추가 과세	증여자와 수증자 간 연대납세의무 있어 증여세 과세 안 됨
관할세무서	수증자 관할 세무서	증여자 관할 세무서

미국에서 사망한
재미교포의 상속세는?

비거주자의 해외재산은 과세되지 않는다

질문 가족과 함께 해외로 이민을 가서 오랜 세월 살다가 사망한
재미교포라면 우리나라에 상속세를 내야 할까?

재산이 어디에 있느냐에 따라 다르다. 거주자가 사망하면 국내재
산과 해외재산을 모두 합해 상속재산을 신고하고 상속세를 계
산해야 한다.

　하지만 비거주자라면 국내에 있는 재산에 대해서만 우
리나라에 상속세 납세의무가 있다. 비거주자의 해외에
있는 재산은 우리나라에서는 과세하지 않는다.

　상속받는 상속인이 국내 거주자인지 비거주자인지의 여
부는 상관없다. 사망한 피상속인이 비거주자라면 해외에 있
는 재산을 국내 거주자인 상속인이 상속받아도 국내에 내야 할
상속세는 없다.

비거주자의
해외재산엔
과세 안 돼

비거주자의 국내재산은 상속세 기초공제만 받을 수 있다

질문 비거주자의 상속재산이 국내에 있어서 우리나라에서 상속세가 과세될 때, 거주자인 경우와 어떤 점이 다를까?

거주자는 앞에서 살펴본 바와 같이 일괄공제(5억원)와 배우자상속공제 등 각종 공제를 받을 수 있지만, 피상속인이 비거주자인 경우에는 기초공제 2억원과 감정평가수수료 정도만 공제받을 수 있다.

따라서 각각의 상황에 따라 거주자가 유리할 수도 있고, 비거주자가 유리할 수도 있다.

가령 해외에 거주하다가 사망한 사람이 해외에는 재산이 거의 없는 반면, 재산의 대부분이 국내에 있다면 상속공제를 많이 받을 수 있는 거주자 신분인 것이 유리하다.

반대로 해외에 거주하다가 사망한 사람이 국내에는 극히 일부의 재산만 있고 대부분의 재산이 해외에 있다면, 해외에 있는 재산에 대해 우리나라의 상속세를 피해 가려면 비거주자로 인정받는 것이 유리할 것이다.

하지만 세법은 내 입맛대로 고를 수 있는 것이 아니라 사실관계에 따라 엄격하게 해석된다는 점을 잊어서는 안 된다.

피상속인이 거주자 vs. 비거주자 상속세 비교

구분		거주자	비거주자
신고기한		상속개시일이 속하는 달의 말일부터 6개월 이내	상속개시일이 속하는 달의 말일부터 9개월 이내
과세 대상재산		국내외의 모든 상속재산	국내에 소재한 상속재산
공제 금액	공과금	상속개시일 현재 피상속인이 납부하여야 할 공과금으로서 납부되지 않은 금액	국내 소재 상속재산에 대한 공과금, 국내 사업장의 사업상 공과금
	장례 비용	피상속인의 장례비용	공제 안 됨
	채무	모든 채무 공제	국내 소재 상속재산을 목적으로 유치권·질권·저당권으로 담보된 채무, 국내 사업장의 사업상 채무
과세 표준 계산	기초공제	공제	공제
	가업상속 공제		공제 안 됨
	영농상속 공제		
	기타인적 공제		
	일괄공제		
	배우자공제		
	금융재산 상속공제		
	재해손실 상속공제		
	동거주택 상속공제		
	감정평가 수수료 공제		공제

6

CHAPTER

오랫동안 일궈온 회사를 자녀에게 물려줄 때 상속세나 증여세가 과도하면 기업의 영속성을 해치게 된다. 그래서 세법에서는 요건을 갖춘 가업승계 시 상속세와 증여세 세제혜택을 주고 있다. 사전적인 요건은 물론 사후관리 요건도 만족해야 하기 때문에 세제혜택을 받기에 앞서 이를 지킬 수 있을지에 대한 꼼꼼한 검토가 필요하다.

가업승계
상속·증여세 절세법

가업승계 세제혜택 알아보기

오랫동안 일궈놓은 사업체를 자녀에게 물려주는 것은 단지 재산을 물려주는 것 이상의 의미다. 사업체가 국가에 기여하는 바가 있고 그곳에서 근무하는 근로자들의 생계가 달려 있기도 하기 때문이다.

그렇기 때문에 과도한 세금으로 기업의 영속성을 해치는 일이 없도록 세법에서는 가업승계의 증여 또는 상속에는 특별한 세제혜택을 주고 있다. 하지만 세제혜택에 뒤따르는 까다로운 요건과 사후관리 규정이 있으니 유불리는 잘 따져봐야 한다.

사례 30년 넘은 중소기업 절세하며 물려주려면

중소기업 A의 CEO인 60대 K씨는 요즘 가업승계가 가장 큰 고민이다. 젊을 때 창업해 지금까지 30년이 넘도록 일궈놓은 회사를 자녀에게 물려주고 싶은데, 세금이 너무 크다는 이야기를 들어서다. 최대한 세금을 아끼면서 자녀에게 사업체를 물려줄 수 있는 방법이 있을까?

창업 CEO들의 연령이 높아지면서 가업승계에도 많은 관심이 몰리고 있다. 최근에는 자녀들이 아버지의 사업을 물려받길 원하지 않는 경우도 많아, 기업 매각시장이 때 아닌 호황을 맞이하고 있기도 하다. K씨처럼 사업을 물려받겠다는 자녀가 있다면 그나마 행운인 셈이다.

물론 절차나 사후관리 요건이 까다롭다는 이유로 실효성이 늘 시험대에 올라 있기는 하지만 활용할 수 있는 가업승계 절세방안이 있기 때문이다.

가업승계와 관련해 절세할 수 있는 방법은 CEO가 살아 있을 때 증여세를 절세하는 '가업승계 증여세 특례'와 사망 시 상속세를 절세하는 '가업상속공제' 두 가지가 있다.

일반증여와 공제액과 세율이 다르다

먼저 '가업승계 증여세 특례제도'를 살펴보자. CEO가 살아 있고 자녀에게 자신이 운영하는 회사의 주식을 증여할 때 활용할 수 있다. 가업을 이어받을 자녀가 해당 회사의 주식을 증여받으면 과

가업승계 증여 시

세가액에서 10억원을 공제해주고 일반 증여세율인 10~50%보다 훨씬 낮은 세율인 10~20%로 증여세를 과세하는 제도이다. 이때 과세가액은 600억원을 한도로 한다.

가령 20억원을 증여한다고 가정하면 일반적인 경우 5,000만원이 공제된 과세표준 19억 5,000만원에 증여세율 40%를 곱하고 누

진공제액 1억 6,000만원을 차감해 증여세는 6억 2,000만원이다.

그런데 가업승계 증여세 특례를 받는다면 10억원을 공제받고 10% 세율(120억원 이상은 20% 세율 적용)이 적용되어 증여세가 1억원으로 5억 2,000만원이나 줄어든다. 물론 세금을 줄여주는 만큼 까다로운 요건이 있고 사후관리도 해야 한다.

> **계산해보기**
>
> • 일반증여: (20억원 − 5,000만원)×40% − 1억 6,000만원
>   = 6억 2,000만원
> • 가업승계 증여특례: (20억원 − 10억원) × 10% = 1억원

일반증여는 자녀에게 증여하고 10년 후에 상속하면 상속재산에 합산되지 않지만, 가업승계 증여세 특례는 나중에 상속이 일어났을 때 기간에 상관없이 무조건 상속재산에 합산되어 상속세가 과세된다.

그렇기 때문에 가업승계 증여세 특례를 받는 것이 의미가 있으려면 앞으로 해당 기업의 주식 가치가 많이 상승할 것으로 기대되어야 한다. 그러면 상속재산에 합산되더라도 증여 당시의 가액으로 합산되기 때문에 증여 이후 사망 시까지 주식이 오른 금액만큼 절세할 수 있기 때문이다.

가업승계 증여세 특례 요건

가업승계 증여세 특례에 대한 적용 요건과 그 내용을 살펴보면 다음과 같다.

❶ 증여자는 가업을 10년 이상 영위한 60세 이상의 중소기업의 최대주주로 특수관계인를 포함해 지분 40%(상장사는 20%) 이상을 10년 이상 계속 보유해야 한다.

❷ 수증자는 18세 이상 거주자로 증여세 과세표준 신고기한까지 가업에 종사하고 증여일부터 3년 이내에 대표이사에 취임해야 한다.

❸ 중소기업 또는 직전 3년 평균 매출액이 5,000억원 미만인 중견기업의 주식이어야 한다.

❹ 사후관리 요건: 증여일로부터 5년 이내에 다음 중 어느 하나에 해당하는 일이 생기면 증여세를 부과하고, 이자상당액을 추가로 납부해야 한다.

• 3년 이내에 대표이사로 취임하지 않음
• 5년까지 대표이사직을 유지하지 않음
• 가업을 1년 이상 휴업하거나 폐업하는 경우
• 주된 업종을 변경하거나 증여받은 지분이 감소되는 경우

최대 600억원 가업상속공제 적용된다

CEO 사망 시 가업상속공제 요건을 갖춘 경우 상속받을 때 상속세를 크게 절세할 수 있다.

가업 영위기간 10년 이상
최대 600억원까지 100%

가업상속공제

가업상속공제는 상속공제 중 하나로 피상속인이 생전에 10년 이상 영위한 중소기업 또는 요건을 충족한 중견기업을 상속인이 승계받는 경우, 최대 600억원 한도(10~20년인 경

우 300억원 한도, 20~30년인 경우 400억원 한도, 30년 이상인 경우 600억원 한도)에서 가업상속재산의 100%를 공제해주는 제도이다.

> ✦ **가업상속 공제금액 = min(❶, ❷)**
> ❶ 가업상속 재산가액
> ❷ 공제한도액(가업영위 기간 10년 이상 300억원, 20년 이상 400억원, 30년 이상 600억원)

세법상 '가업' 요건을 만족하는 중소기업 업종만 공제받을 수 있는데, 이를테면 음식점업은 공제가 되지만 부동산임대업 및 공급업, 숙박업, 유흥음식업 등은 가업상속공제를 받을 수 없다.

중견기업은 직전 3개년 매출의 평균금액이 5,000억원 미만인 경우 적용된다. 가업상속공제에 대한 구체적인 내용은 다음과 같다.

가업 요건이 적용되는 피상속인

최대주주로 특수관계인을 포함해 지분 40%(상장사는 20%) 이상을 10년 이상 계속 보유하면서 아래 요건 중 하나를 만족해야 한다.

❶ 거주자이면서 가업의 영위기간 중 50% 이상의 기간을 대표이사(개인사업자인 경우 대표자)로 재직

❷ 상속개시일부터 소급해 10년 중 5년 이상의 기간을 대표이사 등으로 재직

❸ 10년 이상의 기간을 대표이사 등으로 재직(상속인이 피상속인의 대표이사 등의 직을 승계하여 승계한 날부터 상속개시일까지 계속 재직한 경우로 한정)

가업 요건이 적용되는 상속인

❶ 상속개시일 현재 18세 이상인 경우

❷ 상속개시 전 가업에 종사한 기간이 2년 이상(피상속인이 65세 이전 사망 또는 천재지변, 인재 등으로 인한 부득이한 사망 시 제외. 상속인 또는 그 배우자로 상속개시 소급 2년부터 가업에 종사하던 자의 병역의무, 질병 요양기간은 직접 가업 종사기간에 포함)

❸ 상속세 과세표준 신고기한까지 임원으로 취임하고, 상속세 신고기한부터 2년 이내에 대표이사 등으로 취임한 경우

가업 요건이 적용되는 상속대상

상속세 및 증여세법에 따른 업종을 주된 사업으로 하고, 조세특례제한법상 매출액 요건을 만족한 자산총액이 5,000억 미만인 중소기업과 직전 3년 매출액 평균이 5,000억원 미만인 중견기업이 기업상속공제 대상이 된다.

가업상속공제의 사후관리

가업상속공제를 적용받은 상속인이 상속개시일부터 5년 이내에 정당한 사유 없이 다음의 어느 하나에 해당하게 되는 경우에는 그 공제받은 금액을 상속개시 당시의 상속세 과세가액에 산입해 상속세를 부과한다.

❶ 해당 가업용 자산의 40% 이상을 처분한 경우

❷ 해당 상속인이 가업에 종사하지 아니하게 된 경우

❸ 주식 등을 상속받은 상속인의 지분이 감소한 경우

❹ 상속개시일로부터 5년간 정규직 근로자 수(총급여액의 전체 평균)가 상속개시일이 속하는 소득세 과세기간 또는 법인세 사업연도의 직전 2개 과세기간의 정규직 근로자 수의 평균의 90%(총급여액 평균의 90%)에 미달하는 경우

한 가지 유념해야 할 점은 가업상속공제 대상이 되는 재산은 사업용 자산가액만을 의미한다는 것이다. 즉 가업에 사용하는 토지, 건물, 기계장치 등만이 공제대상에 들어가고, 타인에게 임대하고 있는 부동산이나 영업활동과 관련 없이 보유하고 있는 금융상품 등 사업과 무관한 자산은 제외된다.

따라서 상속세 절세 계획을 세우려면 사업용 자산인 토지, 건물 등은 가업상속공제를 받을 수 있도록 상속으로 물려받고, 피상속인의 다른 자산들은 10년 단위 사전증여 규정을 활용하는 것이 좋다.

창업하는 자녀에게 증여하면 절세 가능하다

사례 레스토랑 창업자금 아버지에게 도움받으면 증여세 낼까?

평소 요리에 관심이 많은 P씨는 취업보다는 창업을 결심하고 대학가 근처에 작은 레스토랑을 오픈할 계획이다. 자금이 부족해 아버지에게 도움을 요청하려고 하니 증여세가 걱정이다. 그런데 창업할 때는 증여세를 깎아준다는 이야기를 들었는데, 사실인지 궁금하다며 문의해왔다.

최대 100억원까지 10% 증여세율 적용된다

창업하는 자녀에게 돈을 줬다면 증여에 해당한다. 다만 정부는 창업을 지원하기 위해 창업하는 자녀에게 증여하는 경우에는 증여세를 절세해주는 '창업자금에 대한 증여세 과세특례' 제도를 두고 있다.

부모가 자녀에게 재산을 증여하면 10%에서 최대 50%의 세율로 증여세가 과세된다. 하지만 '창업자금에 대한 증여세 과세특례'를 활용해 자산을 증여할 경우 최대 50억원(창업을 통해 10명 이상

을 신규 고용한 경우에는 100억원)까지 10%라는 낮은 세율로 증여세 혜택을 받을 수 있다.

18세 이상인 거주자가 60세 이상의 부모로부터 창업자금을 증여받은 경우, 5억원을 뺀 금액에 10%의 세율로 증여세가 과세된다. 5억원이 공제되기 때문에 사실상 5억원까지는 증여세가 없고, 5억원을 초과하는 금액에 대해서만 10% 세율로 증여세가 과세된다.

사후관리 요건 못 지키면 가산세 낸다

증여세는 증여받은 수증자가 내야 한다. 그렇기 때문에 증여세가 클수록 그만큼 증여받는 금액이 줄어들게 된다. 창업자금 증여특례를 활용하면 증여세를 적게 낼 수 있으므로 창업자금을 많이 확보할 수 있다.

하지만 창업자금 증여금액은 앞에서 살펴본 가업승계 증여특례와 마찬가지로 증여한 부모가 언제 사망하든 상속재산에 포함되어 상속세가 과세된다.

즉, 창업할 때는 증여세 부담을 줄여주지만 나중에 상속세로 정산하는 셈이다.

추후 상속재산에 합산되어 정산된다는 단점이 있지만 당장 자녀에게 필요한 창업자금에 대해 증여세를 줄일 수 있으므로 창업후 자리를 잡도록 하는 데 유리하다. 또한 창업자금 증여세 과세특례는 수증자별로 적용받는 것이기 때문에 부모가 여러 자녀에게 최대 금액인 100억원씩 창업자금을 증여해도 각각 과세특례를 받을 수 있다.

물론 세법상 특례혜택을 받으면 반드시 사후관리도 뒤따른다. 사후관리 요건을 지키지 못하면 일반적인 증여세로 추징당할 뿐 아니라 가산세까지 내야 하므로 사후관리 요건을 꼼꼼히 챙겨보고 증여세 특례를 받을지에 대한 여부를 결정해야 한다.

창업자금 증여특례 증여세 및 가산세 추징 사유

❶ 증여일로부터 2년 이내에 창업하지 않는 경우

❷ 창업자금을 4년 이내에 본래의 목적에 모두 사용하지 않는 경우

❸ 창업자금 증여특례 업종 외의 업종을 경영하는 경우

❹ 창업자금을 해당 목적에 사용하지 않는 경우

❺ 증여받은 후 10년 이내에 창업자금을 해당 사업용도 외의 용도로 사용한 경우

❻ 창업 후 10년 이내에 해당 사업을 폐업하는 경우 등

❼ 증여받은 창업자금이 50억원을 초과하는 경우로서 창업 후 5년 이내에 근로자 수가 10명보다 적은 경우

7

대부분 주위 사람들에게 들은 정확하지 않은 정보로 세무조사에 대한 막연한 두려움을 가지고 있다. 두려움을 없애기 위해서는 자세히 알아야 한다. 이번 장에서는 자금출처조사, PCI조사, 부동산 관련 기획조사 등 대표적인 세무조사 유형과 최근 세무조사 트렌드를 살펴보자.

미리 알아두면
유용한 세무조사

자녀 명의로 산 아파트, 자금출처 소명하라고?

사람들이 살면서 가장 두려워하는 것 중 하나가 세무조사다. 세무조사를 한 번 받으면 몇 년이 늙는다는 이야기도 주위에서 쉽게 들을 수 있다. 대부분 '카더라 통신'으로 세무조사에 대한 이야기를 접하는데, 그런 경우 왜곡된 정보를 갖게 되기도 한다. 인과관계를 제대로 모른 채 무조건 세무조사라고 하면 괜한 공포감을 지니게 되기도 한다. 따라서 세무조사에 대해서도 제대로 알아둘 필요가 있다.

국세청에서는 주요 세무조사 사례를 보도자료로 공개하고 있으므로 이런 자료들을 통해 반면교사의 가르침을 얻을 수 있다. 이번 장에서는 대표적인 세무조사 유형과 최근 세무조사 트렌드를 살펴보자.

구입자금의 80%를 소명해야 한다

자금출처조사란, 부동산을 취득했을 때나 금융재산을 보유하고 있을 때 또는 고가의 전세자금 등에 대해서 어떤 자금으로 취득했는지 국세청이 조사하는 것을 말한다.

가령, 취직한 지 얼마 되지 않은 20대 후반의 직장인이 아파트를 샀다거나, 별다른 소득이 없었던 30대가 금융소득이 많이 발생했다거나, 이제 갓 소득이 생기기 시작한 30대 초반의 신혼부부가 10억원대의 전세를 얻었을 때 등, 해당 자금이 어디에서 났는지를 소명하라고 하는 것을 '자금출처조사'라고 한다.

자금출처조사의 유형은 납세자의 재산 규모·성실도 수준·탈루혐의의 경중 등을 고려해 간편조사와 일반조사로 구분된다. 간편조사는 단기간 동안 최소한의 범위 내에서 상담 위주로 실시하는 조사를 말하는데, 간편조사 과정에서 중대하고 명백한 탈루혐의가 발견되는 등 추가적인 사실 확인이 필요하면 일반조사로 전환될 수 있다.

세법에서는 납세자의 나이와 직업, 소득과 재산 상태 등으로 보아 스스로의 힘으로 취득한 것으로 보기 어려운 재산은 증여받은 것으로 추정한다. 다만, 입증하지 못하는 금액이 재산취득자금의 20%와 2억원 중 작은 금액 미만인 경우에는 증여로 추정하지 않는다.

즉, 재산취득자금이 10억원 이하인 경우에는 취득자금의 80% 이상을 입증해야 하고, 재산취득자금이 10억원을 넘는 경우에는 재산취득자금에서 2억원을 뺀 금액에 대해 입증할 수 있어야 한다.

자녀가 산 아파트, 세무조사에 놀란 A씨

A씨의 자녀 B씨는 8억원의 아파트를 샀다. B씨는 3년 전 취직해, 그동안 번 세후 소득금액이 2억원(세후 소득에서 본인 명의 신용카드 사용액이 있다면 신용카드 사용액도 차감된다)이고, 은행에서 3억원을 대출받고 회사에서도 5,000만원을 대출받았다. 최근 B씨는 자금출처조사를 받게 되어, 아파트를 무슨 돈으로 취득했는지에 대해 소명해야 한다.

이 경우 5억 5,000만원의 자금은 소명이 가능하지만 2억 5,000만원은 소명이 되지 않는다. 즉, 주택가격 8억원의 20%인 1억 6,000만원보다 많은 2억 5,000만원을 소명하지 못했기 때문에 소명하지 못한 금액 전체를 증여로 보아 과세될 수 있다.

만약 애초에 주택을 취득하기 전, 1억원을 부모님에게 증여받은 금액으로 신고했다면 어땠을까? 이 경우 소명하지 못한 금액이 1억 5,000만원으로 취득가액의 20%인 1억 6,000만원보다 작다. 즉, 증여로 추정되지 않는다.

그러나 '증여로 추정되지 않는다'는 것이 전혀 증여세를 과세하지 않는다는 의미는 아니다. '증여받았다는 증거'를 과세관청에서 찾지 못하면 과세하지 않겠다는 의미로 받아들여야 한다. 즉 세무조사를 통해 해당 금액이 부모의 계좌에서 자녀 계좌로 이체된 증거 등이 발견되면 증여로 과세한다. 다만, 80%의 자금출처를 입증할 수 있는 상태에서 주택을 취득하면, 자금출처조사를 받을 가능성이 낮아질 수 있다는 의미로 해석하는 것이 좋다.

자금출처로 인정되는 범위 및 서류

자금출처는 어떻게 해명하면 될까? 직장에 다니면서 월급을 받았거나 퇴직하면서 퇴직금을 받았다면 해당 원천징수영수증, 사업소득이 있다면 사업소득에 대한 종합소득세 신고서, 부동산을 판 자금으로 구입했다면 매매계약서, 상속·증여받은 재산이라면 상속세 또는 증여세 신고서 등이 있다.

금융기관에서 차입한 부채는 부채증명서로 입증이 간단한 반면, 개인에게 빌린 자금 등이 있다면 사적인 차용증이나 계약서

자금조달계획서 기재항목별 증빙자료

구분	기재항목	증빙자료
자기자본	금융기관 예금액	예금잔액증명서 등
	주식·채권 매각대금	주식거래내역서, 잔고증명서 등
	상속·증여	상속·증여세 신고서, 납세증명서 등
	현금 등 그 밖의 자금	소득금액증명원, 근로소득 원천징수영수증 등
	부동산 처분대금 등	부동산매매계약서, 부동산임대차계약서 등
차입금	금융기관 대출액 합계	금융거래확인서, 부채증명서, 대출신청서 등
	임대보증금 등	부동산임대차계약서
	회사지원금·사채, 기타차입금 등	금전 차용을 증빙할 수 있는 서류 등

만으로는 인정받기 어려우므로 이를 뒷받침할 수 있는 예금통장 사본이나 무통장 입금증, 이자 지급내역 등 금융거래 자료를 준비할 필요가 있다. 또한 신용카드 사용금액 등이 있다면 소득에서 이를 뺀 나머지 금액만을 인정해주므로 주의해야 한다.

한편 2020년 10월 27일부터는 '부동산 거래신고 등에 관한 법률'이 개정되어 규제지역(투기과열지구·조정대상지역) 내 주택 거래신고 시 자금조달계획서 제출이 의무화됐다.

기존에는 규제지역 3억원 이상, 비규제지역 6억원 이상 주택거래 시에만 제출하던 자금조달계획서를 규제지역 내 모든 주택거래에 대해 제출(비규제지역은 기존과 동일)하도록 했다. 이에 따라 시행일 이후 거래계약분부터는 투기과열지구 또는 조정대상지역 내 3억원 미만 주택 거래계약을 체결하는 경우에도, 관할 시·군·구에 실거래 신고 시(30일 내) 자금조달계획서를 제출해야 한다.

특히, 투기과열지구 내 주택 거래신고 시에는 자금조달계획서뿐 아니라 자금조달계획서 기재내용에 대한 객관적 진위를 입증할 수 있는 증빙자료도 같이 첨부하여 제출해야 한다.

【상속세 및 증여세 사무처리규정 별지 제13호 서식】(2016.07.01 개정)

국세청

기 관 명

재산 취득 자금출처에 대한 해명자료 제출 안내

문서번호 :　-

○ 성명 :　　　　　　　　귀하　　　○ 생년월일 :

　안녕하십니까?　귀댁의 안녕과 화목을 기원합니다.

　귀하가 아래의 재산을 취득한 것으로 확인되었으나 귀하의 소득 등으로 보아 자금원천이 확인되지 않는 부분이 있어 이 안내문을 보내드리니 **201 . . .까지** 아래 재산 명세에 대한 취득자금과 관계된 증빙자료를 제출하여 주시기 바랍니다.

취득한 재산 명세	
제출할 서류	1. 계좌 ○○○○○ 거래 명세서 2. ○○동 ○○번지 취득계약서 사본 등 증빙 3. 취득자금에 대한 금융증빙 4. 기타 해명할 내용
해명 요청 사항	1. 구체적으로 해명사항을 요청함 2. 3.

　요청한 자료를 제출하지 않거나 제출한 자료가 불충분할 때에는 사실 확인을 위한 조사를 할 수 있음을 알려드립니다.

년　　월　　일

기 관 장

위 내용과 관련하여 문의 사항이 있을 때에는 담당자에게 연락하시면 친절하게 상담해 드리겠습니다. 성실납세자가 우대받는 사회를 만드는 국세청이 되겠습니다.

◆담당자 : ○○세무서 ○○○과 ○○○ 조사관(전화 :　　　. 전송 :　　　)

210mm×297mm(신문용지 54g/㎡)

고액 자산가의 상속인은 사후관리 받는다

사례 4년 전 신고하지 않은 금과 그림, 이제 처분해도 될까?

O씨는 4년 전 남편의 사망으로 50억원가량의 재산을 외동딸과 반반씩 나눠 상속받았다. 당시 상속세 신고 시 남편의 금(金)과 그림은 상속재산으로 신고하지 않았는데, 지금 그 금과 그림을 팔아 딸이 집을 사는 데 보태주려고 한다. 상속세 결정은 이미 끝났으니 누락한 상속재산을 딸에게 줘도 괜찮을까?

사후관리 대상은 상속인뿐만이 아니다

상속재산가액이 30억원 이상인 경우에는 상속세 신고가 끝나도 끝난 것이 아니다. 30억원 이상 고액 자산가의 상속인은 상속 후 적어도 5년간은 사후관리 대상이다. 상속인들이 신고하지 않은 상속재산이 있다면 몇 년이 지나서라도 잡아내겠다는 취지다.

세법에서는 상속인이 보유한 부동산, 주식, 기타 주요 재산가액이 신고 당시 가격에 비해 현저하게 증가한 정황이 포착되면 당초 신고한 상속세에 탈루 또는 오류가 있는지 조사하도록 규정하고 있다. 사후관리의 대상은 상속인의 부모, 배우자, 자녀까지 모두 조사대상으로 포함돼 상속세 조사보다 범위가 넓다. 따라서 은닉한 상속재산을 배우자나 자녀명의로 운용해도 조사대상이 될 수 있으니 유의해야 한다.

부모, 배우자, 자녀까지 살펴!

상속세 신고 후 5년간은 주의해야 한다

사후관리는 상속개시일부터 5년이 되는 날까지의 재산 증감액을 기준으로 한다. 대상 재산은 부동산, 금융자산(예금, 주식, 채권, 펀드 등), 무체재산권(특허권, 상표권 등), 서화 및 골동품, 권리금, 골프회원권, 특정 시설물 이용권, 기타재산 등이다. 국세청 전산망과 각 금융기관의 일괄조회, 각종 자료수집을 거쳐 세법에서 규정한 평가방법에 의해 비교 평가한 후 확인 및 소명작업을 거친다. 만약 국세청에서 보기에 상속재산이 현저히 증가했다고 판단되면 납세자의 소명을 요구한다.

따라서 O씨와 같이 30억원을 초과하는 재산을 상속받은 경우에는 상속세 신고 이후에도 5년 동안은 재산을 취득하거나 채무를 상환할 때 주의해야 하며, 부득이하게 재산을 취득하거나 채무를 상환할 경우에는 취득자금 및 상환자금에 대한 출처를 객관적으로 입증할 수 있도록 준비해야 한다.

다만 그 재산증가액이 경제상황 등의 변동에 비춰 정상적인 증가라고 여겨지거나 증가한 이유가 객관적으로 명백한 경우에는 조사대상으로 삼지 않는다.

PCI 조사가 뭐지?

사례 지출이 소득보다 턱없이 많으니 소명하라고?

L씨는 최근 세무서에서 안내문을 받았다. 최근 5년간 부동산을 취득한 금액과 해외여행 경비, 신용카드로 지출한 금액 등이 소득으로 신고한 금액에 비해서 턱없이 많으니 소명하라는 내용이었다. 갑작스런 조사에 L씨는 어떻게 대처해야 할지 당황스럽기만 하다.

금융정보를 활용해 탈루 혐의를 파악한다

국세청은 2009년 이후 PCI(Property, Consumption and Income Analysis System) 조사라 하여 '소득-지출 분석시스템'을 통한 세무조사를 활발히 하고 있다.

PCI 조사란 과세관청이 보유하고 있는 정보를 이용해서 일정 기간 재산증가(property) 및 소비지출액(consumption), 신고소득(income)을 비교분석해 자산 증가분에 대한 일종의 자금출처를 조사하는 시스템이다.

재산이 증가한 금액과 소비지출한 금액이 신고한 소득금액보다 크다면 그 차액만큼은 세금을 탈루한 것으로 의심되는 금액이라고 볼 수 있다.

PCI 조사 시스템

재산증가액		소비지출액		신고(결정) 소득금액		탈루 혐의 금액
부동산 주식 회원권 등	+	해외체류비 신용카드·현금영수증 사용액 등	−		=	

PCI 조사의 경우 보통 5년간을 분석한다. 가령 지난 5년 동안 9억원가량의 주식을 취득하고 해외여행과 신용카드로 4억원가량을 지출했는데 5년 동안 번 소득은 4억원 정도에 불과하다면, 나머지 9억원가량은 신고하지 않은 소득이거나 증여를 받고도 증여세 신고·납부를 안 한 탈루혐의 금액이라고 보아 소명을 요구하는 것이다. 소명을 못할 경우에는 누락한 사업소득세나 증여세 또는 상속세 등이 추징된다.

의심거래와 고액현금거래는 자동으로 보고된다

PCI 조사에서 활용하는 주요 정보는 금융정보분석원(FIU: Financial Intelligence Unit)의 금융거래 정보이다.

국세청 자료에 따르면 최근 7년간 국세청이 금융정보분석원 정보를 세무조사에 활용해 추징한 세액이 연평균 2조 2,708억원에 이른다. 국세청은 이처럼 금융정보분석원 정보를 세무조사 및 체납처분에 적극 활용하고 있다.

금융정보분석원에 보고되는 주요 내용은 의심거래 및 고액현금거래이다.

의심거래 보고

의심되면
모두

고액현금거래 보고

1,000만원
이상 입출금 시

의심거래 보고제도

의심거래 보고제도(STR: Suspicious Transaction Report)란, 불법재산이라고 의심되거나 그 재산을 합법재산으로 위장하는 자금세탁 행위가 있다고 의심되는 거래가 있으면 금융기관이 금융정보분석원에 보고하는 제도이다. 2010년 의심거래 보고 기준이 2,000만원에서 1,000만원으로 하향되고, 2013년 8월부터는 아예 기준금액이 없어지면서 보고 건수가 크게 증가하고 있다.

STR 연도별 기준금액

연도	2001년	2004년	2010년	2013년
기준금액	5,000만원	2,000만원	1,000만원	폐지

고액현금거래 보고제도

고액현금거래 보고제도(CTR: Currency Transaction Report)는 금융기관이 주관적 판단에 따라 보고하는 현행 의심거래 보고제도의 미비점을 보완하기 위해 일정 금액 이상의 현금거래를 자동으로 금융정보분석원에 보고하는 제도이다. 2006년 도입 시만 해도 5,000만원이 기준이었으나 2008년 3,000만원, 2010년부터는 2,000만원으로 낮아져 한층 더 강화됐다.

현재는 동일 금융회사에서 동일인이 1거래일 동안 1,000만원(2019년 7월 1일부터 개정) 이상의 현금을 입출금한 경우 거래자의 신원, 거래일시, 거래금액 등이 전산시스템으로 자동 보고되고 있다.

다만 고액현금거래가 과세당국에 제공될 경우에는 정부기관에 의해 정보가 악용될 여지를 줄이기 위해 당사자에게 제공 사실을 의무적으로 통보해야 한다.

한편, 보고된 내용은 취합·분석해서 조세 포탈 등의 각종 불법 혐의를 파악하는 데 활용된다.

그러므로 기준금액이 넘는 현금을 입출금하는 경우에는 그 내용이 금융당국에 보고될 수 있고, 혹시라도 현금매출 누락 등의 혐의가 있다면 이를 파악하는 데 활용될 수 있으므로 주의해야 한다.

아직까지는 이러한 많은 양의 금융정보를 국세청에서 활용하기에는 제약이 많다. 세무조사 등 필요할 때만 금융정보분석원에 자료를 요청하고 제공받아 확인할 수 있기 때문이다. 향후 금융정보분석원의 자료의 제공범위가 확대되는 방향으로 법이 개정된다면 금융정보를 활용한 세무조사는 더욱 늘어날 것이다.

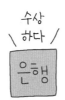

실제 사례로 보는 부동산 관련 세무조사

과거 과열되는 주택시장을 잠재우는 방안 중 하나로 정부는 세무조사를 강화했다. 서울·중부지방국세청과 인천·대전지방국세청에 '부동산거래탈루대응T/F'를 설치하고 국토교통부·지방자치단체(서울시, 경기도 등) 등 관계기관과도 협력을 강화해 부동산 시장 동향을 면밀히 모니터링하고 부동산 거래 과정에서 세금을 탈루하는 사례가 없는지 세무조사를 실시하는 등 검증을 강화했다.

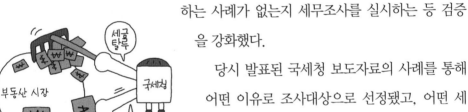

당시 발표된 국세청 보도자료의 사례를 통해 어떤 이유로 조사대상으로 선정됐고, 어떤 세금을 추징당했는지 살펴보자. 이를 통해 반면교사의 가르침을 얻을 수 있을 것이다.

대표적인 세무조사 사례

소득이나 재산에 대비해서 고가의 아파트를 취득하거나 전세로 입주한 경우 또는 나이가 어린 연소자가 부동산을 취득한 경우,

신고된 소득이 없는데 해외를 자주 드나들고 신용카드 사용액이 거액이거나 외제차를 취득하는 등의 호화사치 생활을 하는 경우, 특수관계인 간 부동산을 고가양도 또는 저가양수한 경우 등이 세무조사 대상에 선정되는 주요 사례다.

사례 무소득 20대 자녀의 명의로 고가의 부동산 취득

특별한 소득이 없는 20대 이하 자녀의 명의로 고가의 부동산을 취득했다면 세무조사 대상 0순위라는 점을 알아둬야 한다.

실제로 특별한 소득이 없는 20세 B씨가 고가의 부동산을 취득하자 국세청은 자산가인 부모에게서 취득자금을 증여받은 것으로 보아 조사대상으로 선정했다.

B씨는 아버지 병원에서 일해서 받은 급여와 큰아버지에게 빌린 돈으로 해당 부동산을 취득했다고 주장했다.

하지만 자금출처조사 결과, 아버지 A씨가 운영하는 병원에서 B씨가 근무한 사실이 없다는 것이 밝혀졌고, 증빙으로 제출한 큰아버지와의 차용증 역시 실제로는 아버지 A씨가 자신의 형(B씨의 큰아버지)의 계좌로 입금한 돈을 B씨에게 다시 이체한 것이라는 사실이 드러나 증여세를 추징당했다.

사례 엄마 토지에 미성년 자녀 명의로 상가 신축

역시 연령·소득에 비해 고가의 부동산을 소유하게 된 사례다. 상가건물의 소유주가 미성년자인 B, C인 것을 수상하게 여기고, 국세청은 취득자금의 출처를 검증했다.

조사 결과, 부동산매매업을 영위하고 있는 어머니 A씨가 수도권 소재 토지를 매입해 그 토지 위에 상가건물 두 동을 신축해서는 50%에 상당하는 지분을 증여세 신고 없이 자녀 B, C 명의로 등기한 것이었다. 건물에 대한 증여세와 소유자인 B, C가 내야 할 취득세를 어머니가 대납한 것 등에 대해 증여세를 추징했다.

세무조사 대상자는 어떻게 선정할까?

국세청이 보도자료를 통해 발표한 대표적인 선정 유형과 사례를 살펴보자.

관계기관 합동조사를 통한 선정

부동산 시장에 대한 국토교통부, 금융감독원, 금융정보분석원, 국세청 등 관계기관의 합동조사가 크게 늘어났다. 주택을 구입할 때 제출한 자금조달계획서를 검토해 수상한 거래는 국세청에 통보되어 세무조사 대상자로 선정된다. 그 예는 다음과 같다.

- 30대 직장인이 고가아파트를 취득하면서 해당 자금의 상당 부분을 부동산 중개업자로부터 차입한 것으로 소명했으나, 실제는 부모 등으로부터 증여받은 혐의로 조사대상에 선정됐다.

- 부부가 16억원의 아파트를 5대 5로 공동 취득한 사례로 구입

대금의 자금출처를 조사한 결과, 각각 8억원씩 내야 하는데
도 불구하고 남편이 16억원 전액을 지불한 사실이 밝혀졌다.
10년 이내 배우자에게 증여한 금액이 없다면 6억원까지는
배우자증여공제로 공제 가능하지만, 추가적인 2억원에 대해
증여세를 탈루한 혐의로 조사대상에 선정됐다.

고가주택 취득자, 고액 전세입자이거나 특수관계인 간 거래의 경우

고가주택을 취득하거나 고액의 전세를 사는 경우 자금출처조사
대상으로 선정될 확률이 높다.

• 전문직에 종사하는 30대가 형으로부터 고가의 아파트를 주
  변 시세보다 싸게 취득하면서 해당 주택을 어머니에게 전세
  로 임대하여 전세보증금을 받았다. 해당 거래는 특수관계인
  와의 저가양수 및 어머니에게 전세보증금을 편법으로 증여
  받은 혐의로 조사대상에 선정됐다.

- 뚜렷한 소득이 없는 40대가 아버지가 대표인 비상장 법인의 주식을 아버지로부터 매입한 후 단기간에 훨씬 높은 가격에 되팔아 고가의 아파트를 취득한 사례로 편법 증여받은 혐의로 조사대상에 선정됐다.

- 뚜렷한 소득 없이 장기간 해외유학한 30대와 소득이 미미한 전문직 배우자가 고액 전세에 입주해 편법증여받은 혐의로 조사대상에 선정됐다.

다주택 보유 연소자의 경우

나이가 어린 연소자가 부동산을 보유하고 있거나 일정한 소득이 없는 사람이 해외여행이나 쇼핑 등으로 호화생활을 하면 세무조사 대상자로 선정될 수 있다.

- 소득이 없는 연소자 자녀가 서울, 제주 등 부동산 가격 급등 지역에 소재한 주택(겸용주택·고급빌라 등)을 여러 채 취득해, 부모로부터 고액의 부동산 취득자금을 편법증여받은 혐의로 조사대상에 선정됐다.

- 연소자인 자녀가 수도권에 소재한 오피스텔 및 주택을 취득하면서 설정한 근저당 채무를 고액 자산가인 아버지가 대신 갚아주는 방식으로 증여세를 탈루한 혐의로 조사대상에 선정됐다.

- 연소자가 고액 자산가인 아버지로부터 현금을 변칙증여받아 국내 유명 골프회원권 및 고액의 부동산을 취득했으나 증여 세를 신고하지 않은 혐의로 조사대상에 선정됐다.

고가아파트 취득법인, 꼬마빌딩 투자자의 경우

법인을 이용한 부동산 거래가 증가함에 따라 법인에 대한 세무조 사도 증가했다. 또한 꼬마빌딩 투자자에 대한 자금출처조사도 빈 번하게 이루어지고 있다.

- 도·소매업을 하는 법인이 할인을 미끼로 현금을 받고 판매한 수입금액을 신고하지 않고 이를 바탕으로 다수의 고가부동 산을 취득한 후, 부동산에서 발생한 임대소득을 신고 누락한 혐의로 조사대상에 선정됐다.

- 고가의 상가빌딩(꼬마빌딩)을 배우자와 공동 매입했으나 자금 출처가 부족해 조사한 결과, 배우자의 부동산 매각 대금 등 을 증여받은 혐의로 조사대상에 선정됐다.

어떤 방식으로 세무조사할까?

조사대상자에 선정되면 국세청에서 어떤 방식으로 세무조사를 하고, 세무조사가 끝난 후 사후관리는 어떻게 계획하고 있는지를 들여다보자.

금융조사 등을 통해 편법증여 추적 및 검증

국세청은 금융기관 계좌정보와 금융정보분석원 정보 등을 통해 자금의 원천과 흐름을 추적한다. 소득·재산·금융자료 등 재산내역과 신용카드 사용내역 등 소비내역과의 연계분석(PCI조사)을 통해 차입을 가장한 증여 여부 등 부동산 취득과정에서의 편법증여 여부를 검증한다.

특수관계인 간 차입금 정밀검증 및 부채 사후관리

소액의 자금 또는 자기자금 없이 특수관계인 등으로부터의 차입금으로 고가아파트를 취득하거나 전세로 입주한 경우에는 차입을 가장한 증여인지 여부를 검증하고, 향후 원리금을 자력으로 상환하는지 여부에 대해 부채 상환 전 과정을 사후관리* 한다.

* 부채 사후관리 점검횟수는 연 1회에서 2회로 확대됐다.

　특히, 연소자의 차입금과 고액 전세보증금 상환 내역에 대해서는 보다 철저히 검증하고 탈루 혐의가 발견되면 조사로 전환하기 때문에 주의가 필요하다.

특수관계인 간 고저가 거래, 부당행위계산 부인 과세

자녀 등 특수관계인에게 아파트를 증여가 아닌 양도로 이전하면서 시가 대비 낮은 가격으로 양도하거나 본인이 주주 또는 대표(임직원)인 법인에게 높은 가격으로 양도하는 사례도 적발한다. 세무당국은 이렇게 시가 대비 차이가 나는 거래에 대해 업·다운 계약 여부와 편법증여 여부는 물론, 특수관계인 간 부당행위계산 부인 해당 여부를 면밀히 검토하여 과세하고 있으니 주의해야 한다.

소규모 가족법인, 꼬마빌딩 투자자 등 정밀검증

세무당국은 언론에서 지속적으로 문제를 제기하고 있는 소규모 가족법인이나 꼬마빌딩 투자자 등에 대해서도 더 철저한 세무조사를 할 것이라 밝혔다. 법인 설립부터 부동산 취득·보유·양도 전 과정에서 자금흐름을 확인해 편법증여 여부를 철저히 검증하고 있다.

또한 양도차익이 제대로 신고되었는지, 자금 유입 및 유출 과정에서 회계처리가 적정한지, 법인의 수입금액 및 비용처리가 적정한지 여부 등에 대해서도 검증하고 있다.

이외에도 명의신탁 또는 업·다운 계약 등 관련 법률* 위반사항 발견 시 관계기관에 통보하는 등 법과 원칙에 따라 엄정 조치할 할 것이라고 과세당국이 밝힌 만큼 주의해야 한다.

*부동산 실권리자명의 등기에 관한 법률(약칭 부동산 실명법), 부동산 거래신고 등에 관한 법률 등

특별
부록

1. 상속분쟁 없는 유언장 준비하기

2. 가족법인, 1인법인 만들면 절세될까?

상속분쟁 없는 유언장 준비하기

법률사무소 안찬 장지희 변호사

유언장은 민법에서 정한 방식으로 쓰지 않으면 효력이 인정되지 않는다. 따라서 반드시 민법이 정한 방식을 기억해둘 필요가 있다. 민법이 정한 다섯 가지 유언의 방식에는 자필증서, 공정증서, 녹음, 비밀증서, 구수증서에 의한 유언이 있다.

민법이 정한 5가지 유언의 방식

자필증서에 의한 유언

자필증서에 의한 유언은 유언자가 그 전문과 연월일, 주소, 성명을 자서하고 날인하는 방식으로 한다(민법 제1066조 제1항). 매우 간단히 작성할 수 있는 대신 자필증서에 의한 유언은 유언장 그대로는 집행할 수가 없으며 가정법원의 검인절차를 거친 검인조서로 집행이 가능하다.

공정증서에 의한 유언

공정증서에 의한 유언은 유언자가 증인 2인이 참여한 공증인의 면전에서 유언의 취지를 구수하고 공증인이 이를 필기 낭독해 유언자와 증인이 그 정확함을 승인한 후 각자 서명 또는 기명 날인하는 방식으로 이루어진다(민법 제1068조). 공정증서에 의한 유언은 공증수수료가 발생하고 은밀하게 유언을 남기기 어렵다는 인식이 있지만 그 효력과 내용에 대해 다툼의 소지가 적고 분실 우려가 없으며, 별도 검인절차가 필요하지 않아 가장 안전하고 간편한 방법이라 할 수 있다.

녹음에 의한 유언

녹음에 의한 유언은 유언자가 유언의 취지, 그 성명과 연월일을 구술하고 이에 참여한 증인이 유언의 정확함과 그 성명을 구술하는 방식으로 이루어진다(민법 제1067조). 흔히 녹음은 유언자 본인의 목소리로 직접 유언의 내용을 말하는 것이므로 특별한 방식이 없어도 유언의 효력이 인정되는 것으로 생각하는 경우가 많은데, 녹음에 의한 유언도 증인이 그 녹음에서 자신의 성명과 유언의 정확함을 구술해야 한다는 점을 주의해야 한다.

비밀증서에 의한 유언

비밀증서에 의한 유언은 유언자가 필자의 성명을 기입한 증서를 엄봉 날인하고 이를 2인 이상의 증인의 면전에 제출해 자기의 유언서임을 표시한 후 그 봉서표면에 제출 연월일을 기재하고 유언자와 증인이 각자 서명 또는 기명 날인하는 방식이다(민법 제1069조). 비밀증서에 의한 유언은 5일 내에 공증인 또는 법원서기에게 제출해 확정일자 검인을 받아야 한다.

구수증서에 의한 유언

구수증서에 의한 유언은 질병 등 기타 급박한 사유로 인해 다른 유언의 방식을 사용할 수 없는 경우 유언자가 2인 이상 증인의 참여로 그 1인에게 유언의 취지를 구수하고 그 구수를 받은 자가 이를 필기 낭독해 유언자의 증인이 그 정확함을 승인한 후 각자 서명 또는 기명 날인하는 방식이다(민법 제1070조). 구수증서에 의한 유언은 급박한 사유 종료일로부터 7일 내에 법원에 검인을 신청해야 한다.

이것이 궁금하다! 유언 관련 FAQ

Q 자필증서와 공정증서에 의한 유언 중 어느 방식이 나을까?

A 자필증서에 의한 유언은 누구나 혼자서도 할 수 있을 정도로 매우 간단하며 비밀스럽게 작성이 가능하다. 또한 비용이 들지 않으며 언제든 다시 새로운 내용으로 작성할 수 있어 앞으로의 자산 변동에 따라 유언장 내용이 바뀔 가능성이 클 경우, 자필증서에 의한 유언을 선택하는 것이 좋다.

다만 도난이나 분실 위험이 크고 유언장 집행 전 검인절차가 필요하며 법이 요구하는 내용 중에 하나라도 빠뜨린 경우에는 유효한 유언장으로 인정되지 않으므로 주의한다.

반면 공정증서에 의한 유언은 증인 2인이 필요하며 공증수수료가 발생하지만 도난이나 분실 위험이 거의 없어 안정적이며 검인절차가 필요 없어 집행이 용이하다. 따라서 상속분쟁 가능성이 높거나 유언자가 치매를 앓고 있는 경우 등 보다 안정적인 유언의 집행이 필요할 경우에는 공정증서에 의한 유언을 선택하는 것이 좋다.

Q 유언장 작성 후 마음이 바뀌었다면?

A 유언자는 자신이 사망하기 전에 언제든지 유언의 일부 또는 전부를 자유롭게 철회할 수 있다. 이를 '유언의 철회'라고 한다.

철회의 방법은 반드시 유언으로 해야 하는 것은 아니고, 유언에 저촉되는 행위를 하는 방식으로도 가능하다. 유언자가 유언장이나 유증의 목적물을 파훼하는 경우에도 유언을 철회한 것으로 본다. 유언이 철회되면 유언이 처음부터 없던 것이 된다. 철회 후에는 언제든지 유언장을 자유롭게 다시 쓸 수 있다.

Q 치매를 앓고 있어도 유언장을 작성할 수 있을까?

A 민법은 만 17세 미만은 유언을 할 수 없다고 명시하고 있을 뿐이지 치매 등 기타질병에 걸린 사람 등의 유언능력에 대해 아무런 제한규정을 두고 있지 않다. 또한 치매라고 해서 정상적인 의사능력이 반드시 없다고 볼 수는 없다.

실제로 법원에서도 치매상태에서의 유언에 관해 효력다툼이 있는 경우 진료기록감정 등을 통해 판단하고 있다. 대법원도 치매를 앓던 노인의 유언장이라도 유언 내용을 이해할 수 있는 상태에서 작성됐다면 유효하다는 입장이다.

그러나 유언자의 치매상태가 중할 경우, 나중에 유언의 효력이 문제될 가능성이 매우 높다. 따라서 되도록이면 건강할 때에 작성하도록 하고 가능한 병세가 심하지 않은 초기에 유언장을 작성해두는 것이 좋다. 이때엔 공증인과 증인 2인이 참여하는 공정증서에 의한 유언의 방식을 사용하는 것이 좋다.

특히 이때 유언자 사망 이후 상속인이 치매상태를 문제 삼아 유언무효소송을 제기하는 등의 분쟁의 확대를 방지하는 차원에서 유언공증 당시의 상황을 동영상이나 녹음 등으로 남겨놓는 방법도 고려해보도록 한다.

Q 유류분을 침해하는 유언장의 효력은?

A 민법은 일정한 범위의 상속인에게 상속재산 중 일정비율을 보장받을 수 있는 지위 또는 권리를 인정하고 있는데 이를 유류분이라 한다. 유류분권이 존재하더라도 유류분을 침해하는 증여나 유언 자체를 막을 수는 없고 그러한 증여나 유증이 당연히 무효가 되는 것도 아니다.

즉, 유류분을 침해하는 유언이 효력이 없는 것은 아니다. 다만 유류분을 침해받은 상속인은 자신의 유류분을 청구할 수 있을 뿐이다. 유언을 하면서 추후 상속인들 간의 분쟁을 원하는 경우는 없을 것이다. 따라서 유류분을 침해하지 않는 범위 내에서 유언을 해두는 것이 바람직하다.

가족법인, 1인법인 만들면 절세될까?

주주가 한 명으로 되어 있는 법인을 '1인법인', 자녀 및 배우자와 같이 가족으로 구성되어 있는 법인을 '가족법인'이라고 한다.

과거에 주택에 대한 세금 중과를 피하기 위해 법인 설립이 유행했으나, 세법이 개정되면서 지금은 법인으로 주택을 보유하는 것이 오히려 세금 면에서 불리해졌다. 그러면서 법인 설립은 잠시 사람들의 관심에서 멀어졌다.

이즈음 법인에 대한 문의가 다시 증가하고 있다. 자녀를 주주로 한 법인을 만들어 상속·증여세를 절세하거나 종합소득세, 건강보험료를 줄이는 대안으로는 법인이 다시 주목받고 있다. 하지만 과거에 주택에 대한 세금 중과를 회피할 목적으로 법인을 만들었다가, 세법이 개정되면서 낭패를 본 사람들이 많다는 점도 간과해서는 안된다. 따라서 법인으로 사업을 운용하는 실질이 없이 절세만을 목적으로 유행처럼 설립할 일이 아니다. 실질적으로 법인을 활용할 수 있을 때, 법인 설립을 검토하는 것이 바람직하다. 법인이 모든 경우에 유리한 만병통치약은 아니라는 점도 기억해야 한다.

이제부터 법인을 절세에 유리하게 활용할 수 있는 대표적인 방법들을 살펴보자.

법인세율은 소득세율에 비해 훨씬 낮다

법인세는 소득세에 비해 세율이 훨씬 낮다. 소득세율은 과세표준 10억원 초과 시 49.5%(지방소득세 포함)에 달하지만, 법인세율은 과세표준 2억원 초과 200억원 이하 구간 시 20.9%(지방소득세 포함)에 불과하다. 하지만 법인의 돈이 곧 내 돈이 아니라는 점에 주의해야 한다.

세법에서는 인격체를 개인과 법인으로 나눈다. 쉽게 말하면, 세무당국은 세금을 매길 때 법인도 한 명의 사람이나 마찬가지로 취급한다. 즉, A라는 법인은 그 법인의 대주주나 대표이사와 별개의 존재이다. 따라서 법인에 있는 돈을 주주나 대표라고 해서 마음대로 가져올 수 없다.

법인의 돈을 개인으로 가져오려면, 월급을 받아 근로소득으로 가져오거나, 퇴직금으로 쌓아두었다가 퇴직소득으로 가져오거나, 잉여금에서 배당을 받아 배당소득으로 가져와야 한다.

따라서 법인을 운영할 때는 법인세로 끝이 아니라, 개인의 돈으로 가져오기 위해서는 근로소득·퇴직소득·배당소득이라는 소득 구분에 따른 세금을 한 단계 더 내야 한다. 때문에 세금을 두 번 내고서도 법인이 유리한 때에 법인을 활용할 이유가 생긴다.

법인세율과 소득세율 비교

법인세		소득세	
과세표준	세율	과세표준	세율
2억원 이하	9%	1,200만원 이하	6%
2억~200억원 이하	19%	1,200만~5,000만원	15%
200억~3,000억원 이하	21%	5,000만~8,800만원	24%
3,000억원 초과	24%	8,800만~1억5천만원	35%
		1억 5천만~5억원	38%
		3억~5억원	40%
		5억~10억원	42%
		10억원 초과	45%

사례 부동산 임대수입이 많은 B씨

임대수입이 많은 B씨가 법인을 만들었다고 하자. 이 경우 대표자인 B씨는 법인에서 필요한 돈만큼만 급여나 배당으로 가져오고, 나머지는 잉여금으로 쌓아놓아 당장의 세금부담을 줄이고, 뒤로 미루어 (과세이연) 앞으로 추가적인 절세 플랜을 세울 수 있다. 법인에서 얼마를 가져오고, 얼마를 그냥 둘지를 자유롭게 조절할 수 있다.

또는 유보해 둔 잉여금을 건물의 개축·증축·신축 등 사업과 관련된 투자에 사용할 수도 있다. 개인사업자는 종합소득세를 내고 난 후 남은 돈으로 재투자를 해야 하지만, 법인사업자는 법인세만 내고 바로 법인 명의로 재투자를 할 수 있다. 법인세가 소득세보다 낮으므로, 이처럼 재투자 계획이 있을 경우 법인 형태가 유리하다.

금융상품도 법인으로 운용하면 유리한 이유

B씨가 개인사업자인 경우, 부동산 임대수입으로 번 소득에 대해 종합소득세를 내고, 남은 자금을 금융상품으로 운용하면 이자나 배당소득이 발생한다. 개인의 이자, 배당소득은 연간 2,000만원을 초과하면, 다른 종합소득과 합산해 세금을 계산해서 납부해야 한다. 이를 '금융소득종합과세'라고 한다. B씨는 종합소득 최고세율인 49.5% 세율을 적용받고, 금융소득이 1억원이라고 가정하면 2,000만원을 초과한 8,000만원에 대해서도 최고세율(49.5%)을 적용받게 된다.

반면 법인의 경우, 과세기간에 법인에서 발생하는 모든 수익과 비용을 결산한 과세표준에 따라 9.9~26.4%로 과세된다. 따라서 낮은 세율의 법인세를 내며 이익을 법인에 유보해 뒀다가, B씨가 은퇴 후 소득이 감소했을 때 연도를 분산해서 배당을 받아 가져올 수 있다.

건강보험료를 줄일 수 있다

건강보험료는 직장가입자와 그의 피부양자, 그리고 지역가입자로 나뉜다. 직장가입자는 급여에 따라 산정한 건강보험료를 회사에서 50%, 본인이 50% 부담한다. 반면, 지역가입자는 소득뿐만 아니라 재산에 대해서도 산정한 금액으로 건강보험료를 내야 한다.

따라서 재산이 많아서 건강보험료가 부담인 사람이 법인을 통해 근로소득을 받으면, 직장가입자로서 급여에 따른 건강보험료를 법인과 개인이 반반씩 내면 된다. 다만, 직장가입자도 급여 외 다른 소득이 2,000만원을 초과하면 추가 보험료가 부과된다. 하지만 이때도 재산에 대한 보험료가 나오는 것은 아니고, 2,000만원 초과 소득에 대한 추가 보험료를 내면 된다.

법인을 활용한 상속세 및 증여세 절세 효과

성인 자녀는 5,000만원, 미성년이라면 2,000만원까지는 증여공제가 되어 증여세 없이 증여를 할 수 있다. 자녀에게 증여공제만큼 증여를 한 후, 법인을 설립할 때 출자금을 납입해서 자녀를 주주로 참여시키면, 이후 법인의 주식가치 증가에 대한 상속 및 증여세는 발생하지 않는다. 법인의 가치가 상승한다면 상속·증여세의 절세효과를 기대할 수 있다. 또한 법인에서 발생한 수익을 주주인 자녀에게 배당으로 줄 수 있어 자녀의 향후 자금출처 마련에 보탬을 줄 수 있다.

법인을 운영하면서 필요한 자금은 부모인 대표이사가 가수금 형태로 빌려줄 수 있다. 이때는 주의할 점이 있다. 세법에서는 가족법인처럼 특수관계자 비율이 높은 법인에 자금을 무상, 또는 세법상 적정 이자율인 4.6%보다 낮은 이자율로 빌려주면, 혜택을 본 이자에 해당하는 법인세를 제외한 금액에 주주 지분율만큼을 각각의 주주가 증여받은 것으로 본다.

증여재산가액=대여금액 × (4.6%-실제 이자율) × (1-법인세율) × 주식비율

다만, 이렇게 얻은 주주의 이익이 연간 1억원 이상이 되는 경우에만 증여로 본다. 가령 자녀 1명이 100% 주주인 법인에 아버지가 약 21억 7,000만원을 무이자로 빌려주면, 무이자로 얻는 이익은 9,982만원이다. 즉, 1억원 미만이기 때문에 주주인 자녀에게 증여세는 과세되지 않는다. 위 금액보다 많은 금액을 빌려주면 증여세가 발생하거나 법인에서 이자를 받아야 하기 때문에 주의해야 한다.